Erfolgsfaktoren für die Organisationsentwicklung

unter den besonderen Anforderungen der Behindertenhilfe

Vera Heemeier

Hrsg:
C. Dörge, P. Hoffmann, H. Reinke
bifop Verlag, 2018

Impressum:

www.bifop.de

Satz: bifop UG

Umschlag: bifop UG

ISBN (print) 978-3-9820214-4-7
ISBN (eBook) 978-3-9820214-5-4

Vorwort

Allein der Titel dieses Buches verspricht eine "wissenschaftliche wie pragmatische Reise" in das Gebiet der Behindertenhilfe und deren Organisationsentwicklung. In den Ausführungen versucht die Autorin nicht nur den aktuellen Stand der Wissenschaft in dem gewählten Gebiet wiederzugeben, sondern den aktuellen Stand auch zu analysieren, um einen Leitfaden aus den Erkenntnissen zu entwickeln. Die Ausführungen in der Einleitung des Hauptwerkes machen das Problem und die Relevanz der Organisationsentwicklung im Bereich Behindertenhilfe aus meiner Sicht recht deutlich.

Als die Autorin mich ansprach, sie bei der Erstellung der Arbeit zu begleiten, machte mich die Grundidee sehr neugierig und hochgradig interessiert. Aus meiner Sicht wird in diesem Themenkreis recht wenig getan, um für die zukünftigen organisatorischen Herausforderungen in der Behindertenhilfe gerüstet zu sein. Ich war auf der einen Seite sehr angetan von dem Thema, auf der anderen Seite vermutete ich jedoch Limitationen, die das Ganze doch recht schwierig erscheinen ließen. Nach den ersten Gesprächen stellte sich aber heraus, dass die Autorin für das Thema "brannte" und jegliche Limitation von ihr als neue Herausforderung angenommen und beiseitegeschafft wurde.

Mein Fazit ist, dass dieser Beitrag eine gute Ergänzung unseres Wissens zum Thema Organisationsentwicklung in der Behindertenhilfe leistet und die Handlungsempfehlungen für die Theorie als auch für die Praxis einen Added Value bieten. Ich wünsche mir mehr von solch engagierten und zielorientierten Autoren, die mutig genug sind, auch "heikle Themen" anzupacken.

Prof. Dr. Franz Josef Gellert

Bremen, Oktober 2018

Inhaltsverzeichnis

Abbildungsverzeichnis

Tabellenverzeichnis

Abkürzungsverzeichnis

BTHG	Gesetz zur Stärkung der Teilhabe und Selbstbestimmung von Menschen mit Behinderungen, auch Bundesteilhabegesetz genannt
CM	Change Management
HMB-W	Hilfebedarf von Menschen mit Behinderung-Wohnen
ICF	Internationale Klassifikation der Funktionsfähigkeit, Behinderung und Gesundheit (International Classification of Functioning, Disability and Health)
JGW	Jugendgemeinschaftswerk e.V.
MA	MitarbeiterInnen
MDK	Medizinischer Dienst der Krankenversicherung
OE	Organisationsentwicklung

Im Jahr 1977 geboren, entschied Vera Heemeier sich nach ihrem Abitur für eine Ausbildung zur Heilerziehungspflegerin beim Paritätischen Bildungswerk in Bremen, wo sie langjährige Praxiserfahrung in der Eingliederungshilfe sammeln konnte. Begleitend zu ihrer beruflichen Tätigkeit absolvierte Frau Heemeier ein berufsbegleitendes Studium des gesundheits- und Sozialmanagements an der FOM Hochschule in Bremen. Aktuell ist Frau Heemeier als Wohnbereichsleitung bei einer Stiftung im Bereich der Eingliederungshilfe in Niedersachsen tätig.

1 Einleitung

1.1 Relevanz/Problemstellung

Die Situation im sozialen Bereich und als Teil davon in der Branche der Behindertenbetreuung hat sich in den letzten Jahren stark verändert. Zum einen haben sich die gesetzlichen Rahmenbedingungen verändert und die Ansprüche an die geleistete Arbeit stark erhöht[1], woraus sich zugleich ein finanziell erhöhter Bedarf erklärt; zum anderen hat sich auch die finanzielle Ausstattung der Branche verändert. Durch die fortschreitende Alterung der Gesellschaft der Bundesrepublik Deutschland[2] ergibt sich das Problem der rückläufigen Beiträge in die Sozialversicherungssysteme, gleichzeitig wächst nicht nur der Anteil der Menschen, die Ansprüche auf Leistungen der Eingliederungshilfe haben, sondern auch das Durchschnittsalter der berechtigten Menschen steigt kontinuierlich[3]. Ganz konkret stehen somit viele Einrichtungen vor dem Problem der sinkenden bzw. stagnierenden Einnahmen bei tendenziell steigenden Ausgaben. Dies führt unter anderem dazu, dass bei den Personalkosten gespart wird; bereits jetzt fällt es (auch durch die vergleichsweise niedrigen Löhne) vielen Trägern der Behindertenhilfe schwer, freiwerdende Stellen mit qualifizierten Kräften zu besetzen oder geeigneten Nachwuchs zu bekommen. Falls es also nicht gelingt, sowohl zu sparen als auch die geleistete Arbeit effizienter und effektiver zu organisieren, wird es zukünftig verstärkt zu finanziellen Engpässen kommen. Trotzdem scheinen sich viele der großen Träger der Behindertenhilfe mit Veränderungen und neuen Entwicklungen schwer zu tun, eine Anpassung an die veränderte Situation findet nur langsam statt. In einem Bereich, in dem das Personal der wesentliche Produktionsfaktor ist, kann es infolge dieser Veränderungen zu einer konkreten Verschlechterung der Dienstleistung und somit zu verschlechterten Lebensbedingungen der auf Unterstützung angewiesenen Menschen kommen.

Um trotz der beschriebenen Einschränkungen diesen Ansprüchen gerecht werden zu können, benötigt es eine zielgerichtete

[1] Z.B. durch den Anspruch der Inklusion, vermehrte Dokumentation, individualisierte Angebote...

[2] Statistisches Bundesamt, Bevölkerungsentwicklung, Schaubilder 2-10

[3] Ebd. Schaubilder 2-10

Organisationsentwicklung (OE), die vorhandene Einsparungspotenziale ausnutzt, effektiver wirtschaftet, den gesetzlichen und gesellschaftlichen Ansprüchen entsprechende Qualität in der Betreuung liefert und die MitarbeiterInnen auf diesem Weg mitnimmt. Wie dieser Herausforderung konkret begegnet werden kann und welche Bedingungen im Unternehmen dabei förderlich bzw. unverzichtbar sind, um Organisationsentwicklungsprozesse und die MitarbeiterInnen dabei zu begleiten, ist die Leitfrage, der im Folgenden nachgegangen werden soll.

1.2 Zielsetzung

1.2.1 Deskriptive Zielsetzung

In der Literatur gibt es eine Vielzahl von Texten, Artikeln und Büchern zum Thema OE, in einigen sind explizit oder auch implizit Faktoren benannt, die OE-Prozesse positiv beeinflussen können oder notwendige Bedingungen für diese definieren. Allerdings sind die Erkenntnisse nicht einheitlich, die verschiedenen Ansätze unterscheiden sich in Blickwinkel und Ausrichtung und dadurch auch im Ergebnis erheblich. Zudem sind die Anwendungsbereiche (schon allein aus einem divergierenden Begriff von Organisationsentwicklung heraus) sehr verschieden und oftmals auf den Bereich der freien Wirtschaft und nicht auf Sozialunternehmen bezogen. Gleichzeitig gibt es (wenn auch deutlich weniger) Literatur zur Branche der Behindertenbetreuung, auch aus betriebswirtschaftlicher Sicht. Allerdings fehlt trotz des beschriebenen Entwicklungsdrucks auf diese Branche noch eine konkrete Anwendung der gewonnenen Erkenntnisse der Forschung zum Thema OE auf Einrichtungen der Behindertenhilfe. Durch verschiedene noch herauszuarbeitende Spezifika steht OE hier vor besonderen Bedingungen, die eine Anpassung der bisherigen Modelle erforderlich macht.

1.2.2 Analytische Zielsetzung

Um einen ersten Überblick über die besonderen Bedingungen und den Blickwinkel der MitarbeiterInnen in der Behindertenhilfe zu bekommen und gezielt für diese Branche passende Erfolgsfaktoren herausarbeiten zu können, steht eine schriftliche Befragung, also ein standardisierter Fragebogen, als erste Testung am Beginn dieser Forschungsarbeit. Diese

„gegenstandserkundende explorative Studie“ [4] wurde in verschiedenen Wohneinrichtungen durchgeführt und gibt so einen breitgefächerten Einblick. Die Beschränkung auf den Wohnbereich erscheint hier sinnvoll, da dieser oftmals der Kernbereich der Einrichtungen ist und der größte Teil der MitarbeiterInnen der Branche dort beschäftigt ist. Bei dieser vornehmlich quantitativen Befragung sollen zum einen Branchenspezifika herausgearbeitet werden, zum anderen werden die Einstellungen der MitarbeiterInnen zu Veränderungen im Allgemeinen erfragt; die gewonnenen Erkenntnisse bilden dann die Grundlage für die Fragestellung der nächsten Testung und wirken auch auf die abschließende dritte ein.

Anschließend an diese schriftliche Befragung der MitarbeiterInnen wird durch eine Literaturanalyse als zweite Testung, die sich hinsichtlich der Verwendung eines expliziten Kategoriensystems an die qualitative Inhaltsanalyse nach Mayring anlehnt, ein Überblick über die in verschiedenen OE-Modellen aufgezeigten Erfolgsfaktoren geliefert; diese werden dann auf die Branche der Behindertenhilfe bezogen. Die hierdurch gewonnenen Erkenntnisse werden dann abschließend in der dritten Testung anhand von qualitativen ExpertInneninterviews, die mit Führungskräften aus verschiedenen Leitungsebenen in unterschiedlichen Einrichtungen der Branche geführt wurden, überprüft. Diese wurden als Leitfadeninterviews ausgeführt, die eine Orientierung am natürlichen Gesprächsverlauf erlauben und somit relativ viel Freiheit im Interview bieten, ohne ihre Zielgerichtetheit zu verlieren[5].

1.2.3 Pragmatische Zielsetzung

Letztendlich werden aufgrund der durch die Umfrage erhobenen Ergebnisse, der Spiegelung der verschiedenen Erfolgsfaktoren der theoretischen Modelle an den Charakteristika der Branche und der Validierung anhand der geführten Interviews verschiedene Ansätze der OE in Unternehmen der Behindertenhilfe entwickelt und vorgestellt. Falls möglich werden auch erste Ideen zu einer Implementierung entwickelt, bzw. Ansätze für weitere Forschung in diese Richtung geliefert.

---

[4] Döring, N. und Bortz, J. (2016), S. 24
[5] Vgl. Gläser, J. und Laudel, G. (2010), S. 42

1.3 Forschungsdesign

Um sich den beschriebenen Zielen zu nähern und eine Antwort auf die leitende Forschungsfrage zu finden, werden im Folgenden verschiedene Methoden zum Einsatz kommen, die jeweils auf die Beantwortung von Teilfragen abgestimmt sind. Zur Verdeutlichung des Forschungsverlaufes hier ein Schaubild, das die zeitliche Abfolge und zugleich die Erwartung an den jeweiligen Schritt abbildet.

Leitfrage: **Welche Faktoren machen Organisationsentwicklungsprozesse unter den besonderen Bedingungen in der Behindertenhilfe erfolgreich?**		
↓		
erster Schritt	Teilfragen	Was sind die besonderen Bedingungen der Branche? Wo liegen hier die Widerstände gegen Veränderung? Was macht OE hier so schwer?
	Methode	Fragebogen ca. 150 Fragebögen an MitarbeiterInnen von mehreren Unternehmen der Branche
	Ergebniserwartung	Überblick über Branchenspezifika bekommen Mögliche Befürchtungen bei anstehenden Veränderungen identifizieren Widerstände herausarbeiten
↓		
zweiter Schritt	Teilfragen	Wie wird in den klassischen Ansätzen mit Widerständen gegen Veränderungen umgegangen? Was sind allgemeine Erfolgsfaktoren in den klassischen Ansätzen? Wie lässt sich das auf die Branche der Betreuung von Menschen mit Behinderung beziehen?

	Methode	Literaturanalyse (angelehnt an eine qualitative Inhaltsanalyse nach Mayring)
	Ergebniserwartung	Umgangsweisen mit Widerständen erkennen Überblick über mögliche Erfolgsfaktoren bekommen Bezug zur untersuchten Branche herstellen
	↓	
dritter Schritt	Teilfragen	Sind die klassischen Erfolgsfaktoren übertragbar? Wo muss eine Anpassung erfolgen? Welche spezifischen Wege für OE in der Branche gibt es? Wie wird mit Befürchtungen umgegangen? An welchen Stellen übertragbar, wo nicht? Welche speziellen Ansätze und Lösungen werden verfolgt?
	Methode	ExpertInneninterviews als Leitfadeninterviews
	Ergebniserwartung	Erfolgsfaktoren für OE-Prozesse, die branchenspezifisch angepasst sind, identifizieren

Abbildung 1: Diagramm zum Forschungsdesign

(Quelle: eigene Darstellung)

1.4 Struktur der Arbeit

Im zweiten Kapitel werden verschiedene Ansätze der OE vorgestellt, um einen kurzen Überblick über den aktuellen Stand der Forschung zu vermitteln. Hierbei wird der Schwerpunkt bereits auf die impliziten und/oder expliziten Erfolgsfaktoren gelegt. Zudem werden die aktuelle Diskussion in der Behindertenhilfe über die zunehmende Ökonomisierung, der Hintergrund dieser Entwicklung und die damit einhergehenden Veränderungen und Risiken kurz vorgestellt. Dies berührt die übergeordnete

Forschungsfrage zwar nur indirekt, ist aber für ein Verständnis der Reaktionen der Branche auf Veränderungsprozesse entscheidend. Im dritten Kapitel dann werden die Analysen durchgeführt und ausgewertet. Aus diesen Analysen und Schlussfolgerungen werden im vierten Kapitel erste Transfermöglichkeiten in die Praxis dargestellt. Hier werden verschiedene praktische Konsequenzen der vorangegangenen Kapitel diskutiert und eine Handlungsempfehlung entwickelt. Im abschließenden fünften Kapitel dann werden der Forschungsprozess und die daraus gezogenen Schlussfolgerungen reflektiert. Dies betrifft die Methodenauswahl im Hinblick auf Angemessenheit zu den Forschungsfragen, die BIAS der Methoden und die Überprüfung anhand wissenschaftlicher Gütekriterien. Schlussendlich werden mögliche sich an diese Arbeit anschließende beziehungsweise sich aus ihr ergebende Fragen aufgezeigt.

1.5 Limitationen

Im Folgenden wird es nicht darum gehen, die Probleme der OE herauszuarbeiten, der Fokus liegt vielmehr auf den Erfolgsfaktoren. Dabei werden nicht die persönlichen Dispositionen einzelner MitarbeiterInnen den Schwerpunkt bilden, sondern die strukturellen Bedingungen, die für erfolgreiche Veränderungen im Unternehmen entscheidend sind. Hier wird zwar auf die Probleme und Hemmnisse von Veränderungsprozessen verwiesen, sie bilden aber vielmehr den Hintergrund und sind nicht das, was im Folgenden im Zentrum der Forschung stehen wird.

Bei der Auswahl der Methoden, mit denen sich im weiteren Verlauf der Beantwortung der Forschungsfragen genähert wird, wurde bewusst eine Mischung aus qualitativen und quantitativen Methoden gewählt; beide haben Vorteile, bergen aber auch Risiken. Ein Papierfragebogen bringt diverse Einschränkungen und Nachteile mit sich, da keine Rückfragemöglichkeit der Befragten besteht. Zudem ist die Rücklaufquote eventuell sehr gering (hohe non response Rate). Insgesamt sind die Bedingungen (Setting, alleine oder mit KollegInnen, in welcher Stimmung, wer sammelt ein...), unter denen der Bogen ausgefüllt wurde, nicht kontrollierbar, dabei kann hierdurch das Ergebnis stark beeinflusst werden. Durch diese verschiedenen Faktoren kann ein Verlust an Repräsentativität und damit Validität der Befragung entstehen. Um diesen Faktoren entgegen zu wirken, ist es daher von besonderer Wichtigkeit, den Fragebogen einfach, deutlich und allgemeinverständlich zu formulieren, um die Notwendigkeit von Nachfragen zu reduzieren. Dies wird durch die Benutzung einer möglichst an der Alltags-

oder auch Fachsprache der Befragten orientierten Wortwahl unterstützt. Um eine niedrige Rücklaufquote auszugleichen, ist es sinnvoll, gleich zu Beginn eine entsprechend große Zahl von Fragebögen auszugeben, um eine möglichst repräsentative Stichprobe zu bekommen. Grundsätzlich werden die beiden anderen Methoden (Literaturanalyse angelehnt an Mayring und ExpertInneninterviews) der qualitativen Forschung zugerechnet, auch hier ergeben sich entsprechende methodische Risiken und Limitationen. Allerdings lehnt Mayring selbst „eine Dichotomisierung qualitativer versus quantitativer Forschungsmethoden"[6] ab, so dass die qualitative Inhaltsanalyse zum Teil zu den „Mixed-Methods-Ansätzen"[7] gerechnet wird, da sie Merkmale sowohl der quantitativen als auch der qualitativen Forschung aufweist. Trotzdem ist die genutzte Kategorienbildung, der sich diese Methode bedient, nicht immer intersubjektiv nachvollziehbar (also eher qualitativ). Um diesem Problem zu begegnen, ist es daher wichtig, die Kategorienauswahl zu begründen und nachvollziehbar zu gestalten (Anspruch der quantitativen Forschung). In Bezug auf die Interviews sind die Subjektivität in der Auswahl der Fragen und die geringe Stichprobengröße ein methodisches Problem, dem nur schwerlich etwas entgegengesetzt werden kann. Aufgrund des konkreten Forschungsinteresses aber ist in diesem Fall ein solches Vorgehen dennoch sinnvoll.

[6] Mayring, P. (2015), S. 17
[7] Ebd. S. 17

2 State of the Art

2.1 Geschichtliche Entwicklung und aktuelle Situation der Organisationsentwicklung

Bereits das sogenannte Hawthorne Experiment (1924), bei dem eigentlich der Einfluss der Beleuchtungsstärke auf die Arbeitsleistungen untersucht werden sollte, lieferte wichtige Erkenntnisse für die OE. Hierbei wurde der Einfluss der Beleuchtungsstärke auf die Produktivität von ArbeiterInnen anhand von Kontrollgruppen untersucht. Bei beiden beobachteten Gruppen konnte eine Leistungssteigerung gemessen werden, die demnach unabhängig von der veränderten Beleuchtungsstärke war, sondern wesentlich mit der erhöhten Aufmerksamkeit zusammenhing. Auch wenn das Experiment mittlerweile durchaus Kritik erfährt und die Ergebnisse nicht reproduziert werden konnten, bedeutete es doch eine Veränderung im Denken. Wichtige Erkenntnis war dabei, dass Arbeitsleistung und Motivation nicht nur von objektiven Faktoren wie den materiellen Arbeitsbedingungen, Spezialisierung und Arbeitsteilung abhängen, sondern wesentlich von sozialen Faktoren und dem Umgang mit den MitarbeiterInnen[8]. Diese Einsicht war zu der damaligen Zeit ein neuer Gedanke, die Erkenntnisse aus dem Hawthorne Experiment waren somit auschlaggebend für einen Paradigmenwechsel, der sich allerdings dennoch nur langsam vollzog. Ausgehend von diesen Ergebnissen wandte sich der Fokus in den folgenden Jahrzehnten aber zunehmend in diese Richtung.

In den 1950er Jahren dann begann die wissenschaftliche Beschäftigung mit der Steuerung von gruppendynamischen Prozessen mit dem Schwerpunkt des Lernens in Gruppen. Besonders der Sozialpsychologe Kurt Lewin (1890–1947) lieferte mit der sogenannten Feldtheorie einen großen Beitrag zu diesem Thema. Als Ausgangspunkt seiner Forschung diente die Frage, wie die Gesellschaft in Deutschland nach dem Ende des Zweiten Weltkrieges in eine demokratische Kultur transformiert werden könne. Bei der Erforschung dieser Frage entwickelte er das sogenannte 3-Phasen-Modell, das noch heute als Grundlage für verschiedene OE-Modelle dient (siehe Kap. 2.3.1) und davon ausgeht, dass Lernprozesse in Gruppen besonders effektiv sind und sie gestaltet werden können und müssen. Die

[8] Elton, M. (1945), S. 108-134

Übertragung dieser Grundüberlegungen auf marktwirtschaftliche Prozesse erfolgte unter anderem durch Douglas McGregor (1906-1964), der in der XY-Theorie verschiedene Menschenbilder darstellt, die den von ihm beschriebenen Führungsstilen zugrunde liegen[9]. Dargestellt wird dabei einmal das Bild des X-Typs, der einen eher autoritären Führungsstil benötigt, da er quasi von Natur aus darauf ausgerichtet ist, Arbeit und Anstrengung zu vermeiden. Nur sein ausgeprägtes Sicherheitsbestreben in Verbindung mit umfassender Kontrolle bringt den X-Typ dazu, zu arbeiten und Leistung zu erbringen, er ist also extrinsisch motiviert. Dem setzt McGregor den Y-Typ entgegen. Diesem Menschenbild entsprechend lassen sich Menschen durch gute Arbeitsbedingungen und die Möglichkeit sich einzubringen motivieren. Der Y-Typ ist aus sich heraus bereit, Leistung zu zeigen, ist also intrinsisch motiviert und benötigt zur Umsetzung seiner Motivation in Arbeitsleistung einen stärker kooperativ geprägten Führungsstil. McGregor geht weiter davon aus, dass eine Führung, die jeweils einem dieser Typen entspricht, wesentlich dazu beiträgt, dass Menschen sich auch diesem Typ entsprechend verhalten und somit der Mensch nicht quasi von Natur aus einem der beiden Typen zugerechnet werden kann. Autoritäre Führung führt also zu Passivität und einem Verschwinden der intrinsischen Motivation, wohingegen stärker kooperativ geprägte Führung Menschen motiviert, sich mehr zu engagieren und einzubringen und somit beide Menschenbilder sich letztendlich in dem Verhalten der MitarbeiterInnen und ihrer Arbeitsleistung bestätigt sehen[10]. Bereits hier sind unterschiedliche Entwicklungslinien der OE vorgezeichnet, da diese verschiedenen Menschenbilder letztlich auch die verschiedenen Ansätze und ihre Schwerpunkte widerspiegeln. Oftmals gibt es Spannungen und Unterschiede zwischen eher psychologischen, systemischen und pädagogischen Ansätzen auf der einen und mehr betriebswirtschaftlichen und gewinnorientierten Ansätzen auf der anderen Seite.

Ausgehend von diesen Vorläufern hat sich OE rasant entwickelt und ist von ihren Anfängen in den 1940er Jahren in den USA in den 1970er Jahren dann nach Europa gekommen[11]. Hier wurde es besonders im Zusammenhang mit den Veränderungen der emanzipatorischen Bewegungen dieser Zeit als ein

[9] Vgl. Schreyögg, G. und Geiger, D. (2016), S. 131
[10] Vgl. ebd. S. 133
[11] Vgl. Gairing, F. (2017), S. 11

für diese passendes Konzept verstanden[12], wurde dann aber bis in die heutige Zeit hinein auch weit darüber hinaus immer wichtiger. Aktuell wird es als „Konzept zur aktiven, geplanten und zielgerichteten Steuerung von Veränderungen“[13] verstanden, dessen Bedeutung „angesichts der hereinbrechenden digitalen Transformation vehement“[14] zunimmt. Mittlerweile ist das Thema so wichtig geworden, dass 100 Prozent der Unternehmen OE „künftig als eine wichtige oder sehr wichtige Aufgabe einstufen“[15].

2.2 Begriffe

Der Begriff „Organisationsentwicklung“ wird in der Literatur nicht einheitlich definiert, es existieren verschiedene, sich zum Teil auch widersprechende Definitionen. Allerdings enthalten viele dieser Definitionen ähnliche Elemente, so dass OE allgemein als „Strategie des geplanten und systematischen Wandels, der durch die Beeinflussung der Organisationsstruktur, Unternehmenskultur und individuellem Verhalten zustande kommt, und zwar unter größtmöglicher Beteiligung der betroffenen Arbeitnehmer“[16], verstanden werden kann. Hier wird bereits deutlich, dass es bei OE nicht einfach um Veränderungen geht, die Top-down durchgesetzt werden können, sondern Struktur, Kultur und Individuum Ansatzpunkte der Veränderungen[17] sind. Diese Veränderungen betreffen also verschiedene Ebenen zur gleichen Zeit, bedingen sich dadurch gegenseitig und sind durch die sich daraus ergebende Komplexität und Multikausalität schwer zu steuern. Die verschiedenen Ansätze differieren in Bezug darauf, wie diese Steuerung aussehen kann und vor allem hinsichtlich dessen, was sie erfolgreich macht, dies wird beispielhaft in Kapitel 2.3 beschriebenen. OE kann als „sozialwissenschaftliches Veränderungskonzept“[18] verstanden werden, dem „Partizipation und längerfristig angelegte transparente Veränderungsprozesse“ [19] zugrunde liegen. Auch die Abgrenzung zu dem in manchen

---

[12] Vgl. Gairing, F. (2017), S. 11
[13] Ebd. S. 12
[14] Vgl. ebd., S. 11
[15] Lauer, T. (2014), S. 23
[16] Gabler Wirtschaftslexikon (2017)
[17] Vgl. Lauer, T. (2014), S. 8
[18] Werther, S. und Jacobs, C. (2014), S. 45
[19] Werther, S. und Jacobs, C. (2014), S. 45

Ansätzen synonym genutzten Begriff des Change Managements (CM) ist nicht einheitlich. CM meint „vor allem die Steuerung von Wandel unter Berücksichtigung des Faktors Mensch"[20] und kommt daher der OE sehr nahe. In der Literatur gibt es sowohl Ansätze, die OE als eine Art des CM auffassen, als auch solche, die OE als ganzheitlicheren Ansatz verstehen, der die MitarbeiterInnen als Ausgangspunkt für Veränderungen nimmt, also ein Bottom-up Prozess ist. Im Gegensatz dazu wird CM als Top-down Ansatz verstanden, bei dem die Individuen und deren Verhalten das Ziel und eben nicht der Ausgangspunkt sind. Rein von der Bedeutung der Begriffe ausgehend kann der Unterschied auch darin gesehen werden, dass CM ganz allgemein jegliche gesteuerte (gemanagte) Veränderung (Change) beschreibt. Im Gegensatz dazu ist in OE-Prozessen der Aspekt der Entwicklung (als Weiterentwicklung) enthalten, hier scheint das Zielgerichtete, Gesteuerte nicht im Zentrum zu stehen; der Fokus liegt also mehr auf der Selbststeuerung und einem systemischen Ansatz. Dies bedeutet, dass die zu verändernde Institution als komplexes System, das nach bestimmten Regeln funktioniert, verstanden wird; es ist durch Weiterentwicklung in verschiedenen Phasen gekennzeichnet[21]. Da die Literatur aber nicht einheitlich mit der Abgrenzung von OE und CM umgeht, wird im Folgenden von einer Synonymität ausgegangen; es werden also die gleichen Vorgänge unter eventuell leicht verschobenen Blickwinkeln betrachtet.

2.3 Hemmnisse bei Veränderungsprozessen

Auch wenn im Folgenden der Fokus auf die Erfolgsfaktoren für unternehmerischen Wandel gelegt wird und auch die verschiedenen Modelle unter diesem Gesichtspunkt betrachtet werden, ist es sinnvoll, kurz darzustellen, worauf diese Modelle eigentlich antworten und auf welche Probleme Veränderungsprozesse stoßen können. Trotz der Notwendigkeit sich zu wandeln (ausgelöst sowohl durch externe als auch durch unternehmensinterne Faktoren) und auch der erkannten Notwendigkeit hierzu, fällt es Unternehmen oftmals schwer, sich zu verändern und zu entwickeln. Dies kann mit den im Unternehmen beschäftigten Menschen zusammenhängen, wodurch die psychologischen Faktoren der beteiligten Personen in den Blick genommen werden müssen. Aus Sicht der Verhaltenstheorie gibt es bestimmte

[20] Lauer, T. (2014), S. 7

[21] Vgl. Werther, S. und Jacobs, C. (2014), S. 26

Mechanismen, die hierbei eine Rolle spielen und daher in Veränderungsprozessen Beachtung finden sollten. Im Gegensatz dazu spielen auch kollektive Ursachen eine Rolle, daher werden auch diese im Anschluss kurz vorgestellt.

2.3.1 Individuelle und kollektive Ursachen

Ein Erklärungsansatz für eine ablehnende Haltung gegenüber Veränderungen kann in dem Bestreben des Menschen gesehen werden, kognitive Dissonanzen zu vermeiden. Es wird hierbei versucht, eine widerspruchsfreie Gedankenwelt aufzubauen und diese dann unbedingt zu erhalten. Dies geschieht, um Spannungen aus dem Weg zu gehen, die durch innere Widersprüche, die als unangenehm empfunden werden, ausgelöst werden. Sie zu vermeiden verursacht psychologisch gesehen geringere Kosten, als sich ihnen zu stellen[22]. Solches tritt z.B. dann auf, wenn aktuelle Tendenzen in einer Branche im deutlichen Widerspruch zu den bisherigen Überzeugungen stehen; dies trifft, wie noch gezeigt wird, in besonderem Maße auf die Branche der Betreuung von Menschen mit Behinderung zu. Hier deutet sich schon an, dass solange an diesem Vermeiden festgehalten wird, bis die Kosten der Vermeidung höher sind als die der Veränderung des Denkens[23]. Um derartige Dissonanzen zu vermeiden, gibt es verschiedene Strategien, die oftmals irrational wirken. Es können dabei sowohl Informationen ignoriert und ausgeblendet werden, als auch ein Misstrauen der Quelle der Informationen gegenüber gezeigt und diese in Frage gestellt werden. Die zu beobachtende Veränderungsträgheit kann auch in der begrenzten Rationalität der beteiligten Personen gesehen werden. Hierbei werden die „Beschränkung der Denk- und Wahrnehmungsfähigkeit des menschlichen Gehirns"[24] als Ursachen angesehen. Stehen Menschen viele Informationen und auch Alternativen ihres Handelns zur Verfügung, löst dieses Stress aus, so dass sich lieber auf die Prüfung nur weniger Alternativen anhand auch nur weniger Kriterien im Prozess der Entscheidungsfindung gestützt wird[25]. Die am Ende stehende Entscheidung muss dabei nicht das Optimum sein. Zudem werden Veränderungen hierdurch oftmals zu spät eingeleitet,

---

[22] Vgl. Lauer, T. (2014), S. 33
[23] Ebd. S. 34
[24] Ebd. S. 34
[25] Lauer, T. (2014), S. 34

nämlich erst, wenn das mögliche Zufriedenheitsniveau zu stark vom tatsächlichen abweicht.

Neben diesen individuellen Ursachen lassen sich auch kollektive beschreiben, da Unternehmen im Wesentlichen soziale Gebilde sind, die durch entsprechende Strukturen gekennzeichnet sind. Dies bedeutet, dass es neben den sichtbaren Strukturen auch die verdeckten und nur vermittelt zu erkennenden Strukturen gibt. Diese können mit dem Begriff der „Organisationskultur" beschrieben werden, auf den Edgar H. Schein sich intensiv bezieht (siehe Kapitel 2.4.4). Um diesen Begriff zu fassen, müssen verschiedene Kernelemente identifiziert werden, die damit in Zusammenhang stehen. Dies sind einerseits Kultur als Muster, das dem Handeln zugrunde liegt und andererseits das konkrete Handeln selbst, das wiederum diesem Muster zugrunde liegt. Gleichzeitig beschreibt der Begriff der Organisationskultur das soziale Phänomen, dass sie das gemeinsame Handeln der Organisationsmitglieder prägt, wodurch sie eben auch das Ergebnis eines kollektiven Lernprozesses darstellt[26]. Bereits jetzt wird die Komplexität deutlich, die der Begriff der Organisationskultur mit sich bringt und lässt erahnen, wie umfassend eine gezielte Beeinflussung in diesem Bereich sein kann. Je nach Ausprägung der Unternehmenskultur bedeutet dies, dass es angepasste Strategien für jede Veränderung geben muss.

2.4 Verschiedene Modelle der Organisationsentwicklung

Im Folgenden werden vier verschiedene Modelle der OE kurz vorgestellt. Dabei handelt es sich um zwei Phasenmodelle (Kurt Lewin und John P. Kotter), die den idealtypischen Ablauf von Veränderungsprozessen beschreiben. Auch wenn das Modell von Lewin bereits älter ist (er entwickelte seine zugrundeliegende Feldtheorie bereits in den 1940er Jahren), dienen seine sozialpsychologischen Untersuchungen und Thesen zu Veränderungsprozessen in Gruppen noch heute als Grundlage für Veränderungsmodelle, die einen zeitlichen Ablauf beschreiben, sogenannte Phasenmodelle. Als moderne Weiterentwicklung des von Lewin beschriebenen 3-Phasen-Modells kann das hier als zweites beschriebene 8-Stufen-Modell von Kotter verstanden werden. Auch wenn es neben diesem noch weitere Modelle mit

[26] Steinmann, H., Schreyögg, G. (2005), S. 711 bis S. 712

anderen Phaseneinteilungen gibt, ist dieses doch eines der bekannteren. Die beiden anderen hier beschriebenen Modelle unterscheiden sich von dieser Herangehensweise, da sie nicht so sehr den zeitlichen Ablauf in den Fokus nehmen, sondern vielmehr die Bedingungen und Eigenschaften, die ein Unternehmen braucht, um sich wandeln und anpassen zu können. Zum einen wird hier die Theorie der lernenden Organisation von Peter M. Senge vorgestellt, da sie eine der aktuellen und eher auf das systemisch ausgerichtete Verständnis abzielenden Theorien darstellt; zum anderen wird die sich mit der Organisationskultur als zentralem Element des Wandels auseinandersetzende Theorie von Edgar H. Schein dargestellt, die ebenfalls stark systemisch geprägt ist. Mit diesen vier verschiedenen Theorien wird so versucht, einen Überblick über die aktuellen Strömungen im Bereich OE zu vermitteln.

2.4.1 Kurt Lewin

Kurt Lewin (1890-1947) gilt als einer der Begründer und Vordenker der OE; er setzte sich als einer der Ersten systematisch mit Veränderungsprozessen in Gruppen und damit in Organisationen auseinander, wobei ihn besonders gruppendynamische Prozesse und Lernmöglichkeiten in Gruppen interessiert haben. Das Verhältnis vom Individuum zur Gruppe war für ihn als Sozialpsychologen dabei von besonderem Interesse. Er selbst geht dabei davon aus, „dass die Analyse der Gruppen-Interaktion [...] dem Verfahren des Dreischritts folgen muss“[27]. Dies bedeutet, dass mit „der getrennten Analyse des Lebensraums“[28] (also vom Individuum und den Wechselbeziehungen getrennt) begonnen wird. Danach wird „das Verhalten der Gruppe im umfassenden sozialen Feld“[29] analysiert und abschließend dann dessen „Auswirkungen auf den Lebensraum“[30] der Gruppe beschrieben. Dies scheint ihm notwendig, da „die strukturalen Eigenschaften eines dynamischen Ganzen von den strukturalen Eigenschaften der Teilbereiche verschieden sind“[31]. Dies bedeutet, dass die Regeln und Eigenschaften der Gruppenmitglieder noch nichts über die Regeln der Gruppe aussagen. Das

[27] Lewin, K. (2012), S. 233
[28] Ebd. S. 233
[29] Ebd. S. 233
[30] Ebd. S. 233
[31] Lewin, K. (2012), S. 227

Ziel, dauerhafte Verhaltensänderungen in Gruppen zu bewirken, kann folgerichtig am effektivsten auf dem Weg gruppendynamischer Prozesse erreicht werden. Dabei geht es darum, eine „soziale Gewohnheit"[32], die immer auch mit „dem Wertesystem, dem Ethos der Gruppe"[33] verbunden ist, zu verändern. Dies erzeugt allerdings immer auch einen gewissen Widerstand sowohl innerhalb des Individuums als auch innerhalb der Gruppe, zumal ein Handeln entgegen dieser gemeinsamen kulturellen Überzeugungen von der Gruppe sanktioniert[34] und so „das Individuum in Übereinstimmung mit dem Gruppenstandard"[35] gehalten wird. Die sich hieraus ergebende Frage ist die, die Lewin durch Experimente und Untersuchungen zu beantworten versucht hat und die auch heute noch für OE-Prozesse zentral ist, nämlich: wie kann es denn gelingen, Gruppenstandards zu verändern? Von besonderem Interesse ist dabei auch die Frage, wie diese Veränderung, dieses dann erreichte neue Niveau gehalten werden kann, damit die Verhaltens- bzw. Einstellungsänderung dauerhaft ist[36]. Dabei sind nach Lewin drei Aspekte bedeutend, die hier von ihm getätigten Überlegungen sind als 3-Phasen-Modell noch heute Grundlage für Modelle der OE. Im Einzelnen sind dies die folgenden Phasen, die seiner Grundkonzeption entsprechend in Gruppen erfolgen und sich nur vermittelt über diese an das Individuum richten:

1. das „Auflockern des jetzigen Niveaus"[37], das sogenannte Unfreezing

In dieser Phase kann es notwendig sein, „eine affektive Aufrüttelung vorsätzlich"[38] herbeizuführen, um die Gruppe in Bewegung zu bringen und tradierte Handlungsmuster und Rituale aufzubrechen. Die von Lewin entwickelte Kraftfeldanalyse dient hierbei als Werkzeug, um den Gleichgewichtszustand aufzuheben, der für das Verharren in einer Situation verantwortlich ist. Dies meint, dass verschiedene Kräfte (hemmende/retardierende wie z.B. Sicherheitsstreben oder Ressourcenmangel und treibende/akzelerierende wie z.B. Umweltanforderungen) in einer Gruppensituation wirken, miteinander in einem Gleichgewicht sind und die Gruppe stabil halten.

[32] Ebd. S. 259
[33] Ebd. S. 260
[34] Vgl. ebd. S. 260
[35] Ebd. S. 261
[36] Vgl. ebd. S. 263
[37] Lewin, K. (2012), S. 263
[38] Ebd. S. 263

Erst wenn dieses Gleichgewicht von außen gestört wird, kann es zu Veränderungen kommen und auch nur dann gibt es in der Gruppe eine Bereitschaft dafür[39]. Dabei sind in dieser Phase „insbesondere Information und Feedback wichtig“[40], um den Prozess zu initiieren.

2. das „Hinüberleiten“[41] oder auch Moving

In dieser Phase findet die eigentliche Veränderung statt, hier werden die gruppendynamischen Prozesse begleitet und moderiert, die die neuen Routinen entstehen lassen. Wichtig ist hier, dass diese Prozesse wegen der weitaus größeren Effektivität und Dauerhaftigkeit der Veränderung als Gruppenprozess stattfinden. Dabei wird der Gruppenstandard verändert, was letztendlich dann auch die Veränderung des Individuums[42] erleichtert. Zu diesem Ergebnis kam Lewin über diverse Untersuchungen, die er in unterschiedlichen Kontexten mit verschiedenen Gruppen durchführte und die Ergebnisse untersuchte. Innerhalb von betrieblichen Veränderungsprozessen ist aufgrund veränderter Rituale, Routinen und Abläufen dies ein Moment, in dem die Leistungskurve der Beteiligten kurzfristig abfallen kann, um zum Ende auf höherem Niveau weiter zu verlaufen.

3. das „Verfestigen des Gruppenlebens auf dem neuen Niveau“[43] oder Refreezing

In dieser dritten Phase kehren wieder Ruhe und Sicherheit in die Gruppe ein. Das Verhalten stabilisiert und festigt sich „durch Wiederholung der Anwendung neuer Verhaltensweisen“[44]. Dabei wird ein neuer Gleichgewichtszustand erreicht, der idealerweise auf einem höheren Niveau liegt als der des Ausgangszustandes. Grundsätzlich kann dieser Prozess zwar zyklisch verlaufen, allerdings findet dieses Modell durchaus Grenzen, wenn wie heute üblich von einer permanenten Entwicklung in Unternehmen ausgegangen wird, bei der ein Gleichgewichtszustand kaum noch erreicht wird und permanente Entwicklung und ständiges Lernen kennzeichnend sind.

---

[39] Lewin, K. (2012), S. 241
[40] Werther, S. und Jacobs, C. (2014), S. 51
[41] Lewin, K. (2012), S. 263
[42] Vgl. ebd. S. 265
[43] Ebd. S. 263
[44] Werther, S. und Jacobs, C. (2014), S. 51

Zudem fällt es durch seinen hohen Abstraktionsgrad schwer, es auf praktische Zusammenhänge anzuwenden; es ist somit weniger ein Instrument zur Planung von Veränderungen, als eher eine Metabetrachtung der allgemeinen Bedingungen und Verhaltensweisen in diesen Prozessen. Allerdings dient es als eines der bekanntesten Modelle als Ausgangspunkt für OE und wurde oftmals weiterentwickelt.

2.4.2 John P. Kotter

John P. Kotter (geb. 1947) baut mit seinem Acht-Stufen-Prozess des Wandels auf Lewin auf, ist aber wesentlich pragmatischer und stärker auf konkrete OE-Prozesse in Unternehmen ausgerichtet. Dabei entwickelt er ausgehend von acht typischen Fehlern bei Veränderungsprozessen acht Stufen, die als Grundlage für erfolgreiche Veränderungen dienen. Hierbei kann keine Stufe übersprungen werden und die Reihenfolge ist ebenfalls verbindlich, ein gleichzeitiges Bearbeiten der Stufen ist allerdings durchaus möglich[45].

1. Gefühl der Dringlichkeit erzeugen

Diese vorbereitende Stufe antwortet auf den Fehler, dass Unternehmen bei ihren MitarbeiterInnen oftmals „zu viel Selbstgefälligkeit zulassen“[46] und selbst die Dringlichkeit von Veränderungen nicht klar genug kommunizieren. Das Empfinden „eines Dringlichkeitsgefühls ist ausschlaggebend, um die notwendige Kooperationsbereitschaft zu erhalten“[47]. Kotter gibt dabei konkrete Vorschläge, wie Unternehmen dieses Gefühl erzeugen können, z.B. indem sie Maßstäbe und Ziele im Unternehmen stark erhöhen, MitarbeiterInnen mit unzufriedenen KundInnen konfrontieren oder auch ehrliche Diskussionen zwischen allen Beteiligten zu Problemen publik machen[48]. Dies dient als Vorbereitung für den weiteren Prozess.

---

[45] Vgl. Werther, S. und Jacobs, C. (2014), S. 54
[46] Kotter, J. P. (2016), S. 3
[47] Vgl. ebd. S. 31
[48] Vgl. Kotter, J. P. (2016), S. 38

2. Koalition der Führung etablieren

Auch diese Stufe dient noch als Vorbereitung und antwortet auf den Fehler, dass eine „ausreichend starke Führungskoalition“ [49] oft nicht zustande kommt und Veränderungen in Folge nicht umgesetzt werden können, da diese von Einzelpersonen nicht durchgesetzt werden kann. Hierfür bedarf es „einer Koalition, die über ausreichend Macht und Einfluss“[50] verfügt, um die Umsetzung gestalten zu können. Laut Kotter liegt dies auch an dem gestiegenen Bedarf an Wissen und Kompetenzen, die nur ein Team aus verschiedenen Personen einbringen kann[51]. Weiter beschreibt er auch noch die Eigenschaften, die dieses Team idealerweise mitbringen sollte und die Art seiner Zusammensetzung[52], hier wird die Komplexität und Vielschichtigkeit, die Kotters Ansatz mit sich bringt, sehr deutlich (dieses im Einzelnen darzustellen, ist hier aber nicht zielführend und würde zudem den Rahmen dieser Arbeit sprengen).

3. Vision und Strategie entwickeln

Oftmals wird in Veränderungsprozessen die „Kraft der Vision“ [53] unterschätzt, was ein weiterer typischer Fehler ist, obwohl „sie hilft, die Aktionen vieler Menschen zu lenken, anzupassen und zu inspirieren“[54] und sie somit als weiterer vorbereitender Schritt das Ziel der Veränderung, den Endpunkt vorgibt. Dabei gibt es drei Funktionen, die die Vision dabei übernimmt: sie gibt die allgemeine Richtung vor, sie schafft Motivation bei den Betroffenen und sie dient schlussendlich der Koordination der Bemühungen[55]. Die Strategie, die aus der Vision abgeleitet wird, bricht diese in konkrete Handlungsschritte herunter, die dann später umgesetzt werden können[56].

---

[49] Ebd. S. 5
[50] Werther, S. und Jacobs, C. (2014), S.53
[51] Vgl. Kotter, J.P. (2016), S. 48
[52] Vgl. ebd. S. 50 ff.
[53] Ebd. S. 6
[54] Ebd. S. 6
[55] Vgl. ebd. S. 60
[56] Vgl. Werther, S. und Jacobs, C. (2014), S. 53

4. Vision kommunizieren

Als letzter vorbereitender Schritt muss die entwickelte Vision unbedingt auf passende Art kommuniziert werden; auch hier geschehen oftmals Fehler. Hierbei gibt Kotter einige sehr praxisnahe Hinweise, wie dies geschehen kann und die MitarbeiterInnen sich angesprochen fühlen (z.B. einfache, bildhafte Sprache, Wiederholung der Vision, Vorleben...)[57].

5. MitarbeiterInnen zur Umsetzung befähigen

In dieser Stufe soll dem vorgebeugt werden, „dass Hindernisse die neue Vision blockieren"[58], was ebenfalls ein klassischer Fehler wäre. Diese Hindernisse können sowohl eine fehlerhafte Organisationsstruktur (z.B. zu eng gefasste Stellenbeschreibungen) als auch Vorgesetzte, die die angestrebten Prozesse blockieren[59], sein. Daher müssen sowohl strukturelle Hindernisse beseitigt als auch Kompetenzen erworben werden, um Veränderung tragen zu können; dies meint vor allem auch Kompetenzen auf sozialer Ebene und betrifft nicht nur die Abläufe an sich.

6. Kurzfristige Erfolge sichtbar machen

Auch wenn Veränderungen Zeit benötigen, muss das Management dringend kurzfristig (innerhalb von 6-8 Monaten) Erfolge erreichen und sichtbar machen, um die MitarbeiterInnen auch weiterhin zu motivieren[60], an diesem Punkt befindet sich eine weitere häufige Fehlerquelle. Diese sichtbaren Erfolge rechtfertigen den betriebenen Aufwand und machen deutlich, dass die eingeschlagene Richtung die richtige ist, wodurch mehr Menschen zu UnterstützerInnen der Veränderung werden[61].

---

[57] Vgl. Kotter, J. P. (2016), S. 77
[58] Ebd. S. 8
[59] Vgl. ebd. S. 9
[60] Vgl. ebd. S. 10
[61] Vgl. ebd. S. 103

7. Veränderung vorantreiben und nie nachlassen

Der Fehler, auf den diese vorletzte Stufe sich bezieht, liegt darin, „zu früh den Sieg“[62] zu erklären und damit den Prozess nicht abzuschließen, so dass die erreichten Erfolge nicht dauerhaft gesichert werden. Jetzt müssen „alle Systeme, Strukturen und Regeln“[63] hinterfragt und auf die Vision abgestimmt werden; ebenso das Personal, so dass es auch hier zu Veränderungen kommen kann. Dies ist ein durchaus sehr vielschichtiger Prozess, da Kotter hier auf die Interdependenzen von Teilsystemen hinweist und auf die Komplexität, diese zu steuern[64]. Auch ein Hinterfragen des gesamten Prozesses und ein eventuelles Reduzieren von gegebenenfalls festgestellten Abhängigkeiten fallen in diese Phase.

8. Verankerung der Veränderung im Unternehmen

Die letzte Phase dieses Prozesses bezieht sich auf den Fehler, bzw. das „Versäumnis, Veränderungen fest in der Unternehmenskultur zu verankern“[65], um den erreichten Wandel dauerhaft zu machen. Dabei bezeichnet „Kultur“ hier die „gemeinsamen Verhaltensnormen und gemeinsamen Werte einer Gruppe von Menschen“[66] und hat somit auch einen starken Bezug dazu, wie in einem Unternehmen bestimmte Prozesse ablaufen. Besonders wenn die neuen Verfahren nicht zu der bisherigen Kultur passen, wird es sehr schwierig, die Veränderungen zu verankern, da dies dann eine gravierende Veränderung der Kultur, die doch zum Teil unsichtbar und unbewusst ist, bedeuten würde. Es kann grundsätzlich auch notwendig werden, sich von Personen zu trennen, um den Wandel möglich zu machen[67]. Kotter ist davon überzeugt, dass Veränderungen in der Kultur am Ende des Veränderungsprozesses stehen, zumal auch erst in dieser Phase die langfristigen Erfolge sichtbar werden.

---

[62] Vgl. Kotter, J. P. (2016), S. 11
[63] Werther, S. und Jacobs, C. (2014), S. 54
[64] Vgl. Kotter, J. P. (2016), S. 115
[65] Ebd. (2016), S. 12
[66] Ebd. S. 125
[67] Vgl. ebd. S. 131

2.4.3 Peter Senge

Peter Senge (geb. 1947) beschäftigt sich in seinen Texten mit den Voraussetzungen, die eine lernende Organisation benötigt, wobei hiermit gemeint ist, dass sie auf eine sich in Bewegung befindende Welt flexibel reagieren kann, indem sie sich Wissen aneignet und kontinuierlich weiter entwickelt[68]. Dies bedeutet, dass „Menschen lernen, miteinander zu lernen“[69], dadurch zugleich ihre eigenen Potentiale freisetzen und die Organisation so zu einer lernenden machen[70]. Dies unterscheidet eine solche „von einer herkömmlichen Organisation mit autoritärem ‚Kontrollcharakter‘“ [71] . Senge beschreibt eine lernende Organisation als eine, die über fünf Disziplinen bzw. Dimensionen verfügt, die es ihr möglich machen, sich zu entwickeln und beweglich zu bleiben. Das Konzept beruht auf der Grundlage, dass „Organisationsentwicklung nicht ohne Personalentwicklung erfolgreich sein kann“[72], da lernende Organisationen eng mit den dort arbeitenden Menschen und deren individuellem Lernen verbunden sind. Die von Senge beschriebenen Disziplinen sind folgende:

1. „Personal Mastery – Die Disziplin der Selbstführung und Persönlichkeitsentwicklung“[73]

Dies meint, dass MitarbeiterInnen von sich aus kontinuierlich lernen und Kompetenzen erwerben wollen, dass sie über die Fähigkeit verfügen, ihre „wahren Ziele konsequent zu verwirklichen“[74]. Dies setzt ein gewisses Maß an Selbstreflektiertheit voraus, um Lernfelder ausmachen zu können. Für Senge ist der Zweck des Lernens dabei vor allem die persönliche Entwicklung der MitarbeiterInnen, deren Lernen sich mit dem der Organisation verbindet[75].

---

[68] Vgl. Werther, S. und Jacobs, C. (2014), S. 55
[69] Senge, P. M., (2017), S. 13
[70] Senge, P. M., (2017), S. 13
[71] Ebd. S. 15
[72] Werther, S. und Jacobs, C. (2014), S. 55
[73] Senge, P. M., (2017), S. 17
[74] Ebd., (2017), S. 17
[75] Vgl. ebd. S. 18

2. Mentale Modelle[76]

Dies „sind tief verwurzelte Annahmen, Verallgemeinerungen oder auch Bilder und Symbole“[77]. Mentale Modelle sind oftmals unbewusst, wirken sich aber auf die Wahrnehmung und das Handeln von Menschen aus. Auch diese Disziplin setzt Reflexionsfähigkeit voraus, da die mentalen Modelle, die jeder Mensch hat und die seine Sicht der Welt beeinflussen, die also das eigene Wahrnehmen und Denken prägen, in einem ersten Schritt wahrgenommen werden sollen, um sie dann im zweiten Schritt zu überprüfen[78]. Die Kommunikation und der Austausch über die verschieden Blickwinkel kann nur bei einem Bewusstsein über die Verschiedenheit der mentalen Modelle produktiv stattfinden[79].

3. „Eine gemeinsame Vision entwickeln“[80]

Diese Disziplin beschreibt die einheitliche von allen MitarbeiterInnen geteilte Richtung, die ein Unternehmen auszeichnet; bzw. die Identität des Unternehmens[81]. Erst über die geteilte, gemeinsame und von Führungskräften vorgelebte Vision (die jedoch nicht „von oben verordnet wird“[82]), die die einzelnen in einem Unternehmen auf verschiedenen Ebenen und in verschiedenen Bereichen vorhandenen Ziele bündelt, sind MitarbeiterInnen intrinsisch zu motivieren. Dies fördert die Verantwortung der/des Einzelnen, nicht nur für die Ergebnisse, sondern auch für die Regeln, unter denen diese entstehen.

4. Team-Lernen[83]

Da ein Team intelligenter ist als die Summe seiner Einzelteile, ist eine „Kultur des Dialogs ohne kollektive Abwehrmechanismen“[84] zentral für organisationale Lernprozesse. Hierbei spielen die Reflexion der eigenen mentalen

---

[76] Senge, P. M., (2017), S. 18
[77] Ebd. S. 18
[78] Vgl. Werther, S. und Jacobs, C. (2014), S.55
[79] Vgl. Senge, P. M., (2017), S. 19
[80] Ebd. S. 19
[81] Vgl. Werther, S. und Jacobs, C. (2014), S.55
[82] Senge, P. M., (2017), S. 20
[83] Ebd. S. 20
[84] Werther, S. und Jacobs, C. (2014), S.56

Modelle und die Selbstführung eine wichtige Rolle. Im optimalen Fall lernt das Team durch die Individuen und die Individuen durch das Team. In diesem Lernprozess geht es darum, miteinander in Dialog zu treten und die oftmals dabei aufkommenden Abwehrstrukturen zu überwinden, um echtes Lernen möglich zu machen[85].

5. Systemdenken

Diese fünfte und letzte Disziplin bildet den integrativen Kern der beschriebenen Disziplinen, „die alle miteinander verknüpft und sie zu einer ganzheitlichen Theorie und Praxis zusammenfügt“[86]. Es erfordert „eine ganzheitliche Betrachtung des Unternehmens“[87], um der systemischen Komplexität gerecht werden zu können und nicht nur den eigenen Teilbereich, die eigene Abteilung sehen zu können. Hierbei sollen vor allem die Wechselwirkungen und Abhängigkeiten der verschiedenen Teilsysteme berücksichtigt werden. Letztendlich ist dieses die Bedingung, damit die MitarbeiterInnen im Unternehmen „kontinuierlich entdecken, dass sie ihre Realität selbst erschaffen[88].

Um diese Disziplinen in Organisationen umzusetzen zu können, bedarf es laut Senge eines Umdenkens; wobei der Begriff der „lernenden Organisation“ oft kritisch aufgenommen wird, da er leicht mit Lernen in schulischen Zusammenhängen gedacht wird und daher oftmals negativ konnotiert ist, bzw. im Widerspruch zu dem intrinsisch motivierten Lernen einer lernenden Organisation verstanden wird[89]. In Abgrenzung zu diesem klassischen Lernbegriff, verwendet Senge den Begriff „Metanoia“[90], der, dem systemischen Ansatz entsprechend, ganzheitlicher ist[91] und die Wahrnehmung weg vom eigenen Bereich hin zu einem größeren Kontext, bzw. dem Gesamtsystem lenkt. Darüber hinaus benennt er Faktoren, die Organisationen am Lernen hindern und sowohl auf individueller als auch auf struktureller Ebene angesiedelt sind. Die Spannweite dieser Ursachen ist breit gefächert

[85] Vgl. Senge, P. M., (2017), S. 20
[86]Senge, P. M., (2017), S. 23
[87] Werther, S. und Jacobs, C. (2014), S.56
[88] Senge, P. M., (2017), S. 24
[89] Vgl. ebd. S. 25
[90] Ebd. S. 24
[91] Der Begriff setzt sich zusammen aus meta = über, jenseits und noia = der Sinn

und reicht von einer Fixierung auf kurzfristige Ursache-Wirkung Beziehungen, über die Tendenz, die Schuld an Misserfolgen nach außen zu verlagern oder nicht über den eigenen engen Rahmen hinauszudenken, bis hin zu starker Konkurrenz in Leitungsteams[92]. Gegen diese typischen Denkweisen, die der Veränderung hin zu einer lernenden Organisation entgegen stehen, setzt Senge also die fünfte Disziplin in Form des systemischen Denkens, welches zugleich Kern und Ausgangspunkt der Veränderungen ist.

2.4.4 Edgar Schein

Edgar Schein (geb. 1928) beschäftigt sich vor allem damit, wie die Unternehmenskultur Veränderungsprozesse in Unternehmen beeinflusst, da sie „der zentrale Ausgangspunkt für jegliche Maßnahme der Organisationsentwicklung“[93] ist und sich eine Organisation eben nicht ohne Veränderungen in der Kultur verändern kann. Zudem sind die Folgen, die Entscheidungen in komplexen Systemen haben können, in Unkenntnis der Kultur nicht absehbar, es können negative Effekte eintreten[94]. Um die Kultur eines Unternehmens bewusst gestalten zu können, beschäftigt sich Schein erst einmal damit, was diese überhaupt ist. Um das zu beantworten, beschreibt er ihre drei Ebenen, die „von den sichtbaren bis zu den unausgesprochenen und unsichtbaren“[95] geordnet sind:

1. Artefakte

Diese Ebene beschreibt den wahrnehmbaren Teil der Kultur, also wie sich ein Unternehmen nach außen und nach innen präsentiert. Dies kann beispielsweise die Kleidung der MitarbeiterInnen, die Umgangsformen oder auch die Einrichtung der Räumlichkeiten betreffen. Schein macht allerdings deutlich, dass diese sichtbaren Artefakte noch nichts über die Gründe, die hinter ihnen liegen, aussagen, und um die Kultur zu verstehen, noch weitaus mehr benötigt wird[96].

---

[92] Vgl. Senge, P. M., (2017), S. 30 ff
[93] Werther, S. und Jacobs, C. (2014), S. 58
[94] Schein, E. H. (2003), S. 19
[95] Ebd. S. 32
[96] Vgl. ebd. S. 32

2. Öffentlich propagierte Werte

Dieser Bereich ist durch nachfragen und nachlesen (z.B. in Leitbildern) erfahrbar. Er beinhaltet oftmals Werte wie Teamarbeit, Kundenorientierung, Offenheit..., wobei diese genannten Werte durchaus von dem beobachtbaren Verhalten abweichen oder sogar im Widerspruch zu ihm stehen können[97]. Um dieses verstehen zu können, ist es notwendig, noch eine Ebene tiefer zu schauen.

3. Grundlegende unausgesprochene Annahmen

Diese Ebene setzt sich aus den erlernten Werten und Überzeugungen eines Unternehmens zusammen, die es geprägt haben und entweder historisch in ihm gewachsen sind oder von dem/der GründerIn eingebracht wurden. Da das Unternehmen offenbar noch existiert und also erfolgreich war, werden diese kulturellen Muster als erfolgsbringend wahrgenommen[98] und lassen sich daher nur schwer hinterfragen. Somit spiegeln sich hier die „gemeinsam erlernten Werte, Überzeugungen und Annahmen[99], die für selbstverständlich gehalten werden" und den MitarbeiterInnen zum Teil selbst gar nicht bewusst sind.

Um diese „gemeinsamen, unausgesprochenen Annahmen"[100] verstehen, sie also sichtbar (und somit auch veränderbar) machen zu können, entwickelt Schein verschiedene Erhebungsformen der Kultur eines Unternehmens, wobei er deutlich macht, dass dies aufgrund der Komplexität nicht durch eine einfache Befragung erreicht werden kann. Stattdessen schlägt er vor, dass anhand aktueller Probleme innerhalb von Kleingruppen gearbeitet wird[101]. Hierbei werden dann im ersten Schritt möglichst viele „Artefakte identifiziert, die für das Unternehmen charakteristisch sind"[102] und diese schriftlich festgehalten. Im zweiten Schritt dann werden die Werte des Unternehmens in der Gruppe erarbeitet und anschließend dann überprüft, ob Werte und Artefakte zueinander passen. An den Stellen, wo diese Passung

[97] Vgl. Schein, E. H. (2003), S. 33
[98] Vgl. ebd. S. 35
[99] Ebd. S. 35
[100] Ebd. S. 35
[101] Vgl. ebd. S. 74
[102] Ebd. S. 75

nicht gegeben ist, wird nach den unausgesprochenen, die Artefakte antreibenden, hinter den Werten liegenden „tiefen gemeinsamen Annahmen"[103] gesucht. Die Möglichkeiten, in diesen tiefer liegenden Schichten Veränderungen zu erreichen, hängen wesentlich von dem einzelnen Unternehmen und der Phase (abhängig vom Reifegrad), in der es sich befindet, ab. Allerdings stellt Schein fest, dass jede Veränderung mit einer Form der Widerlegung des bisher Angenommenen beginnen muss[104], wobei sich dies aus verschiedenen Quellen (z.B. Bedrohungen von außen, Fusionen, neue Leitung, Weiterbildungen) ergeben kann. Diese Quellen lösen etwas aus, das Schein Überlebensangst nennt, die dann gegen die Lernangst, also die Angst davor, Neues lernen zu müssen und die sich selbst wieder aus verschiedenen Quellen speist[105], arbeitet. Um trotzdem eine Veränderung erreichen zu können, kann entweder die Überlebensangst erhöht oder aber die Lernangst verringert werden, wobei Zweiteres laut Schein der deutlich sinnvollere Weg ist[106]. Hierfür müssen die beteiligten MitarbeiterInnen „psychologische Sicherheit"[107] erlangen, die das Unternehmen z.B. über positive Visionen, Trainings, Beteiligung der Lernenden an Entwicklungen, positive Rollenmodelle und anderes fördern kann[108], bevor die eigentliche Veränderung dann stattfinden kann. Auch hier wird deutlich, wie komplex und vielschichtig bereits die Vorbereitung eines OE Prozesses ist und wie intensiv diese auf die Reflexionsfähigkeit aller Beteiligten angewiesen ist, um Erfolg haben zu können.

2.5 Aktuelle Situation in der Behindertenhilfe

2.5.1 Rahmenbedingungen

Aktuell ist die Branche der Betreuung von Menschen mit Behinderung verschiedenen Tendenzen unterworfen, die externen Veränderungsdruck auf die verschiedenen Träger auslösen. Aktuell ist hier besonders die UN-

---

[103] Schein, E. H. (2003), S. 76
[104] Vgl. ebd. S. 117
[105] Vgl. ebd. S. 120
[106] Vgl. ebd. S. 122
[107] Ebd. S. 123
[108] Vgl. ebd. S. 124

Behindertenrechtskonvention von 2006, die seit 2008 in der EU gültig ist und zu der der deutsche Staat nicht im Widerspruch stehen darf, zu nennen. In dieser Konvention ist „die Achtung der dem Menschen innewohnenden Würde, seiner individuellen Autonomie, einschließlich der Freiheit, eigene Entscheidungen zu treffen, sowie seiner Unabhängigkeit"[109] zugesagt und „die volle und wirksame Teilhabe an der Gesellschaft und Einbeziehung in die Gesellschaft"[110] garantiert. Zum anderen ist natürlich seit 1994 das Grundgesetz ausschlaggebend; hier ist verankert, dass niemand „wegen seiner Behinderung benachteiligt werden" darf[111]. Die sich hieraus ergebenden Ansprüche wurden bisher im SGB IX konkretisiert: „Behinderte oder von Behinderung bedrohte Menschen erhalten Leistungen (...), um ihre Selbstbestimmung und gleichberechtigte Teilhabe am Leben in der Gesellschaft zu fördern, Benachteiligungen zu vermeiden oder ihnen entgegen zu wirken"[112]. Diesen Ansprüchen müssen die Träger in diesem Bereich gerecht werden und zwar mit beschränkten finanziellen Ressourcen. All jene verschiedenen Aspekte, denen die Einrichtungen entsprechen müssen und die im Gegensatz zu dem eher versorgenden und beschützenden Anspruch der Vergangenheit gesehen werden können, stellen einen externen Faktor dar, der Druck auf die Träger hinsichtlich Veränderung bedeutet.

2.5.2 Veränderungen der letzten Jahrzehnte

Um die aktuelle Situation der Branche und ihre spezifischen Reaktionen auf Veränderungen verstehen zu können, ist es hilfreich, die Entwicklungen der letzten Jahrzehnte und die dort zu verortenden Veränderungen kurz nachzuvollziehen. Als Beispiel für eine solche Veränderung kann das sich seit den 1980er Jahren in Deutschland durchsetzende Normalisierungsprinzip gelten, das bereits dreißig Jahre zuvor im skandinavischen Raum von Niels Erik Bank-Mikkelsen und Bengt Nirje entwickelt wurde und eine Normalisierung des Lebens von Menschen mit geistiger Behinderung ermöglichen soll. Dabei ging es nicht, wie das Wort vielleicht vermuten lässt, um eine „Normalisierung der Behinderten durch Anpassung an die sie umgebende Gesellschaft", sondern vielmehr um die Schaffung von normalen,

109 UN-Behindertenrechtskonvention Artikel 3a

110 UN-Behindertenrechtskonvention Artikel 3c

111 GG Artikel 3, Absatz 3, Satz 2

112 SGB IX §1, Satz 1

also der Gesellschaft entsprechenden Strukturen in allen Bereichen des Lebens (Tagesrhythmus, Lebensrhythmus, Sexualität, ökonomische Bedingungen...)[113]. Die sich hieraus ergebenden Konsequenzen in Bezug auf die Gestaltung des alltäglichen Lebens in den Wohneinrichtungen bedeutete für die dort arbeitenden Personen eine große Umstellung und Veränderung, die sicherlich vielen nicht leicht fiel, da sie grundlegende Überzeugungen und besonders das Menschenbild der MitarbeiterInnen betraf. Bereits in den 1990er Jahren dann kam aus dem italienischen Raum eine neue Entwicklung nach Deutschland, die unter dem Begriff „Integration“ subsumiert werden kann. Konzeptionell zielten diese Konzepte auf die Einbeziehung der Menschen mit Behinderung in die verschiedensten Lebenssituationen, besonders auf den Bereich der schulischen Bildung. Dort sollte durch das gemeinsame Lernen von behinderten und nichtbehinderten Kindern in Begleitung von PädagogInnen die gegenseitige Akzeptanz und Toleranz der Nichtbehinderten gefördert werden[114]. Aktuell wird der Begriff der Integration durch den Gedanken der Inklusion ersetzt. Integration als Eingliederung verstanden setzt immer eine vorhergehende Ausgrenzung voraus und somit die Existenz einer Sphäre der Behinderten, die jetzt in die vermeintlich normale Welt integriert wird[115]. Inklusion, verstanden als vollwertige, unmittelbare Zugehörigkeit zu einem gesellschaftlichen System, kann dabei auf die verschiedensten marginalisierten Gesellschaftsgruppen angewendet werden und geht somit weit über den heilpädagogischen Kontext hinaus[116].

Aus dem amerikanischen Raum kommend steht der Begriff Empowerment aktuell dafür, dass gesellschaftlich benachteiligte Gruppen (also auch Menschen mit Behinderung) zu ExpertInnen in eigener Sache werden. Dieses komplexe Modell will das Vertrauen in die jedem Menschen innewohnenden Ressourcen aufbauen, zur Befreiung aus einer politischen Ohnmacht aufrufen, gesellschaftliche Randgruppen dazu ermutigen, sich der eigenen Fähigkeiten bewusst zu werden und sich gegenüber anderen zu behaupten

[113] Vgl. Hähner, U. et al. (2003), S. 33
[114] Vgl. ebd. S. 34
[115] Vgl. Theunissen, G. (2013), S. 17
[116] Ebd. S. 18 bis S. 19

und so vom betreuten zum selbstbewusst handelnden Menschen zu werden[117].

2.5.3 Bundesteilhabegesetz

Im Dezember 2016 wurde das Bundesteilhabegesetz (BTHG) von Bundestag und Bundesrat nach vielen Diskussionen und Veränderungsanträgen beschlossen. Dieses Gesetz soll die Forderungen der UN Behindertenrechtskonvention von 2006 weiter umsetzen und Teilhabe und Selbstbestimmung von Menschen mit Behinderung weiter befördern[118], wobei die Frage, ob dieses Gesetz dazu geeignet ist, bereits seit den ersten Entwürfen diskutiert wird. Viele Interessensverbände und große Träger haben sich gegen einzelne Punkte des Gesetzes gewehrt und es gab in vielen großen Städten Demonstrationen gegen die Einführung, da vermutet wurde, dass das BTHG ein Instrument zur Kostenreduktion und nicht zur Verbesserung der Teilhabe sei[119]. Aufgrund des BTHG werden unter anderem Leistungen, die bisher im SGB IX beschrieben wurden und damit im Bereich der Grundsicherung angesiedelt waren, in den Bereich des SGB XI: Rehabilitation und Teilhabe von Menschen mit Behinderung überführt[120]. Die Einführung dieses großen und viele Bereiche betreffenden Artikelgesetzes verläuft in vier Stufen und bedeutet einen Paradigmenwechsel für die Betreuung von Menschen mit Behinderung. Die ersten beiden Stufen sind bereits (01.01.2017 und 01.01.2018) in Kraft getreten, die beiden noch ausstehenden Stufen folgen dann jeweils zum Jahresbeginn 2020 und 2023[121]. Die inhaltlichen Folgen für die Träger der Behindertenhilfe sind dabei noch nicht klar absehbar, zumal die einschneidenden Veränderungen erst mit den letzten beiden Stufen erfolgen werden. Wesentliche Veränderungen, die den Bereich des Wohnens betreffen, sind die Aufhebung der unterschiedlichen Finanzierung von ambulantem, teilstationärem und stationärem Wohnen[122]

[117] Vgl. Theunissen, G. (2013), S. 28 - 29
[118] Vgl. Bundesministerium für Arbeit und Soziales (2017): Einfach machen, gemeinsam die UN Behindertenrechtskonvention umsetzen
[119] Z.B. am 07.11.2016 in Berlin und am 22.09.2016 in Hannover
[120] Vgl. Bundesvereinigung Lebenshilfe e.V. (2017), S. 1
[121] Vgl. Der Paritätische Gesamtverband (2017), S. 4 ff.
[122] Ebd. S. 2

und auch das Berichtswesen, das bisher über das HMB-W[123] Verfahren geregelt war, wird sich zukünftig an der Internationalen Klassifikation der Funktionsfähigkeit, Behinderung und Gesundheit (ICF) orientieren. Auch hier ist noch nicht abschließend geklärt, was das für die Einrichtungen und Träger bedeuten wird und wie diese Forderungen umgesetzt werden. Insgesamt zeigt sich, dass die Folgen für die betroffenen Personen noch nicht absehbar sind, auch in den Einrichtungen und Institutionen, die mit der Betreuung beauftragt sind, gibt es noch viele Unsicherheiten und Unklarheiten, zumal letztlich nur klar zu sein scheint, dass sich bis Anfang 2023 viel verändern wird.

[123] Dieses Verfahren beschreibt ein Erhebungsinstrument, bei dem ausführlich der Bedarf der betreuten Person über 34 Items von der zuständigen Einrichtung ermittelt wird; es dient als Instrument zur Festlegung der Höhe der Finanzierung und wird regelmäßig von den jeweiligen Kostenträgern angefordert.

3 Analyse

3.1 Teilnehmende Unternehmen

Bereits vor der Durchführung der Umfrage und den Interviews wurden Unternehmen gesucht, die bereit waren, die Untersuchung zu unterstützen und zu kooperieren. Die Unternehmen selbst sind sehr verschieden, sowohl in Bezug auf die MitarbeiterInnenzahl als auch auf die Unternehmensgeschichte, das Menschenbild und die grundsätzliche Ausrichtung. Leider konnte für die Umfrage kein konfessionell gebundenes Unternehmen gefunden werden, obwohl die kirchlichen Träger einen großen Teil der stationären Wohnangebote für Menschen mit Behinderung stellen (hier besonders Caritas und Diakonie). Die beteiligten Unternehmen wurden entweder telefonisch oder per Email gefragt, ob die MitarbeiterInnen mittels eines Fragebogens befragt und auch die im Rahmen der dritten Testung stattfindenden Interviews dort durchgeführt werden dürfen. In einem Fall war noch ein weiteres Gespräch mit dem zuständigen Betriebsrat notwendig, um dessen Zustimmung zu der Durchführung der Umfrage zu bekommen.

Das größte der beteiligten Unternehmen war ein Einrichtungsverbund, der mit zwei sehr verschiedenen Einrichtungen an der Umfrage teilnahm. Dieser Verbund besteht aus Wohneinrichtungen, Förderschulen, Werkstätten und Tagesförderstätten, darüber hinaus bietet er ambulante Betreuung an. Er zählt mit ca. 500 betreuten Menschen und fast ebenso vielen MitarbeiterInnen zu den größeren Trägern in der Region. Konfessionell und weltanschaulich ist er ungebunden.

Die größere der an der Umfrage beteiligten Einrichtungen des Verbundes betreibt ein Wohnheim mit über 250 stationären Wohnplätzen, die auf mehrere Gebäude des Kerngeländes, ein neu gebautes Haus außerhalb und diverse kleinere Wohneinheiten in der näheren Umgebung verteilt sind. Dieser Unternehmensteil ist der älteste des gesamten Verbundes und existiert bereits seit den 1930er Jahren auf dem heutigen Gelände. Hier konnten 130 Fragebögen in den verschiedenen stationären Wohnbereichen verteilt werden, wovon 53 zurückgegeben wurden, dies entspricht einer Rücklaufquote von 40,77%. Zudem konnten mit dem für den Wohnbereich zuständigen geschäftsführenden Vorstand (Herrn B.), einem der drei FachbereichsleiterInnen Wohnen (Herrn H.) und einer Wohnbereichsleiterin (Frau K.) Interviews geführt werden.

Die andere Einrichtung des Verbundes, die an der Befragung teilgenommen hat, ist mit 75 KlientInnen und 78 Beschäftigten wesentlich kleiner. Sie existiert seit 1912 als Einrichtung für Menschen mit Behinderung und war bis zu ihrer Schenkung an den Verbund im Jahre 1993 selbstständig, seit 1974 als gGmbH. Hier wurden 50 Fragebögen in Umlauf gebracht, von denen 22 beantwortet wurden, was eine Rücklaufquote von 44% bedeutet. Das Interview hier wurde mit der Heimleiterin Frau A. geführt.

Als dritte Einrichtung konnte ein kleiner Verein für die Umfrage gewonnen werden. Dieser betreibt aktuell zwei Wohnheime und eine Tagesförderstätte; hier werden insgesamt ca. 100 KlientInnen von 137 MitarbeiterInnen betreut, wobei ca. die Hälfte dem Bereich Wohnen zuzurechnen ist. Der Verein wurde 1975 zuerst als Betreiber einer Tagesstätte gegründet, und 1983 kam im Umfeld der Antipsychiatriebewegung das erste Wohnheim hinzu. Auch diese Einrichtung ist nicht konfessionell gebunden. Hier konnten 50 Fragebögen verteilt werden. Durch die 21 zurückgegebenen Exemplare ergibt sich eine Rücklaufquote von 42%. Als Interviewpartner stand Herr J. zur Verfügung, der der Geschäftsführer der Einrichtung ist.

Die vierte Einrichtung, in der die Umfrage durchgeführt wurde, ist ein Hof, der in ländlicher Umgebung liegt. Er gehört zu einer Stiftung, die sich auf die Anthroposophie[124] bezieht und ihr Handeln daraus ableitet. Sie ist somit eine weltanschaulich stark geprägte Einrichtung, die sowohl Wohnheimplätze als auch Arbeitsmöglichkeiten für Menschen mit Behinderung bietet. Hier wurden 40 Fragebögen verteilt mit einer Rücklaufquote von 35%, es wurden 14 Exemplare zurückgegeben. Es konnten zum einen Herr P., der dort als Geschäftsführer tätig ist, zum anderen Herr S., der als Sozialdienst ebenfalls übergeordnet in der Einrichtung tätig ist, für die Interviews gewonnen werden.

[124] Die Lehre der Anthroposophie wurde von Rudolf Steiner (1861–1925) entwickelt und beschreibt einen Ansatz, die ein ganzheitliches Menschen- und Weltbild vertritt und zum Teil stark esoterisch geprägt ist.

3.2 Fragebögen als erste Testung

3.2.1 Konzeptionelle Vorüberlegungen

Zur Annäherung an den spezifischen Blickwinkel, den MitarbeiterInnen der Behindertenhilfe auf Veränderungen haben und daran, welche Einstellungen dort in Bezug auf Veränderungen bestehen, wurde im ersten Schritt ein Fragebogen an die MitarbeiterInnen der beteiligten Unternehmen verteilt. Die Stichprobenziehung war zwar eine Zufallsstichprobe innerhalb der befragten Einrichtungen, streng genommen aber nicht-probabilistisch[125], da die Einrichtungen, in denen die Befragung durchgeführt werden konnte, aufgrund pragmatischer Einschränkungen vorausgewählt wurden, es also keine echte Zufallsauswahl war[126]. Vor der tatsächlichen Testung wurde ein ausführlicher Pre- Test des Fragebogens durchgeführt, infolge dessen es diverse Anpassungen und Veränderungen (besonders in Bezug auf die Verstehbarkeit und die Komplexität der Fragen) gab. Hierbei wurden sowohl Personen befragt, die in der Branche selbst oder auch in ähnlichen Bereichen (z.B. inklusiven Schulen, Tagesförderstätten, Betreuungseinrichtungen für Menschen mit psychischen Problemen) tätig sind, um testen zu können, ob der Fragebogen auch ohne Begleitung verständlich ist. Zur Erstellung und Auswertung der Umfrage wurde das eigentlich für online Umfragen entwickelte Tool Survey Monkey genutzt und so eingesetzt, dass es für die Auswertung des Papierfragebogens verwendet werden konnte. Die Umfrage wurde an die vier verschiedenen Einrichtungen mit ihren unterschiedlich großen Wohnbereichen gegeben. Die Auswahl der Unternehmen bedeutet strenggenommen bereits eine Einschränkung der Zufallsauswahl, dies ließ sich aber aus pragmatischen Gründen nicht vermeiden, zumal es Absagen von einigen angefragten Unternehmen gab. Die Anzahl der in Umlauf gebrachten Fragebögen richtete sich auch nach den Vorgaben, die von den jeweiligen Geschäftsführungen gemacht wurden.

[125] Dies meint, dass die Stichprobe willkürlich gezogen wurde und somit keine echte Zufallsstichprobe darstellt.
[126] Vgl. Döring, N. und Bortz, J. (2016), S. 305

3.2.2 Aufbau des Fragebogens

Die Umfrage selbst wurde als voll standardisierter Papierfragebogen mit geschlossenen Fragen[127] entworfen[128], der an die MitarbeiterInnen der beteiligten Unternehmen verteilt wurde. Der Bogen enthält insgesamt acht Seiten mit 17 verschiedenen Fragen und beginnt mit einem Anschreiben, um die befragten MitarbeiterInnen über den Zweck der Befragung, ihre Zielsetzung und die Rahmenbedingungen zu informieren. Zugleich sollten sich die MitarbeiterInnen über das Anschreiben direkt angesprochen und persönlich gefragt fühlen; sie sollten so motiviert werden, den Bogen auszufüllen, um der oftmals niedrigen Rücklaufquote bei Papierfragebögen entgegen zu wirken.

Die Fragen sind in drei Bereiche unterteilt: 1. Allgemeine Angaben, 2. Zur Arbeitssituation, 3. Umgang mit Veränderungen. Dies bedeutet, dass der Abstraktionsgrad der Fragen zunehmend und auch komplexer werdend ist. Er geht also von allgemeinen Angaben über die eigene Arbeitssituation hin zu Meinungen und Überzeugungen. Bei der Formulierung wurde darauf geachtet, das Sprachniveau und die Sprachgewohnheiten der Befragten zu nutzen und verständlich zu sein[129]. Zum Einsatz kamen verschiedene Fragetypen, die sich jeweils nach dem Forschungsinteresse hinter der Frage richteten, es wurden verschiedene Skalierungen und Skalenniveaus genutzt.

3.2.3 Ergebnisse der Umfrage[130]

Insgesamt liegt mit durchschnittlich 40,74% eine hohe Rücklaufquote der Fragebögen vor; dies könnte mit der persönlichen Ansprache der MitarbeiterInnen in den Einrichtungen zusammenhängen, da die Fragebögen dort persönlich in die befragten Wohngemeinschaften gebracht wurden und es die Möglichkeit zu kurzen Gesprächen gab. Hierbei fiel bereits auf, dass das Thema „Veränderung und der Umgang der verschiedenen Träger damit“

---

[127] Vgl. Döring, N. und Bortz, J. (2016), S. 399

[128] Siehe Anhang 1: Fragebogen

[129] Vgl. Döring, N. und Bortz, J. (2016), S. 410

[130] Für die genauen Ergebnisse der Umfrage siehe Anhang 2: Umfrageergebnisse

für die MitarbeiterInnen ein wichtiges und z.T. emotionales Thema zu sein scheint, da es einen regen Austauschbedarf gab; auch dies kann ein Grund für die hohe Rücklaufquote sein. Zudem wurden in jedem Team bzw. in jedem Wohnbereich einzelne MitarbeiterInnen gebeten, bei der Befragung zu unterstützen und die jeweiligen KollegInnen zum Ausfüllen zu motivieren. Die Abgabe der ausgefüllten Umfragen erfolgte entweder über verschlossene in den Pausenräumen und Büros bereitgestellte Urnen oder aber sie war anonym über den Briefkasten einzelner Leitungskräfte möglich, um die Vertraulichkeit der Angaben so zu gewährleisten.

Die MitarbeiterInnen, die die Fragebögen beantwortet haben, sind zum größten Teil weiblich (70%, was für den sozialen Bereich insgesamt klassisch ist) und zwischen 40 und 49 Jahre alt, wobei 60% über 40 Jahre alt sind; der Anteil der unter 30 Jährigen liegt bei 22,72%. Der größte Teil der befragten MitarbeiterInnen hat eine Ausbildung und arbeitet entsprechend als Fachkraft (69,09%). Zudem fällt die lange Verweildauer von mehr als 20 Jahren in den jeweiligen Unternehmen auf, die mit 33,03% der Befragten sehr hoch ist, zumal ebenfalls 33,03% noch nie bei einem anderen Arbeitgeber beschäftigt waren. Dies bedeutet, dass im Hinblick auf Veränderungsprozesse darauf Rücksicht genommen werden muss, dass viele Menschen schon älter, lange bei dem jeweiligen Arbeitgeber beschäftigt sind und auch schon viele Veränderungsprozesse erlebt haben (63,64%). Im Weiteren wird der Frage, ob diese Konstellation Mitarbeiterschaften unflexibler und eventuell weniger bereit für Veränderungen macht oder sie vielleicht Veränderungen sogar gelassener annehmen lässt, nachgegangen werden (zumal der Anteil derer, die schon viele Veränderungsprozesse mitgemacht haben, mit dem Alter steigt, siehe Tabelle 1). Diese speziellen Bedingungen sollten den GestalterInnen von Veränderungsprozessen bewusst sein und Berücksichtigung finden.

	ja		mittel		nein		total	
unter 18	0,00%	0	100,00%	1	0,00%	0	0,91%	1
18-20	0,00%	0	0,00%	0	100,00%	1	0,91%	1
21-29	43,48%	10	34,78%	8	21,74%	5	20,91%	23
30-39	57,89%	11	42,11%	8	0,00%	0	17,27%	19
40-49	71,88%	23	21,88%	7	6,25%	2	29,09%	32
50-59	74,07%	20	25,93%	7	0,00%	0	24,55%	27
60 oder älter	85,71%	6	14,29%	1	0,00%	0	6,36%	7
total	63,64%	70	29,09%	32	7,27%	8	100,00%	110
							beantwortet	110
							übersprungen	0

Tabelle 1: Haben Sie in Ihrer Laufbahn schon viele organisatorische Veränderungsprozesse erlebt? nach Altersgruppen aufgeschlüsselt

Eine weitere sich ergebende Frage betrifft die grundsätzliche Veränderungsbereitschaft in Abhängigkeit vom Alter.

	sehr offen		mäßig offen		nicht offen		total	
unter 18	100,00%	1	0,00%	0	0,00%	0	0,91%	1
18-20	100,00%	1	0,00%	0	0,00%	0	0,91%	1
21-29	60,87%	14	39,13%	9	0,00%	0	20,91%	23
30-39	63,16%	12	36,84%	7	0,00%	0	17,27%	19
40-49	71,88%	23	25,00%	8	3,13%	1	29,09%	32
50-59	51,85%	14	48,15%	13	0,00%	0	24,55%	27
60 oder älter	57,14%	4	42,86%	3	0,00%	0	6,36%	7
total	62,73%	69	36,36%	40	0,91%	1	100,00%	110
							beantwortet	110
							übersprungen	0

Tabelle 2: Wie offen für Neues würden Sie Sich im Allgemeinen beschreiben? nach Altersgruppen aufgeschlüsselt

Hier zeigt sich deutlich, dass die Offenheit für Veränderungsprozesse zwar (in der Selbsteinschätzung) gegeben ist und nur eine Person sich selbst als nicht offen einschätzt, diese Offenheit aber doch mit dem Alter prozentual kontinuierlich abnimmt (siehe Tabelle 2).

Bei der Frage nach den Eigenschaften des aktuellen Arbeitgebers wurde am seltensten (14,81%) genannt, dass Transparenz geboten wird, allerdings benennen 62,04% die Möglichkeit sich einzubringen. Auch diese beiden Faktoren können in Bezug auf Veränderungsprozesse von Interesse sein, da die bisher gemachten Erfahrungen (z.B. in Hinblick auf Transparenz und die Möglichkeit, sich bei deren Verbesserung mit einzubringen) bei einem entsprechenden Prozess zu berücksichtigen sind. Zudem wird der Verdienst von 40,74% als gut bewertet. Dass Engagement benötigt wird, empfinden 56,48% als gegeben. Als besonders wichtig für die eigene Berufswahl geben über die Hälfte (55,88%) Wohnortnähe an, wobei die Bezahlung (29,41%) und die Aufstiegsmöglichkeiten (13,73%) hierfür nicht so entscheidend waren.

Die Sinnhaftigkeit der ausgeübten Tätigkeit wurde von 43,04% der Befragten als wichtigster Aspekt bei der Berufswahl genannt (durchschnittliche Wertung von 8,33 bei einer Skalierung zwischen 1 und 10), gefolgt von dem Wunsch, Verantwortung zu übernehmen (6,4 im Durchschnitt). Dies bedeutet, dass Menschen mit Überzeugungen in diesem Bereich arbeiten und dass Veränderungen bzw. Ergebnisse von Veränderungsprozessen diesen Überzeugungen und dem Wunsch nach Sinnhaftigkeit nicht entgegen stehen dürfen. Dies korrespondiert mit den geäußerten Sorgen und Ängsten der Befragten (siehe Abb. 2: Wenn Sie an Veränderungen in der Zukunft denken, welche Sorgen und Ängste lösen diese bei Ihnen aus?). Hier wird deutlich, dass die Sorge, weniger Zeit für die KlientInnen zu haben, überwiegt, gefolgt von derjenigen, dass der Personalschlüssel sinkt und es zu psychischer Überanstrengung kommt. Diese Sorgen kennzeichnen Arbeitsbedingungen, die der Sinnhaftigkeit der eigenen Tätigkeit, also der Betreuung, Unterstützung, Förderung und Begleitung von Menschen mit Behinderung, deutlich entgegen stünden und somit wahrscheinlich auch der eigenen Berufsidentität.

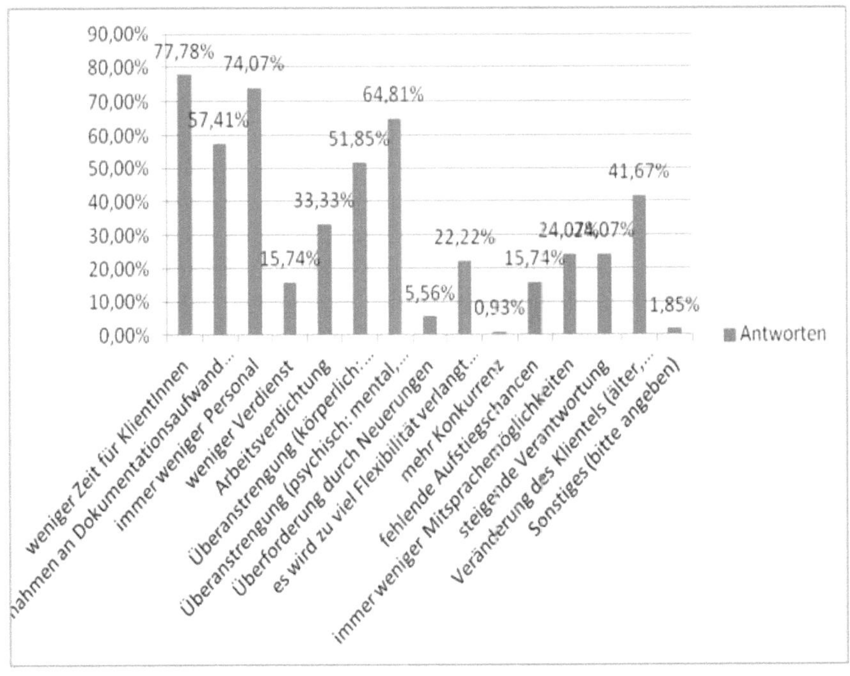

Abbildung 2: Wenn Sie an Veränderungen in der Zukunft denken...

Bei der Bewertung von Aspekten bisher erlebter organisatorischer Veränderungen wurde keiner der abgefragten Bereiche besser als mit der Schulnote 3 bewertet. Die schlechteste Note wurde dem Bereich der MitarbeiterInnenbeteiligung mit einer 4 (3,54) gegeben. Dies bedeutet, dass in diesem zentralen Bereich deutliche Defizite zu erkennen sind und sich viele der Beteiligten nicht ausreichend einbezogen fühlen. Das steht auf den ersten Blick im Widerspruch dazu, dass 62,04% die Möglichkeit sehen, sich einbringen zu können, wobei dies dadurch erklärt werden kann, dass es einmal um die Möglichkeit geht, sich selbst (beispielsweise in die tägliche Arbeit) einzubringen und im anderen Fall um das von der Leitung in Veränderungsprozesse einbezogen Werden. Da dies aber innerhalb von Organisationsentwicklungsprozessen von zentraler Bedeutung ist, stellt sich hier die Frage, wie es zu diesem Ergebnis kommen kann, und noch wichtiger, was sich daran ändern lässt und wie.

Die Notwendigkeit zu organisationalen Veränderungen wird nur von 7,48% der Befragten als gering eingeschätzt, die restlichen 92,53% halten sie für mittel, groß oder sogar sehr groß. Dies bedeutet, dass die Träger bei anstehenden Veränderungen in diesem Bereich keine große Überzeugungsarbeit mehr leisten müssen, da die Notwendigkeit klar gesehen wird. Als Bereich mit der größten Notwendigkeit für Veränderungen wird übrigens der Personalbereich gesehen (83,65%) gefolgt von Organisation/Struktur (53,85%), wobei es durchaus sein kann, dass mit „Personal" der Wunsch nach mehr Personal ausgedrückt wurde, der sich bereits in dem Ergebnis von Frage 17 widerspiegelt (Sorge davor, weniger Personal zu haben) und weniger organisationale Veränderungen in diesem Bereich gemeint waren. In Bezug auf Chancen für die Zukunft wurde 74-mal, also von 71,15% der Befragten die Entwicklung neuer Wohnformen genannt.

3.3 Zwischenfazit

Als besondere Bedingung der Branche lässt sich zum einen das Alter der dort Beschäftigten und zum anderen die lange Verweildauer in den jeweiligen Unternehmen benennen. Dies scheint auch tatsächlich eine Auswirkung auf den Umgang mit Veränderungen zu haben, da die gesehene Notwendigkeit für diese Prozesse mit steigendem Alter abnimmt. Zudem sind die meisten der dort Beschäftigten weiblich, wobei sich daraus ergebende Differenzen im Umgang mit Veränderungen statistisch nicht ablesbar waren. Zudem sehen viele MitarbeiterInnen eine Notwendigkeit zu Veränderungen als gegeben und schätzen sich auch selbst als nicht veränderungsunwillig ein. Dem gegenüber stehen die bestehenden Zukunftsängste und auch die z.T. negativen Erfahrungen mit Veränderungsprozessen; hieraus ergibt sich ein Spannungsfeld, dass in OE-Prozessen beantwortet werden muss, um erfolgreich Veränderungen durchführen zu können. Mit den genannten Ängsten in den Veränderungsprozessen angemessen umzugehen und sie zu beantworten, stellt sicherlich eine besondere Herausforderung für die Träger dar. Dies wird noch dadurch verstärkt, dass Veränderungen hier häufig die Berufsidentität betreffen und daher nicht leicht durchzuführen sein werden, zumal die MitarbeiterInnenbeteiligung bei vorangegangenen Prozessen von diesen als gerade einmal „ausreichend“ empfunden wurde.

3.4 Literaturanalyse in Anlehnung an Mayring als zweite Testung

3.4.1 Methodische Vorüberlegungen

Die Analyse der in Kapitel 2.4 „Verschiedene Modelle der Organisationsentwicklung“ beschriebenen OE-Modelle in Hinblick auf die impliziten und expliziten Erfolgsfaktoren dieser Modelle und deren Bezug auf die besondere Situation in der Behindertenhilfe bildet die zweite Testung. Diese findet methodisch in Anlehnung an die Qualitative Inhaltsanalyse nach Philipp Mayring statt. Das Ziel dieser Analyse liegt darin, „fixierte Kommunikation“[131] systematisch, regel- und theoriegeleitet zu untersuchen[132], um „Rückschlüsse auf bestimmte Aspekte der Kommunikation“[133] ziehen zu können. Dies bedeutet, dass die qualitative Inhaltsanalyse ein breit nutzbares Instrument darstellt, da jede Form von Geschriebenem und Gesprochenem, das aufgezeichnet oder transkribiert wurde, untersucht werden kann, in diesem Sinne sind somit auch die in 2.4 dargestellten Texte Material, das unter bestimmten, definierten Gesichtspunkten analysiert werden kann. Die in Kapitel 2.3 beschriebenen Hemmnisse für OE-Prozesse werden ebenfalls in die Analyse mit hineingenommen und die Modelle auf Möglichkeiten des Umgangs mit den genannten Hemmnissen untersucht. Allerdings findet

---

[131] Mayring, P. (2015), S. 13
[132] Vgl. ebd. S. 13
[133] Ebd. S. 13

die vorgenommene Untersuchung nur in Anlehnung an Mayring statt, da das von ihm beschriebene Verfahren sehr umfangreich ist und zudem Teilbereiche der von ihm entwickelten Methode bereits in Kapitel 2.4 abgedeckt wurden, dort wurden bereits die Modelle vorgestellt und anhand bestimmter Kriterien zusammengefasst. In der folgenden Analyse soll es daher darum gehen, die Modelle von Lewin, Kotter, Senge und Schein auf die analysierte Branche der Betreuung von Menschen mit Behinderung in Bereich Wohnen anzuwenden und auf die Ergebnisse der Umfrage aus der ersten Testung zu beziehen.

3.4.2 Anwendung der vier OE-Modelle auf die Branchenspezifika

3.4.2.1 Umgang mit starken Überzeugungen

Wie bereits gezeigt, ist die gesamte Branche der Betreuung von Menschen mit Behinderung von vielen Veränderungen geprägt und wird auch in Zukunft eine hohe Veränderungsbereitschaft benötigen, um die an sie gestellten gesellschaftlichen Forderungen erfüllen zu können. Diese Veränderungen wirken alle auf das Handeln der MitarbeiterInnen der Einrichtungen der Branche ein und betreffen direkt und konkret den Umgang mit den betreuten Menschen sowie indirekt und abstrakt die hinter dem Handeln stehenden Überzeugungen. Grundsätzlich ergeben sich hieraus kognitive Dissonanzen, die das Handeln und die Überzeugungen der in diesem Bereich Arbeitenden in Frage stellen, was zumeist als unangenehm empfunden wird und die Bereitschaft zu Veränderungen hemmt. Bei der Befragung fiel auf, dass die MitarbeiterInnen ein hohes Durchschnittsalter und eine lange Verweildauer im Unternehmen aufweisen, was sicherlich auch mit der grundsätzlichen Überzeugung, nämlich dass es, trotz der nicht immer einfachen Arbeitsbedingungen (relativ niedrige Bezahlung, Schichtdienst, hoher Krankenstand, ambivalente gesellschaftliche Akzeptanz...) sinnvoll ist, in diesem Bereich und in diesem speziellen Unternehmen tätig zu sein, zu tun hat. Es bedarf also eines großen Maßes an Überzeugung und gegenseitiger kollegialer Unterstützung, um auf Dauer in diesem Bereich zu arbeiten. Dies entspricht dem Ergebnis aus Frage 11 („Sortieren Sie folgende Aspekte nach der persönlichen Wichtigkeit für Ihre Berufswahl von 1 (unwichtig) bis 10 (wichtig)")[134], wonach für die meisten MitarbeiterInnen die Sinnhaftigkeit der Tätigkeit besonders wichtig ist. Zudem wird die Behindertenhilfe oftmals von großen Trägern geleistet, die z.T. konfessionell gebunden sind. Hierdurch arbeiten dort häufig Menschen mit klaren weltanschaulichen Überzeugungen, die ihr Denken und Handeln leiten. Dies deutet auf das ausgeprägte Vorhandensein von mentalen Modellen nach Senge hin, die hinter diesen Überzeugungen als Annahmen und Wahrnehmungsmuster liegen[135] und die es entsprechend im Rahmen des Veränderungsprozesses herauszuarbeiten und zu reflektieren gilt. Dies könnte somit ein erster Annährungsversuch für Veränderungsprozesse in der Branche sein, da mentale Modelle hier eine wichtige Rolle zu spielen scheinen und als zentrales Element jeder Veränderungsbemühung Beachtung finden müssen. Diese Überzeugungen spiegeln sich ebenfalls in dem wider, was Schein als erlernte Werte beschreibt, die zu den unausgesprochenen Annahmen und damit zur dritten Ebene der Kultur zählen[136], hier wäre dann zu untersuchen, worin sie genau bestehen, indem das Verhältnis der anderen beiden Kulturebenen (Artefakte und Werte) zueinander betrachtet wird[137]. Auch bei Lewin findet sich dieser Gedanke in den Gruppenstandards wieder, die es in Veränderungsprozessen herauszukristallisieren und dann zu bearbeiten gilt[138]. Bei Kotter findet sich keine direkte Entsprechung, da für ihn der kulturelle Wandel das Ergebnis des Prozesses und nicht den Ansatzpunkt darstellt; daher müssen Überzeugungen nicht bearbeitet werden[139], allerdings sieht auch er die „wesentliche Bedeutung[140]" der Kultur, da das Gefühl der Dringlichkeit, welches die erste Phase seines Modells darstellt, mit ihrer Kenntnis leichter zu erzeugen ist.

3.4.2.2 Spannungsfeld zwischen Hoffnungen und Ängsten

Grundsätzlich geht Kotter davon aus, dass zu Beginn eines Veränderungsprozesses ein Gefühl der Dringlichkeit erzeugt werden müsse[141], um

---

[134] Siehe Anhang 2: Umfrageergebnisse Frage 11
[135] Vgl. Senge, P. M., (2017), S. 18
[136] Vgl. Schein, E. H. (2003), S. 35
[137] Vgl. ebd. S. 103
[138] Vgl. Lewin, K. (2012), S. 259
[139] Vgl. Kotter, J. P. (2016), S. 132
[140] Ebd. S. 132
[141] Vgl. Kotter, J. P. (2016), S. 132

erfolgreich verändern zu können. Allerdings scheinen laut Umfrage bereits relativ viele MitarbeiterInnen davon überzeugt zu sein, dass es eine Notwendigkeit für Veränderungen gibt[142], da nur 7,48% diese Notwendigkeit nicht sehen und gleichzeitig 99,09% sich für mäßig oder sogar sehr offen für Veränderungen halten[143]. Dies könnte bedeuten, dass der Einstieg in OE-Prozesse sich einfach gestalten ließe, da sowohl das Gefühl der Dringlichkeit als auch die Bereitschaft zu Veränderungen klar vorhanden zu sein scheinen. Dem gegenüber stehen allerdings die in der Umfrage erhobenen Vorerfahrungen mit Veränderungsprozessen, die z.T. nicht positiv waren und besonders in Bezug auf MitarbeiterInnenbeteiligung negativ wahrgenommen wurden[144]. Auch die benannten Ängste und Sorgen der MitarbeiterInnen vor den Konsequenzen kommender Veränderungen[145] sind zu berücksichtigen, wodurch sich ein Spannungsfeld ergibt, dass es für erfolgreiche Veränderungsprozesse zu bearbeiten gilt. In diesem Spannungsfeld lassen sich die retardierenden (Ängste, Vorerfahrungen, unreflektierte Überzeugungen...) und die akzelerierenden Kräfte (gesehene Notwendigkeit, allgemeine Bereitschaft zur Veränderung, Chancen und Hoffnungen...) aus der ersten Phase des Unfreezing von Lewin erkennen[146], so dass es hier einen Gleichgewichtszustand geben könnte, der Veränderungen entgegen steht. Um diesen zu verändern, gibt es nach Lewin die Möglichkeit, die akzelerierenden Kräfte zu stärken[147] (zum Beispiel über eine Fokussierung auf Chancen und Hoffnungen) oder die retardierenden Kräfte zu senken (etwa über eine Reduzierung der Ängste der MitarbeiterInnen). Grundsätzlich lässt sich hier auch eine Verbindung zu Schein sehen, da in dem Gegeneinander von Ängsten und Hoffnungen das Gegeneinander von Überlebensangst und Lernangst[148] gesehen werden kann. Dies würde bedeuten, dass die Unternehmen hier einen Ansatzpunkt hätten, um Veränderungen zu initiieren, indem die Lernangst durch eine Stärkung der „psychologischen Sicherheit“[149] reduziert wird. In diesem Prozess müssen die Gründe für die Abwehr auf diversen Ebenen bearbeitet werden, wobei der überwiegende Teil der von Schein beschriebenen Maßnahmen auf Lernprozesse in

[142] Vgl. Anhang 2 Frage 15
[143] Vgl. ebd. Frage 12
[144] Vgl. Anhang 2 Frage 14
[145] Vgl. ebd. Frage 17
[146] Vgl. Lewin, K. (2012), S. 263
[147] Vgl. ebd. S. 241
[148] Vgl. Schein, E. H. (2003), S. 120
[149] Ebd. Schein, E. H. (2003), S. 123

Gruppen setzt (wie z.B. formelle und informelle Trainings in Teams, Beteiligung der MitarbeiterInnen an Lernprozessen, eine Organisationsstruktur, die Teamarbeit belohnt, Unterstützungsgruppen usw.)[150]. Dies führt übrigens in eine ähnliche Richtung, in die bereits Lewin mit dem Erfolg von gruppengesteuertem Lernen weist. Die beschriebenen Maßnahmen können ein erster Ansatz zur Auflösung des beschriebenen Spannungsfeldes sein.

3.4.2.3 Wichtigkeit einer gemeinsamen Vision

Bereits im vorangegangenen Kapitel wurde auf die mögliche Bedeutung der Hoffnungen der MitarbeiterInnen hingewiesen, dieses ergibt sich auch aus den Antworten zu Frage 18[151]: 71,15% sehen in der Schaffung neuer Wohnformen eine Chance, eine Hoffnung für die Zukunft. Hier scheint es also durchaus so etwas wie eine positive Vision für die Zukunft zu geben, die von vielen der Befragten geteilt wird. Die Bedeutung einer gemeinsamen Vision wird von Senge betont, wobei er zwischen einer extrinsischen Vision, also einer deren Ziel „von einem Außenstehenden abhängt"[152] (z.B. größter Anbieter für ambulant betreutes Wohnen in der Region sein) und einer, die auf intrinsische Ziele ausgerichtet ist[153] (z.B. bestmögliche Wohnformen anbieten) unterscheidet. Zweitere benennt er als etwas, das „dem Streben des Menschen Auftrieb"[154] verleiht, das Handeln der MitarbeiterInnen in eine gemeinsame Richtung lenkt, Identität schafft und zu Höchstleistungen motiviert[155]. Dies beschreibt Senge als ein für OE-Prozesse wesentliches Element, welches unverzichtbar ist und an dem in Bezug auf Wohnangebote angeknüpft werden kann, zumal dieses Ziel, das zu einer gemeinsamen Vision werden könnte, aus der Mitarbeiterschaft selbst kommt. Die Wichtigkeit der gemeinsamen Vision findet sich auch in Kotters Phasenmodell wieder, auch hier wird deutlich, dass Widerstände nicht über „autoritäre Weisungen" [156] oder „Mikromanagement" [157] überwunden werden

[150] Vgl. ebd. S. 123 und 124
[151] Vgl. Anhang 2 Frage 18
[152] Senge, P. M. (2017), S. 227
[153] Vgl. ebd. S. 227
[154] Vgl. ebd. S. 228
[155] Vgl. ebd. S. 228
[156] Kotter, J. P. (2016), S. 59
[157] Ebd. S. 59

können. Die Vision hat dabei drei wesentliche Funktionen: sie vereinfacht die vielen Entscheidungen, sie motiviert die Beteiligten und sie koordiniert die Bestrebungen vieler[158]. Dabei darf sie nicht zu komplex werden, sondern muss in kurzer Zeit kommunizierbar und verstehbar sein[159]. Ein Manko bei den Überlegungen zur Vision bei Kotter ist allerdings, dass er die MitarbeiterInnen bei deren Entwicklung nicht einbezieht; dies könnte zu Problemen führen, da es nicht nur eine gemeinsam getragene, sondern besser noch eine gemeinsam entwickelte Vision sein sollte. Dies korrespondiert damit, dass die MitarbeiterInnen der untersuchten Branche auf Frage 9 der Umfrage die Möglichkeit sich einzubringen als wichtigste Eigenschaft eines Arbeitgebers gesehen haben[160] und auch, dass im Gegensatz dazu die Intensität der MitarbeiterInnenbeteiligung bei bisherigen Veränderungsprozessen besonders negativ bewertet wurde[161] (Frage 14). In Bezug zu Schein lässt sich feststellen, dass die Vision als Teil der Unternehmenskultur auf der zweiten Ebene (also der Ebene der öffentlich propagierten Werte) zu finden ist[162]. Dabei gibt es aber die Möglichkeit, dass die Vision dem gezeigten Verhalten nicht oder nur bis zu einem gewissen Grad entspricht. Dies wiederum würde darauf hindeuten, dass sie mit den unausgesprochenen Annahmen der dritten Ebene ebenfalls nicht in Übereinstimmung ist[163], an denen dann wiederum angesetzt werden muss. Das bedeutet, dass diese in Teamprozessen reflektiert werden müssen, um sie bewusst verändern zu können.

3.5 Zwischenfazit

Als Fazit der Literaturanalyse in Bezug auf die Ergebnisse der Umfrage wird deutlich, dass alle vier Autoren sich darüber einig sind, die Wahrnehmungsmuster, die Überzeugungen, die unausgesprochenen Annahmen und mentalen Modelle, die das Wahrnehmen und Denken prägen, besonders beachten zu müssen, um Veränderungsprozesse erfolgreich gestalten zu können, zumal die Ergebnisse der Umfrage zeigen, dass diese in der Arbeit der

---

[158] Ebd. S. 59
[159] Vgl. ebd. S. 66
[160] Vgl. Anhang 2 Frage 9
[161] Vgl. ebd. Frage 14
[162] Vgl. Schein, E. H. (2003), S. 33
[163] Vgl. ebd. S. 35

MitarbeiterInnen eine zentrale Rolle spielen. Voraussetzung ist hier, dass diese oftmals unbewussten Denkweisen reflektiert werden, um sie auf eine bewusste und damit gezielt beeinflussbare Ebene holen zu können. Somit ist ein wichtiger Erfolgsfaktor für Veränderungsprozesse die Fähigkeit, die eigenen Denkmuster zu reflektieren, sowohl auf individueller als auch auf Gruppenebene. Hier stellt sich die Frage, ob diese Faktoren den Leitungskräften der Branche bewusst sind. Um das beschriebene Spannungsfeld zwischen gesehener Notwendigkeit zur Veränderung einerseits und Sorgen und Ängsten, die anstehende Entwicklungen begleiten, andererseits bearbeiten zu können, ist es notwendig, die Ängste zu verstehen und angemessen zu beantworten, damit ein Gefühl größerer Sicherheit entstehen kann; dies wiederum kann dann OE-Prozesse vorwärts bringen. Zudem braucht es eine gemeinsame Vision, an deren Entwicklung die MitarbeiterInnen aktiv beteiligt werden und die in Übereinstimmung mit den Werten der Branche und der einzelnen Träger steht. Diese sollte sich daher auch nicht im Widerspruch zu den Artefakten befinden. Abschließend lassen sich bereits drei Erfolgsfaktoren benennen: Herausarbeitung und Reflektion der Grundannahmen, Verstehen und Beantworten der Veränderungsängste, gemeinsamer Entwurf einer widerspruchsfreien Vision.

3.6 Qualitative Interviews als dritte Testung

3.6.1 Konzeptionelle Vorüberlegungen

Als letzter Schritt des Forschungsprozesses wurden insgesamt sieben Interviews mit Leitungskräften aus den vier beteiligten Unternehmen geführt, da Leitungskräfte „für den Prozess einer OE eine besondere Verantwortung tragen“[164], denn sie sind es, die im direkten Kontakt zu den MitarbeiterInnen stehen, ihr Standpunkt und ihr Handeln sind für den Erfolg von Veränderungsprozessen daher besonders wichtig. Diese ExpertInneninterviews sind als Leitfadeninterviews angelegt, um einen möglichst natürlichen Gesprächsfluss zu ermöglichen und um auf das Gesagte eingehen zu können, ohne in der Gefahr zu sein, den Gesprächsfaden und das Ziel des

[164] Schiersmann, C., Thiel, H.-U. (2014), S. 403

Gespräches aus den Augen zu verlieren. Bereits im Vorfeld wurde sich über die möglichen Themen ausgetauscht und die Zustimmung zur Aufzeichnung der Gespräche und deren Verwendung im Rahmen dieser Forschung eingeholt. Der Leitfaden[165] spiegelt die bisherigen Erkenntnisse wider und dient dabei als Grundlage der Gespräche. Zum einen wurden Fragen in Bezug auf die eigenen Erfahrungen mit Veränderungsprozessen gestellt, wobei sowohl die positiven als auch die negativen erfasst wurden und auch die jeweiligen Ursachen hierfür im Fokus standen. Zum anderen wurde über die aktuelle Situation in der Branche, die externen und internen Faktoren, die Druck ausüben, gesprochen und der Umgang damit erfragt. Ein besonderer Fokus sollte dabei auf dem Umgang mit den MitarbeiterInnen in diesen Prozessen, auf Möglichkeiten diese einzubeziehen, auf den Ursachen für Widerstände und dem Umgang mit vorhandenen Ängsten liegen. Zudem wurden die Visionen der beteiligten Leitungskräfte erfragt und die eigenen Hoffnungen für die Zukunft. Auch der Interviewleitfaden wurde im Vorfeld in einem Pre-Test mehrfach mit verschiedenen Personen, die entweder in der Branche selbst oder in ähnlichen Bereichen tätig sind, angewandt, wobei es dadurch nur kleinere Anpassungen und Veränderungen gab. Durch die große Bereitschaft der beteiligten Unternehmen, die Untersuchung zu unterstützen, konnten Leitungskräfte auf verschiedenen Ebenen der Unternehmen interviewt werden. Besonders interessant war dies in der größeren Einrichtung des Verbundes, da zum einen Frau K. als Wohnbereichsleitung und damit aus der unteren Leitungsebene, Herr H.[166] als Fachbereichsleitung aus der mittleren Leitungsebene und Herr B. als geschäftsführender Vorstand und damit aus der oberen Leitungsebene zur Verfügung standen. Auch Frau A. vom kleineren Teil des Einrichtungsverbundes, Herr J. als Geschäftsführer des kleineren Vereins und Herr P. vom anthroposophisch geprägten Hof sind als Heimleitung der oberen Leitungsebene zuzurechnen. Herr S., der ebenfalls bei dem anthroposophischen Hof arbeitet und dort als Sozialdienst tätig ist, gehört wiederum zur mittleren Leitungsebene. Die Analyse der Interviews erfolgt in der Reihenfolge, in der sie geführt wurden.

[165] Der Leitfaden ist in Anhang 3: Leitfaden zu den Interviews einsehbar.

[166] In Bezug auf das Interview mit Herrn H. gilt es zu beachten, dass er kein deutscher Muttersprachler ist.

3.6.2 Analyse der Interviews[167]

3.6.2.1 Frau K.[168]

Frau K. ist innerhalb des Einrichtungsverbundes als Wohnbereichsleitung in der größeren der beiden Einrichtungen des Einrichtungsverbundes der unteren Leitungsebene zuzurechnen. Sie trägt dort die direkte Personalverantwortung für ca. 25 MitarbeiterInnen in vier verschiedenen Teams; dies bedeutet, dass sie bei organisatorischen Veränderungsprozessen nah an den MitarbeiterInnen, deren Widerständen und Ängsten dran ist und oftmals direkt auf diese reagieren muss. In ihrem Wohnbereich werden ca. 50 Menschen mit unterschiedlichen Behinderungen betreut. Frau K. ist seit über dreißig Jahren in der Einrichtung tätig und seit über fünfzehn Jahren als Leitung. Sie beschreibt zu Beginn des Interviews, dass auch sie eine klare Notwendigkeit für Veränderungen sieht[169] und dass es sowohl interne als auch externe Faktoren sind, die diesen Druck auslösen[170]. Sie selbst hat schon viele OE-Prozesse innerhalb der Einrichtung miterlebt und kann daher sowohl die positiven als auch die negativen Aspekte dieser Prozesse sehen und benennen[171]. Zudem sieht sie sehr deutlich, dass Veränderungen Emotionen auslösen und Unsicherheit bei den Beteiligten bewirken können. Sie scheint sich also über die Ängste der MitarbeiterInnen bewusst zu sein. Auch die hohen Anforderungen durch die sich verändernden Abläufe (z.B. in Bezug auf die Dokumentation durch die Implementierung von PCs) und die Probleme mancher MitarbeiterInnen, „da noch wirklich mitzukommen[172]“, kann sie deutlich erkennen[173]. Dies ist bereits eine wesentliche Voraussetzung, um die vorhandenen Ängste bearbeiten zu können und den MitarbeiterInnen die notwendige psychische Sicherheit geben zu können, die eine Bereitschaft, sich auf Veränderungsprozesse einlassen zu können, benötigt. Auch eine wesentliche Angst der MitarbeiterInnen,

---

[167] Die Transkripte der geführten Interviews sind als Text in den Anhängen 4.1 bis 4.7 einsehbar und mit entsprechenden Zeitindizes versehen.

[168] Siehe Anhang 4.1 Interview mit Frau K.

[169] Siehe ebd. Zeitindex 00:01:37

[170] Siehe ebd. Zeitindex 00:05:19

[171] Siehe Anhang 4.1 Interview mit Frau K., Zeitindex 00:08:53 und Zeitindex 00:10:57

[172] Siehe ebd. Zeitindex 00:10:57

[173] Siehe ebd. Zeitindex 00:12:39

nämlich zukünftig nicht mehr genug Zeit für die betreuten Menschen zu haben[174], kennt Frau K. und teilt diese auch. Hier wird ebenfalls deutlich, dass sie sehr nah an den Sorgen und Ängsten der MitarbeiterInnen dran ist. Dies kann allerdings auch bedeuten, dass es anspruchsvoller wird, diese Ängste zu bearbeiten, da es schwieriger sein könnte, Sicherheit zu vermitteln, wenn man selbst diese Ängste auch hat. Grundsätzlich teilt Frau K. auch die Hoffnung der MitarbeiterInnen auf neue Wohnformen[175]; dies kann als gemeinsame Vision verstanden werden. Interessant ist zudem, dass in dem Interview auch ein Konzept zur Vermittlung dieser Vision klar benannt wurde, nämlich dass das nötige Wissen vermittelt werden muss und die Vorteile, die die Veränderung für MitarbeiterInnen hat, betont werden sollen[176]. Hierdurch sieht Frau K. eine Möglichkeit, die MitarbeiterInnen mitzunehmen.

3.6.2.2 Herr B.[177]

Herr B. ist bereits seit fast zehn Jahren als geschäftsführender Vorstand des gesamten Einrichtungsverbundes tätig und dort für den Bereich Wohnen zuständig. Aktuell sind ca. 450 MitarbeiterInnen dort beschäftigt. Er ist somit klar der oberen Leitungsebene zuzurechnen und somit für die Initialisierung von Veränderungsprozessen (mit-) verantwortlich. Er macht sehr deutlich, dass auch er die Notwendigkeit für Veränderungen als klar gegeben sieht und auch eine starke Dringlichkeit empfindet, die sowohl von externen Faktoren wie Gesetzesänderungen herrührt, als auch von internen Faktoren, wie kommende Wechsel aufgrund von ausscheidenden MitarbeiterInnen auf Leitungsebene[178]. Herr B. nimmt dabei einen „ständigen Anpassungs- und Veränderungsprozess“[179] wahr, der also keine Ruhephasen beinhaltet, sondern das Unternehmen ständig in Bewegung hält. Interessant ist dabei, dass er deutlich äußert, dass dies „eine Veränderung der Haltung der Mitarbeiter und der Sichtweise“[180] bedeuten muss, damit diese Prozesse stattfinden können. Dies lässt sich als Bezug zur dritten Ebene von

---

174 Siehe Anhang 2 Frage 17
175 Siehe ebd. Frage 18
176 Siehe Anhang 4.1 Interview mit Frau K., Zeitindex 00:21:56
177 Siehe Anhang 4.2 Interview mit Herrn B.
178 Vgl. Anhang 4.2 Interview mit Herrn B., Zeitindex 00:03:40
179 Siehe ebd. Zeitindex 00:07:24
180 Siehe ebd. Zeitindex 00:35:03

Schein interpretieren, da hier auf „unausgesprochene Annahmen" reflektiert wird, die sich bei anstehenden Veränderungen ebenfalls ändern müssen, bzw. zu den mentalen Modellen bei Senge. Diesem entspricht auch, dass er das hohe Maß an Identifikation mit dem Arbeitsplatz beschreibt und die Auswirkungen, die Veränderungen auf die Identität der betroffenen MitarbeiterInnen haben können[181]. Das Thema der neuen Wohnformen sieht Herr B. ebenfalls als Chance an. Die Bedeutung, die eine Vision (als positives Zukunftsbild) für die MitarbeiterInnen haben kann, benennt er deutlich[182]. Gegen Ende des Interviews formuliert er relativ eindeutig eine Vision, die noch über neue Wohnformen hinausgeht, nämlich dass es die Chance gibt, „dass behinderte Menschen einfach in unserer Gesellschaft noch mal besser akzeptiert werden"[183], hier wird deutlich, dass er eine Vision im Sinne von Kotter hat, ob sie eine gemeinsame Vision im Sinne von Senge darstellt, lässt sich an dieser Stelle nicht beurteilen. Allerdings macht er deutlich, dass es für die Umsetzung von Veränderungen sowohl ein Ziel als auch Transparenz braucht[184]. Bei der Beurteilung von mitgemachten Veränderungsprozessen fällt auf, dass diese zwar als anstrengend und aufwändig erlebt wurden[185], aber in dem Moment, in dem sie mit der später im Interview geäußerten Vision übereinstimmten, überwog deutlich das Positive[186]. Herr B. schätzt die Probleme, die MitarbeiterInnen mit Veränderungen haben, größer ein, wenn sie direkt in der Betreuung beschäftigt sind. Durch die direkte Arbeit in Beziehungen zu den betreuten Menschen, den starken Wunsch nach Sicherheit durch Routinen und die wenigen Kraftressourcen durch die hohe Belastung fällt es hier laut ihm besonders schwer Veränderungen umzusetzen[187]. In Bezug auf die geäußerten Ängste der MitarbeiterInnen[188] wird deutlich, dass er diese nicht uneingeschränkt teilt[189]. Dies kann bei der Bearbeitung von Ängsten und der Vermittlung von Sicherheit eventuell auch als Vorteil gewertet werden, da es so leichter fallen kann, den Ängsten etwas entgegen zu setzen und Sicherheit zu

---

181 Siehe ebd. Zeitindex 00:25:21
182 Vgl. ebd., 00:28:06
183 Siehe ebd., Zeitindex 00:35:03
184 Vgl. ebd. Zeitindex 00:29:31
185 Vgl. ebd. Zeitindex 00:10:18
186 Vgl. Anhang 4.2 Interview mit Herrn B., Zeitindex 00:11:12
187 Vgl. ebd. Zeitindex 00:15:48
188 Siehe Anhang 2 Frage 17
189 Vgl. ebd. Zeitindex 00:19:12

vermitteln. Ob diese Möglichkeit genutzt wird, hängt wesentlich davon ab, wie mit diesen Ängsten umgegangen wird.

3.6.2.3 Herr H.[190]

Herr H. ist bereits seit über dreißig Jahren in dem größeren Teil des Einrichtungsverbundes tätig, davon schon 21 Jahre als Leitung. Aktuell ist er als Fachbereichsleiter für einen Teil des Bereiches Wohnen und dort für ca. 175 MitarbeiterInnen in fünf Wohnbereichen zuständig. Durch seine Tätigkeit ist er der mittleren Leitungsebene zuzurechnen. Er sieht aktuell eine starke Notwendigkeit für Veränderungsprozesse, die sowohl durch externe als auch durch interne Faktoren sehr hoch ist[191]. Auch benennt er deutlich, dass es einen „Paradigmenwechsel" in den Köpfen der MitarbeiterInnen (auch der Leitung, dem Vorstand, dem Kuratorium...)[192] hierfür braucht. Dies lässt sich wieder auf die mentalen Modelle von Senge und die unausgesprochenen Annahmen von Schein beziehen. Herr H. benennt diese deutlich als Ausgangspunkt für anstehende Veränderungen. Dies wird im Verlauf des Interviews deutlich, wenn er davon spricht, „die Mitarbeiter mit ins Boot"[193] zu holen oder dass die MitarbeiterInnen mitgenommen werden sollen[194]. Auch die Methode, mit der er dies bisher getan hat und die er auch für die Zukunft als sinnvoll erachtet, macht er an verschiedenen Stellen deutlich: die MitarbeiterInnen sollen durch Fortbildungen informiert und mitgenommen werden[195]. Die bei ihnen vorhandenen Ängste hält er für nachvollziehbar und teilt sie[196] bis zu einem gewissen Grad. Sehr deutlich äußert er seine persönliche Vision von der Zukunft, dass das Gelände der Einrichtung als Hauptwohnsitz der meisten KlientInnen entfällt[197], diese Vision stimmt mit den Hoffnungen der MitarbeiterInnen auf neue Wohnformen[198] überein. Inwieweit diese Vision eine gemeinsam entwickelte nach Senge und tatsächlich von den MitarbeiterInnen in letzter

[190] Siehe Anhang 4.3 Interview mit Herrn H.
[191] Vgl. ebd., Zeitindex 00:00:59
[192] Siehe ebd. Zeitindex 00:02:46
[193] Siehe ebd. Zeitindex 00:04:29
[194] Vgl. Anhang 4.3 Interview mit Herrn H., Zeitindex 00:05:22
[195] Vgl. ebd. Zeitindex 00:05:22
[196] Vgl. ebd. Zeitindex 00:06:41
[197] Vgl. ebd. Zeitindex 00:09:43
[198] Siehe Anhang 2 Frage 18

Konsequenz gewollt ist, lässt sich auch hier nicht abschließend beurteilen. Interessant an dem Interview mit Herrn H. ist der Bezug zur Unternehmensgeschichte, die auch die aktuelle Situation prägt[199], da diese auf die Unternehmenskultur verweist und hier speziell auf die dritte Ebene der unausgesprochenen Annahmen nach Schein.

3.6.2.4 Frau A.[200]

Frau A. ist seit zweieinhalb Jahren als Einrichtungsleitung in dem kleineren Einrichtungsteil des Verbundes beschäftigt. Dieser gehört zwar zum Einrichtungsverbund, ist aber räumlich, konzeptionell und geschichtlich von dem Hauptsitz getrennt. Frau A. hat vorher noch nicht im Bereich der Betreuung von Menschen mit Behinderung gearbeitet. Sie sieht eine Notwendigkeit für organisationale Veränderungen, die sie sowohl auf externe (andere Klientel, Ambulantisierung, BTHG)[201] als auch auf interne Faktoren (z.B. von MitarbeiterInnen angestoßene Prozesse[202]) bezieht. Dies ist durchaus interessant, da hier die MitarbeiterInnen nicht primär als Widerstand leistend sondern als Motor für Veränderungen gesehen und erlebt werden[203]. Diesem Selbstverständnis entsprechend sieht Frau A. ihre Rolle dann darin, die Prozesse, die von MitarbeiterInnen initiiert werden[204], zu steuern. Diese Rollenverteilung deutet darauf hin, dass die MitarbeiterInnen ausreichend psychische Sicherheit nach Senge empfinden und eine intrinsische Lernmotivation bei ihnen vorhanden zu sein scheint. Die bereits mehrfach genannten Ängste der MitarbeiterInnen, die es auch hier gibt, kann Frau A. bedingt nachvollziehen[205]. In Bezug zu den Überzeugungen der MitarbeiterInnen macht sie deutlich, dass diese zwar einerseits Veränderungsbestrebungen im Wege stehen können, andererseits aber auch positiv genutzt werden können, wenn die Richtung der Veränderung ihnen entspricht[206]. Dies setzt die Reflexion der mentalen Modelle bzw. der unausgesprochenen Annahmen voraus, wobei im Interview deutlich

---

199 Vgl. ebd. Zeitindex 00:12:11
200 Siehe Anhang 4.4 Interview mit Frau A.
201 Vgl. ebd. Teil 1, Zeitindex 00:02:16
202 Vgl. ebd. Zeitindex 00:08:03
203 Vgl. Anhang 4.4 Interview mit Frau A., Teil 2 Zeitindex 00:11:45
204 Vgl. Anhang 4.4 Interview mit Frau A., Teil 1 Zeitindex 00:10:03
205 Vgl. Anhang 4.4 Interview mit Frau A., Teil 2 Zeitindex 00:01:57
206 Vgl. ebd. Zeitindex 00:07:51

wurde, dass diese Reflexion hier (zumindest teilweise) stattfindet. Ob die gemeinsamen Überzeugungen als Vision explizit ausgesprochen werden, lässt sich an dieser Stelle nicht beurteilen. Zum Ende des Interviews äußert Frau A. noch eigene Ängste und Unsicherheiten in Bezug auf anstehende Veränderungen; diese scheinen auch ihre eigene Bereitschaft zu Veränderung stark zu beeinflussen.

3.6.2.5 Herr S.[207]

Herr S. ist erst seit knapp einem Jahr in der anthroposophisch geprägten Einrichtung als Sozialdienst beschäftigt und dort für ca.75 KlientInnen verantwortlich, hat davor aber bereits Erfahrungen in der Branche bei einem anderen Träger sammeln können. In dieser Funktion gehört er zur mittleren Leitungsebne, wobei er nur in einigen Bereichen direkte Personalverantwortung hat, da seine Stelle neu geschaffen wurde und noch nicht ganz klar umrissen scheint. Er sieht wie alle anderen auch eine große Notwendigkeit für Veränderungen[208], die aber hauptsächlich von externen Faktoren ausgelöst wird[209]. Dem gegenüber steht die Empfindung der MitarbeiterInnen, einer hohen Arbeitsbelastung ausgesetzt zu sein, was seiner Meinung nach dazu führen kann, dass die Bereitschaft sich zu entwickeln, eingeschränkt wird[210]. Interessant ist, dass Herr S. sehr genau beschreibt, wodurch er in der Vergangenheit Veränderungsprozesse als positiv oder negativ erlebt hat. Als positiv beschreibt er, wenn er mitbestimmen konnte, sich einbringen konnte[211] und dies unabhängig von der Hierarchieebene[212]. Dem entgegen stehen Erfahrungen, bei denen dieses nicht möglich war oder die MitarbeiterInnen in diesem Prozess nicht ernst genommen wurden. Dies entspricht den Ergebnissen der Umfrage, da die Möglichkeit sich einzubringen als wichtigstes Merkmal des jeweiligen Arbeitgebers gesehen wurde[213]. Dies bedeutet, dass die MitarbeiterInnen sich mit den Zielen der Veränderung identifizieren können, diese also auf einer gemeinsamen Vision, ähnlichen mentalen Modellen und unausgesprochen Annahmen

[207] Siehe Anhang 4.5 Interview mit Herrn S.
[208] Vgl. ebd., Zeitindex 00:01: 32
[209] Vgl. ebd. Zeitindex 00:04:00
[210] Vgl. Anhang 4.5 Interview mit Herrn S., Zeitindex 00:02:27
[211] Vgl. ebd. Zeitindex 00:06:03
[212] Vgl. ebd. Zeitindex 00:07:58
[213] Siehe Anhang 2 Frage 9

beruhen. Herr S. sieht die Sinnhaftigkeit als wesentlichen Faktor, um in dieser Branche zu arbeiten[214] und bestätigt damit eines der Ergebnisse der Umfrage, das einen großen Einfluss auf die Veränderungsbereitschaft bei den MitarbeiterInnen haben kann. Er sieht in dem hohen Anteil von älteren MitarbeiterInnen eine mögliche Ursache von Problemen bei Veränderungsprozessen, da diese mit anderen Modellen und Vorstellungen beruflich aufgewachsen sind, die eventuell nur schwer mit modernen Ansätzen in Übereinstimmung gebracht werden können[215]. Hier wird noch einmal deutlich, welchen Einfluss die mentalen Modelle haben können. Interessant ist, dass Herr S. auch in Bezug auf das Erzeugen von Dringlichkeit eher davon ausgeht, dass diese von den MitarbeiterInnen selbst in ihrer Arbeit erlebt werden sollte, um dann als Ausgangspunkt dienen zu können[216]. Hier liegt eine deutliche Differenz zu Kotter vor, bei dem ein von außen erzeugtes Gefühl der Dringlichkeit als Ausgangspunkt gesehen wird. Zum Ende des Interviews beschreibt auch Herr S. noch eine positive Vision für die Zukunft; er schildert Ansätze der Personenzentrierung und Möglichkeiten des Eingehens auf den Einzelnen[217], wobei auch hier wieder zu schauen wäre, ob diese Vision für das Unternehmen leitend ist oder eher persönlicher Natur.

3.6.2.6 Herr P.[218]

Herr P. ist bereits seit ca. 15 Jahren als Heimleitung für die anthroposophisch geprägte Einrichtung und damit für ca. 75 KlientInnen und ca. 40 MitarbeiterInnen zuständig. Bereits zu Beginn macht er deutlich, dass auch seiner Meinung nach Veränderungen „Unsicherheiten und Ängste auslösen“[219] und bestätigt damit die bisher getätigten Überlegungen. Als Auslöser für Veränderungen kann er sowohl interne (individuellerer Blickwinkel auf KlientInnen) als auch externe Faktoren (mehr Anforderungen von außen) ausmachen[220]. In Bezug auf Probleme bei Veränderungsprozessen sieht er unter anderem die Gewohnheiten der Menschen, die diese nicht

[214] Vgl. Anhang 4.5 Interview mit Herrn S., Zeitindex 00:11:33
[215] Vgl. ebd. Zeitindex 00:14:12
[216] Vgl. ebd. Zeitindex 00:20:12
[217] Vgl. ebd. Zeitindex 00:24:49
[218] Siehe Anhang 4.6 Interview mit Herrn P.
[219] Siehe ebd. Zeitindex 00:01:30
[220] Vgl. ebd. Zeitindex 00:03:08

gerne ändern wollen[221], desweiteren macht er deutlich, dass es die Aufgabe der Leitung ist, die MitarbeiterInnen auf dem Weg zu begleiten und nicht einfach nur die Richtung vorzugeben[222]. Dies kann zum einen durch Fortbildungen geschehen, zum anderen, indem Ängste durch Information genommen werden, da sie auch immer etwas mit Diffusem und Unkonkretem zu tun haben[223] und sie sich auf diese Weise beantworten lassen. Zudem versucht Herr P. psychische Sicherheit zu schaffen, indem er die MitarbeiterInnen ernst nimmt und ihnen mit Wertschätzung begegnet[224]. Dies wird noch deutlicher, wenn er beschreibt, was dieser Ansatz in der praktischen Umsetzung bedeutet. Bereits im Vorfeld, also beim Unfreezing, kündigt er Veränderungsabsichten vor der gesamten Belegschaft an und gibt allen die Möglichkeit, sich am Planungsprozess in Arbeitsgruppen zu beteiligen und anschließend die dort gewonnenen Erkenntnisse zu prüfen, und sie dann entweder anzunehmen oder sie begründet abzulehnen[225]. Dies bedeutet ein hohes Maß an MitarbeiterInnenbeteiligung und bestätigt, dass er die Meinung der MitarbeiterInnen als „kostbares Gut“[226] wahrnimmt. Diese Vorgehensweise sieht er als Antwort auf Ängste[227], die nur im ersten Moment sehr zeitaufwändig wirkt, da die Zeit durch die Motivation der MitarbeiterInnen letztendlich wieder eingespart werden kann[228]. In Bezug auf eine Vision lässt sich feststellen, dass Herr P. ebenfalls in der Entwicklung individueller Wohnformen eine Chance für die Zukunft sieht[229]. Auch hier macht er deutlich, wie diese in der Praxis vermittelt werden kann; er lebt diese Vision (laut eigener Aussage) vor und bringt sie so als Thema in das Unternehmen mit ein[230]. In Bezug auf die Notwendigkeit, einen Veränderungsprozess über die Erzeugung von Dringlichkeit zu initiieren (nach Kotter), ist Herr P. eher zurückhaltend, da es ihm wichtig ist, nur dort eine Dringlichkeit zu kommunizieren, wo sie auch gegeben ist; in diesem Ansatz sieht er eher die Gefahr von „Psychospielen“[231]. In Abgrenzung dazu setzt

---

[221] Vgl. ebd. Zeitindex 00:11:53
[222] Vgl. ebd. Zeitindex 00:11:53
[223] Vgl. Anhang 4.6 Interview mit Herrn P. Zeitindex 00:11:53
[224] Vgl. ebd. Zeitindex 00:13:00
[225] Vgl. ebd. Zeitindex 00:15:53
[226] Ebd. Zeitindex 00:15:53
[227] Vgl. Anhang 4.6 Interview mit Herrn P., Zeitindex 00:16:16
[228] Vgl. ebd. Zeitindex 00:16:59
[229] Vgl. ebd. Zeitindex 00:26:47
[230] Vgl. ebd. Zeitindex 00:19:02
[231] Siehe ebd. Zeitindex 00:20:37

er auf die Vermittlung der Sinnhaftigkeit, um die Veränderungsbereitschaft zu erhöhen[232].

3.6.2.7 Herr J.[233]

Herr J. arbeitet seit 26 Jahren in dem kleineren Verein und hat dort bereits in verschiedenen Positionen gearbeitet, seit ca. 15 Jahren als Leitung und seit ca. 8 Jahren als Geschäftsführer. Dabei ist er für 137 MitarbeiterInnen und ca. 100 KlientInnen zuständig. Herr J. beschreibt die Notwendigkeit zur Veränderung als „exorbitant groß“[234] und macht deutlich, dass es zugleich Veränderungen auf organisatorischer Ebene sowie einer Haltungsänderung auf Seiten der MitarbeiterInnen bedarf, um sich den aktuellen Veränderungen anpassen zu können[235]. Gesetzesänderungen auf der einen und die Altersstruktur der MitarbeiterInnen auf der anderen Seite sind dabei die von ihm genannten Faktoren, die einen Veränderungsdruck erzeugen[236]. Im weiteren Verlauf benennt Herr J. „Nutzerrechte, Menschenwürde, Teilhabe“[237] als Teil einer Utopie, die er später noch konkretisiert. Er beschreibt eine neue, inklusive Wohnform, die den Bedürfnissen der KlientInnen gerecht werden kann; diese Vision scheint schon relativ konkret zu sein[238]. In Bezug auf die Umsetzung eines bestimmten Veränderungsprojektes in der Vergangenheit beschreibt er die Wichtigkeit der MitarbeiterInnenbeteiligung, wobei er auch deutlich macht, dass es in diesem konkreten Fall nicht gut funktioniert hat und die MitarbeiterInnen trotzdem letztendlich mit einem extrem hohen Krankenstand auf die Veränderungen reagiert haben[239]. Ursachen hierfür sieht Herr J. in den Strukturen, die es vor der Veränderung bereits sehr lange gab und in den MitarbeiterInnen, die sich innerhalb dieser Strukturen Nischen gesucht haben und nicht bereit waren, ihre Komfortzonen zu verlassen[240]. An diesem Punkt lässt sich vermuten, dass trotz der Möglichkeiten für MitarbeiterInnen, sich zu

---

[232] Vgl. ebd. Zeitindex 00:20:53
[233] Siehe Anhang 4.7 Interview mit Herrn J.
[234] Ebd. Zeitindex 00:01:00
[235] Vgl. ebd. Zeitindex 00:02:15
[236] Vgl. ebd. Zeitindex 00:03:26
[237] Vgl. Anhang 4.7 Interview mit Herrn J., Zeitindex 00:04:59
[238] Vgl. ebd., Zeitindex 00:36:43
[239] Vgl. ebd. Zeitindex 00:08:15
[240] Vgl. ebd. Zeitindex 00:09:57

beteiligen, entweder die Dringlichkeit von ihnen nicht erkannt wurde (Kotter), und somit keine Bereitschaft vorhanden war, alte Strukturen aufzubrechen[241] oder die Ängste vor Veränderungen das Bewusstsein für die Notwendigkeit überwogen haben (Schein). Die Sorge der MitarbeiterInnen, dass sich Arbeit weiter verdichtet und damit weniger Zeit für die KlientInnen da ist[242], teilt Herr J.[243], wobei er diese Ängste nur indirekt beantwortet, indem er auf mögliche effizientere und technische Neuerungen hofft[244]. Interessant ist im weiteren Verlauf des Interviews der Verweis auf die Schnittmengen in den Überzeugungen[245] aller Beteiligten, die er versucht, weiter in den Fokus zu nehmen, um das betriebliche Handeln daran auszurichten. Wichtig ist dabei, dass diese Überzeugungen nicht verändert werden sollen, sondern Gemeinsamkeiten gefunden werden sollen, die dann als Ziel, als Vision dienen können[246]. Zudem betont Herr J. die Wichtigkeit von Transparenz in Veränderungsprozessen, die dann auch zur Erzeugung von Dringlichkeit beiträgt[247]. Als Vorbereitung auf anstehende Veränderungen verweist er auf die Möglichkeit, eine lernende Organisation zu werden[248], wobei er an dieser Stelle nicht weiter ausführt, was das für ihn bedeutet und welche praktischen Konsequenzen das hat. Zum Ende des Interviews erläutert er noch seine Vision der Zukunft: eine personenbezogene und -zentrierte, an die Bedürfnisse der KlientInnen angepasste Wohnform in Form einer Dienstleistung anzubieten[249]. Auch hier wird nicht deutlich, ob es sich um eine gemeinsam entwickelte Vision handelt oder um eine persönliche von Herrn J.

3.6.2.8 Zwischenfazit

Bei allen geführten Interviews wurde deutlich, dass die Notwendigkeit für Veränderungen gesehen wird und dass sowohl interne als auch externe Faktoren hier Veränderungsdruck auslösen. Allerdings wurde nicht

[241] Vgl. ebd. Zeitindex 00:13:24
[242] Siehe Anhang 2 Frage 17
[243] Vgl. Anhang 4.7 Interview mit Herrn J., Zeitindex 00:14:47
[244] Vgl. ebd. Zeitindex 00:14:47
[245] Vgl. ebd. Zeitindex 00:19:28
[246] Vgl. ebd. Zeitindex 00:21:40
[247] Vgl. ebd. Zeitindex 00:25:00
[248] Vgl. Anhang 4.7 Interview mit Herrn J., Zeitindex 00:34:22
[249] Vgl. ebd., Zeitindex 00:36:43

deutlich, ob und in welcher Form diese Notwendigkeit an die MitarbeiterInnen kommuniziert wird, wie z.B. Kotter dies als ersten Schritt fordert. Eine Vision oder eine Utopie war bei allen InterviewpartnerInnen (außer bei Frau A., die sich hierzu nicht klar geäußert hat) deutlich zu erkennen; diese weist zudem oftmals in eine ähnliche Richtung (Hoffnung auf neue Wohnformen) wie die der MitarbeiterInnen. Hier stellt sich die Frage, ob dies jeweils eine gemeinsame Vision ist, die von verschiedenen Beteiligten im Unternehmen zusammen entwickelt wurde und dementsprechend breit und tief verankert ist, so dass sie die Bereitschaft zu Veränderungen maßgeblich beeinflussen kann, oder ob sie vielmehr eine persönliche Vision der jeweils Interviewten ist. Lediglich Herr P. macht hier deutlich, dass er sie im Unternehmen vorlebt, wobei er nicht klar äußert, wie er dies tut. In Bezug auf den Umgang mit Ängsten der MitarbeiterInnen divergieren die Ansätze stark, wobei sich alle über die Bedeutung dieser Ängste bewusst sind und sie in gewissem Maße auch teilen. Die Umgehensweisen mit ihnen reichen von Information über die Fakten und das Darstellen der Vorteile, die eine Veränderung für die MitarbeiterInnen bewirken kann, über Transparenz, ernst nehmen und eine echte Beteiligung an den Prozessen bis zu Begleitung und Wertschätzung in den Prozessen selbst. Interessanterweise wurde deutlich, dass auch bei den Leitungskräften selbst Ängste und Unsicherheiten in Bezug auf künftige Veränderungen geäußert wurden; ob dies ein Nachteil oder auch ein Vorteil sein kann, lässt sich an dieser Stelle nicht klar beantworten. Ebenso wird die Bedeutung der Überzeugungen, der unausgesprochenen Annahmen und der mentalen Modelle erkannt, doch auch hier variieren die Wege, mit ihnen umzugehen. Ein echter Reflexionsprozess nach Senge wurde aber nicht als Methode genannt. Interessanterweise ist Frau A. die einzige, die beschreibt, dass die Veränderungen von den MitarbeiterInnen selbst eingebracht werden und sie primär steuernd auf diese Impulse aus der Mitarbeiterschaft reagiert; wodurch dies begründet ist, lässt sich allerdings nicht aus ihrem Interview ableiten.

3.7 Ergebnisinterpretation

Insgesamt hat sich in der Analyse gezeigt, dass die Modelle von Senge und Schein in hohem Maße auf die Branche der Behindertenbetreuung anwendbar sind und sich etliche Aspekte sowohl in den Interviews als auch in den Fragebögen wiederfinden. Allerdings gibt es auch Konstellationen, die ein mehr lineares Verfahren notwendig machen. Dies scheint in hohem Maße von der jeweiligen Situation des Unternehmens und dem aktuellen OE-Prozess abzuhängen. Auffallend ist, dass es stark differierende

Umgehensweisen mit vorhandenen Ängsten bei den MitarbeiterInnen auf Seiten der Leitung gibt, so dass hier noch Bedarf an Entwicklung zu bestehen scheint, zumal dies ein zentraler Punkt der MitarbeiterInnenbefragung und auch der Modelle von Senge und Schein ist. Auch die Schaffung einer gemeinsamen Vision und deren Kommunikation scheint nicht ein zentrales Anliegen der befragten Leitungskräfte zu sein, dabei machen die MitarbeiterInnen in der Umfrage deutlich, dass sie beteiligt werden wollen und ihnen gerade das wichtig ist. Eine Reflexion der eigenen Grundannahmen und Überzeugungen scheint weder auf Seiten der MitarbeiterInnen noch auf der der Leitung stattzufinden, darüber hinaus ließen sich auch keine Ansätze bei der Leitung finden, die MitarbeiterInnen zu einer Reflexion anzuleiten.

4 Diskussion und Handlungsempfehlung

4.1 Theoretische Konsequenzen

Das vorangegangene Kapitel hat deutlich gemacht, dass es einige Besonderheiten in der Branche der Behindertenbetreuung (hier speziell im Bereich Wohnen) gibt, die Auswirkungen auf die Veränderungsbereitschaft und damit auf die aus der Literatur herausgearbeiteten Erfolgsfaktoren für organisatorischen Wandel haben. Bereits die strukturellen Bedingungen, wie das Arbeiten im Schichtdienst, an den Wochenenden und Feiertagen, die Tatsache, dass bei Krankheiten eingesprungen werden muss, es also nur eingeschränkt gesicherte Freizeit gibt und das vergleichsweise geringe Gehalt sind Gründe dafür, dass es dort besondere Bedingungen gibt. Zudem spielen der Fachkräftemangel und die zunehmende Kontrolle von außen (Heimaufsicht, Berichtspflicht an den Kostenträger, hoher Dokumentationsaufwand, Medizinischer Dienst der Krankenversicherung (MDK)) eine größer werdende Rolle im Berufsalltag der MitarbeiterInnen. In Bezug auf die Arbeitsinhalte ergeben sich ebenfalls Besonderheiten, die die Branche sicherlich prägen. Zum einen wird direkt mit Menschen gearbeitet, zu denen z.T. jahrelange und intensive Beziehungen aufgebaut werden, die für die Arbeit selbst unverzichtbar sind; Beziehungsarbeit stellt ein wesentliches Moment der Betreuung von Menschen mit Behinderung dar. Die MitarbeiterInnen tragen ein sehr hohes Maß an direkter Verantwortung, das je nach Intensität des Hilfebedarfes die Verantwortung für das direkte Überleben der KlientInnen bedeutet[250]. Zum anderen gibt es neben diesen eher sozialpsychologischen Faktoren der inhaltlichen Arbeit auch die physischen Faktoren. Die KlientInnen müssen, je nach Behinderungsart, auch körperlich und pflegerisch versorgt werden und es kann auch zu körperlichen Übergriffen durch KlientInnen kommen, die Auffälligkeiten in der Emotionsregulation zeigen und zu fremd- oder selbstverletzendem Verhalten neigen. Diese charakteristischen Belastungen tragen sicherlich mit dazu bei, dass sich fast alle Beteiligten, egal auf welcher Ebene, darüber

---

[250] Dies ist z.B. dann der Fall, wenn KlientInnen nicht selbstständig essen und trinken (können), Medikamente angereicht werden müssen, keine Verkehrssicherheit besteht, es sich also um Menschen handelt, die sich von der kognitiven Entwicklung her auf der Stufe von Klein- bzw. Kleinstkindern befinden.

einig sind, dass es eine große Notwendigkeit zur Veränderung gibt; in diesem Bereich scheint es also nicht allzu viel Notwendigkeit für die Erzeugung von Dringlichkeit nach Kotter zu geben. Zudem haben diese hohen Belastungen sicherlich auch einen nicht zu unterschätzenden Einfluss auf die, die in dieser Branche arbeiten, da nur Menschen mit großen Überzeugungen und einem von vielen dort Arbeitenden geteilten Menschenbild diese Branche wählen, daher können auch Belastungen identitätsstiftend sein. Insgesamt können die Ursachen für die so stark ausgeprägten Gruppenstandards (Lewin), mentalen Modelle (Senge) und unausgesprochenen Annahmen (Schein) aus diesen Faktoren heraus verstanden werden. Dies scheint der zentrale Punkt in dieser Branche zu sein. Bei jeder Veränderung sollte reflektiert werden, ob diese Ebene betroffen ist. Wenn also z.B. die Anforderungen im Bereich der Dokumentation steigen, kann dies zu Problemen bei der Umsetzung führen, da das diesbezügliche mentale Modell der Berufsidentität (hauptsächlich Zeit für die fürsorgliche Betreuung von Menschen mit Behinderung) verändert werden muss (auch viel Zeit für Arbeitsnachweise zur Sicherung der Finanzierung als wichtiger, sinnstiftender Teil der Arbeit). Selbst eine solche Änderung, die erst einmal mehr organisatorischer Art zu sein scheint, betrifft somit das Menschenbild und die Identität der MitarbeiterInnen in hohem Maße. Würde jetzt eine entsprechende Vorgabe gemacht, würden sich die Artefakte (also das sichtbare Verhalten) ändern, die Dokumentation würde wahrscheinlich oberflächlich und den Vorgaben entsprechend ausgefüllt, zumindest wenn der Druck durch die Leitungsebene stark genug wäre. Es würde aber wohl nur zu einer ausgesprochen widerwilligen Nutzung der neuen Dokumentationsform kommen, es gäbe Reibungsverluste und die Vorteile (auch eventuelle Zeitersparnisse) könnten nicht gesehen und genutzt werden. Lediglich eine Änderung der unbewussten Annahmen in Bezug auf die Berufsidentität könnte dieses verhindern. Wie hiermit in der Praxis umgegangen werden könnte, wird in Kapitel 4.2 erläutert. Desweiteren war bei fast allen Leitungskräften eine Vision oder auch Utopie vorhanden, die für das eigene Handeln sicherlich jeweils richtungsweisend ist. Allerdings wurde nirgendwo deutlich, dass es sich dabei um eine gemeinsame (eventuell sogar gemeinsam entwickelte) Vision handelt. Als gemeinsame Vision könnte diese genutzt werden, um als Richtschnur und Maßstab für Veränderungen zu dienen. Zudem würde es die Identifikation mit dem Unternehmen stärken, wenn die individuellen Visionen der MitarbeiterInnen sich in der des Unternehmens wiederfinden. Dies kann dem einzelnen Träger auch im Umgang mit dem Mangel an Fachkräften einen Vorteil bieten, da das Unternehmen hierdurch in der Außenwahrnehmung attraktiver werden kann. Der Wunsch der MitarbeiterInnen nach Beteiligung könnte zudem für die

(Weiter-) Entwicklung der gemeinsamen Vision genutzt werden. Dies könnte zudem bedeuten, dass die allgemeine Motivation steigt und die MitarbeiterInnen eher bereit sind sich einzubringen. In Bezug auf die Veränderungsbereitschaft ließe sich vermuten, dass auch diese steigen würde, wenn die anstehenden Veränderungen in Einklang mit der Vision sind. Zur Entwicklung der notwendigen psychischen Sicherheit bedarf es eines aktiven Umgangs der Leitung mit den Ängsten der MitarbeiterInnen, um die Bereitschaft zur Veränderung und zum Neuerlernen bestimmter Prozesse zu erhöhen. Insgesamt war ein großes Bewusstsein bei den Leitungskräften darüber vorhanden, dass Veränderungen Ängste auslösen können und dass diese auch beantwortet werden sollten. Allerdings fehlten zum Teil Ansätze, wie dies angemessen geschehen kann. Eine bloße Intervention auf der Sachebene, die mit der Vermittlung von Informationen zu tun hat oder indem versucht wird, MitarbeiterInnen von der Sinnhaftigkeit der Veränderungen zu überzeugen, antwortet nicht auf der Ebene der Ängste und führt wahrscheinlich bis zu einem gewissen Grad ins Leere. Angst vor Veränderung ist zumeist kein rationaler, sondern vielmehr ein irrationaler Umgang und sollte daher zumindest auch im emotionalen Bereich beantwortet werden. Dies schließt nicht aus, dass durch Transparenz und Information Ängste abgebaut werden können, die durch Unwissenheit und mangelnde Informationen entstanden sind. Die Vorgehensweise, die Herr P. schildert, gibt den MitarbeiterInnen zu Beginn eines Veränderungsprozesses die Möglichkeit, sich zu äußern und aktiv zu beteiligen. Hierbei scheint Raum für Unsicherheiten und Ängste gegeben zu werden und es scheint, als würde hier eine Möglichkeit entworfen, mit den Ängsten umzugehen. Schlussendlich stellt sich noch die Frage, ob das Vorhandensein von eigenen Ängsten und Sorgen bei der Leitung als förderlich oder als hinderlich zu bewerten ist. Als positiver Aspekt können sie bewirken, dass die Leitungskräfte die Ängste der MitarbeiterInnen sicherlich leichter nachvollziehen können, wenn sie einige von ihnen teilen. Im negativen Fall aber kann dies auch bedeuten, dass die Leitungskräfte den Ängsten nichts entgegensetzen können, kein positiveres Bild zeichnen können und die Ängste sich gegenseitig verstärken. Letztlich kann dies nur durch einen reflektierten Umgang der Leitung mit den eigenen Ängsten vermieden werden.

Zusammenfassend lässt sich also sagen, dass die systemischen Ansätze von Senge und Schein (unter Berücksichtigung der von Lewin gelegten Grundlagen) zu den Ergebnissen der in Kapitel 3 getätigten Analysen passen, zumal sie der branchentypischen Betonung der Beziehungen und die Wichtigkeit der vorhandenen Menschenbilder berücksichtigen; dies sollten die Implikationen für die Praxis in Kapitel 4.2 widerspiegeln.

4.2 Implikationen für die Praxis

Ausgehend von diesen theoretischen Vorüberlegungen ergeben sich verschiedene Konsequenzen für die Planung und Umsetzung von OE-Prozessen. Bereits vor dem konkreten Prozess sollte an einer gemeinsamen Vision für das Unternehmen gearbeitet werden, um eine gemeinsame Ausrichtung und einen anerkannten Maßstab im Unternehmen verankern zu können. Hierbei ist es zentral, dass sich alle Bereiche und Hierarchieebenen beteiligen können und ernst genommen werden. Dies kann z.B. im Rahmen eines Leitbildprozesses geschehen, bei dem den MitarbeiterInnen die Möglichkeit gegeben wird, aktiv zu gestalten und sich einzubringen. Hierbei sind die verschiedene Ebenen im Unternehmen (Bereiche/Abteilungen, Teams, Individuen...) zu berücksichtigen, da eine übergeordnete Vision den Zielen und Visionen dieser Subsysteme nicht widersprechen sollte. Dies sollte dazu führen, dass die MitarbeiterInnen sich mit den Zielen der Veränderung identifizieren können, da diese auf einer gemeinsamen Vision, ähnlichen mentalen Modellen und unausgesprochen Annahmen beruhen. Die Reflexion dieser mentalen Modelle ist ein weiterer Erfolgsfaktor für Veränderungsprozesse in Unternehmen, besonders in der hier untersuchten Branche. Dabei bietet es sich an, diese Reflexion in angeleiteten Gruppenprozessen zu initiieren und sie in Kommunikation miteinander ins Bewusstsein zu bringen und abzugleichen. In Bezug auf die Motivation zur Persönlichkeitsentwicklung bietet es sich an, Möglichkeiten zum Lernen zu bieten (Fortbildungswünsche erfragen und umsetzen, Schulungen anbieten, Förderung von Bildungsurlauben...) und Möglichkeiten, das Erlernte einzubringen und anzuwenden. Dieser Umgang mit Lernen sollte entsprechend Eingang in die Betriebskultur bekommen. Um ein gesteigertes Maß an psychischer Sicherheit zu schaffen und die Lernängste der MitarbeiterInnen zu reduzieren, bieten sich diverse Methoden an, die optimalerweise als gruppendynamische Prozesse gestaltet werden sollten, um zum einen den Aufwand für das Unternehmen nicht zu groß werden zu lassen und zum anderen die höhere Erfolgsquote des Lernens in Gruppen für den Prozess zu nutzen. Hierbei können positive Visionen erarbeitet, Möglichkeiten der Beteiligung angeboten oder auch Rollenvorbilder genutzt werden. Zusätzlich helfen Transparenz, Information und Vermittlung von Fakten gegen die diffusen Ängste, die sich durch Nichtwissen und Gerüchte speisen. Um die verschieden Quellen von Ängsten unterscheiden zu können, sollte daher bereits im Vorfeld untersucht werden, welche Ursachen die zu bearbeitenden Ängste haben. Grundsätzlich bietet es sich an, die beschriebenen Maßnahmen durch Fachleute von außerhalb des Unternehmens umsetzen zu lassen. Zum einen gibt es nicht in jeder Einrichtung, die ja zum Teil nur wenige MitarbeiterInnen haben, Personen, die die beschriebenen Prozesse anleiten und begleiten können, zum anderen kann eine Außenperspektive beim Erkennen von strukturellen, das Gesamtsystem (inklusive der Wechselwirkungen) betreffenden Eigenheiten helfen. Allerdings bedeutet dies zugleich Kosten für das Unternehmen, auch ist die Auswahl der entsprechenden Personen nicht einfach, zumal viele nicht über genaue Kenntnisse dieser speziellen Branche verfügen. Daher sollte diese Entscheidung von jedem Unternehmen individuell und unter Prüfung der genauen Umstände getroffen werden.

5 Fazit

5.1 Kritische Würdigung des Forschungsdesigns

Das in Kapitel 1.3 beschriebene Forschungsdesign hatte zum Ziel herauszufinden, was Erfolgsfaktoren für Veränderungsprozesse in der Branche der Behindertenbetreuung sein können; dies sollte über die einzelnen Testungen herausgearbeitet werden. Im Verlauf der Forschung stellte sich heraus, dass sich dem angestrebten Ziel mit jeder Testung weiter angenähert werden konnte, indem Teilfragen beantwortet wurden. Eventuell wäre es ratsam gewesen, mit einer Literaturanalyse als erster Testung zu beginnen, um dann den Fragebogen noch genauer an die daraus gewonnen Ergebnisse anpassen zu können. Allerdings hat auch so die erste Testung eine Annäherung an die Branche und den speziellen Blickwinkel der dort Beschäftigten geleistet, so dass die hieraus gewonnenen Erkenntnisse als Vorlage der Kategorien für die Literaturanalyse der zweiten Testung dienen konnten. Diese konnten direkt und indirekt in die Interviews eingearbeitet werden, so dass sich hieraus dann eine Antwort auf die Leitfrage ergab, die dann wiederum zu theoretischen und praktischen Überlegungen führte.

5.2 Hinterfragen und Überprüfen der Methodik anhand der Gütekriterien

Zur Überprüfung der Gültigkeit und Qualität einer Testung bildet Objektivität ein wesentliches Merkmal. Dies meint, dass das Ergebnis der Untersuchung „unabhängig von Testleiter und Testauswerter“[251] gemessen wird, auch die angewandten Regeln bei der Auswertung sollen klar und ohne Spielräume sein[252]. Dieses Kriterium lässt sich vor allem auf die erste Testung anwenden, da hier eine quantitative Erhebung vorliegt. Hierbei lässt sich erkennen, dass sowohl die Befragung selbst als auch die statistische Auswertung im Wesentlichen unabhängig von der untersuchenden Person waren. Ob die Testpersonen durch die persönliche Ansprache bereits beeinflusst wurden, lässt sich nicht ganz ausschließen, was somit eine geringe

[251] Moosbrugger, H. und Kevla, A. (2012), S. 8
[252] Vgl. ebd. S. 8

Einschränkung in Bezug auf dieses Kriterium darstellt. Die zweite und dritte Testung sind eher der qualitativen Forschung zuzurechnen, so dass die Ergebnisse nicht unabhängig von der testenden Person sein können. Allerdings wurden hier die Auswertungskriterien transparent dargestellt, um ein möglichst hohes Maß an Objektivität zu erreichen. Das Kriterium der Reliabilität beschreibt die Messgenauigkeit und Zuverlässigkeit eines Tests und damit ein wesentliches Gütekriterium für quantitative Forschungen[253]; somit lässt es sich im Wesentlichen auf die durchgeführte Umfrage beziehen. Zur Reliabilität hier lässt sich sagen, dass die Ergebnisse in allen beteiligten Unternehmen relativ stabil waren und es keine großen Unterschiede gab. Dies spricht dafür, dass Messfehler vermieden werden konnten. Der Begriff der Validität beschreibt die Gültigkeit einer Testung, ob also das verwendete Testverfahren geeignet ist, etwas über das gemessene Merkmal auszusagen[254]. Dies Kriterium scheint mir bei allen drei Testungen gegeben, da sie jeweils passend zu den Teilfragen ausgewählt wurden und auch jeweils verwertbare Ergebnisse liefern konnten.

5.3 Lerneffekte aus Methode

In Bezug auf das methodische Vorgehen sollte bei einer ähnlichen Fragestellung eventuell darauf geachtet werden, dass der verwendete Fragebogen noch einfacher und kürzer gestaltet wird, um die Rücklaufquote weiter erhöhen. Leider war es nicht möglich, eine echte Zufallsstichprobe zu ziehen, da die Zielgruppe der Befragung nur über die jeweiligen Einrichtungen zu erreichen war, die Auswahl somit also immer von der Vorauswahl der Einrichtungen und deren Einverständnis abhängig war. Die hohe Rücklaufquote spricht dafür, die befragten Personen auch weiterhin persönlich anzusprechen, bzw. Personen in den Einrichtungen zu gewinnen, die dies stellvertretend durchführen. In Bezug auf die Literaturanalyse wäre vielleicht eine klarere Systematik mit abfragbaren Kategorien hilfreich gewesen, um deutlichere Ergebnisse zu erzielen. Allerdings war das jeweilige Ausgangsmaterial relativ verschieden voneinander, so dass dieses sich nicht als praktikabel erwies. Die Interviews mit den verschiedenen Leitungskräften haben gute Einblicke in die praktischen Probleme im Umgang mit Veränderungen geliefert. Allerdings war das entstandene Material sehr

[253] Vgl. Moosbrugger, H. und Kevla, A. (2012), S. 11
[254] Vgl. ebd. S. 15

umfangreich, so dass eine ausführlichere Analyse, die eventuell noch weitere Erkenntnisse hätte liefern können, in diesem Rahmen nicht möglich war.

5.4 Ausblick

Durch die Situation in der Branche und die erhöhte Notwendigkeit, sich zu verändern, zu entwickeln und an neue Bedingungen anzupassen, wird ein starker Veränderungsdruck auf die Träger der Behindertenhilfe ausgeübt. Diesen Druck spüren alle Beteiligten und im Sinne der MitarbeiterInnen, der Leitung und letztlich auch der dort betreuten Menschen müssen passende Wege gefunden werden, um diese anstehenden Veränderungen positiv zu bewältigen. Eventuell kann diese Arbeit erste Ansätze und Ideen bieten, welche Faktoren hierbei für das Gelingen eine besonders Wichtigkeit haben. Möglicherweise können Projektpläne für Veränderungsprojekte die gewonnenen Erkenntnisse nutzen und in die Abläufe einbeziehen. Interessant wäre zudem, die Daten noch weiter auszuwerten und die Ergebnisse noch zu vertiefen. Zudem braucht es noch weitere Erfahrungen, um die entwickelten Erfolgsfaktoren in der Praxis zu testen und die Ergebnisse dann mit anderen Methoden vergleichen zu können. Da nicht nur die Branche der Behindertenbetreuung von den beschriebenen externen Faktoren betroffen ist, sondern auch andere Unternehmen, die im sozialen Bereich tätig sind, wäre es eine weiterführende Möglichkeit, einen Vergleich zwischen den verschiedenen Bereichen zu tätigen, um eine Aussage zu der Übertragbarkeit der gewonnenen Erkenntnisse treffen zu können. Ein weiterer notwendiger Schritt liegt in der Suche nach passenden Methoden, um die in Kapitel 3 gewonnen Erkenntnisse zu den Erfolgsfaktoren in die Praxis umzusetzen, erste Überlegungen dazu sind in Kapitel 4.2 dargestellt, dies ließe sich aber sicher noch weiterentwickeln und ergänzen. Insgesamt gibt es also eine Reihe von Möglichkeiten, wie inhaltlich weiter vorgegangen werden könnte; das zentrale Anliegen dieser Arbeit lag aber in der Entwicklung von Wegen, die den Träger bei der Veränderung hin zu einer auf die Bedürfnisse der KlientInnen zugeschnittenen, zeitgemäßen Wohn- und Lebenssituation Anhaltspunkte liefern, wie Veränderungsprozesse positiver gestaltet werden können. Es wäre schön, wenn diese Arbeit einen Teil dazu beitragen könnte.

6 Literaturverzeichnis

Printquellen

Döring, N., Bortz, J. (2016): Forschungsmethoden und Evaluation in den Sozial- und Humanwissenschaften, 5. Auflage, Berlin und Heidelberg 2016

Gairing, F. (2017): Organisationsentwicklung – Geschichte – Konzepte – Praxis, 1. Auflage, Stuttgart 2017

Gläser, J., Laudel G. (2010): Experteninterviews und qualitative Inhaltsanalyse, 4. Auflage, Heidelberg 2010

Grundgesetz (2014): Grundgesetz für die Bundesrepublik Deutschland vom 23.05.1945, in der Fassung vom 23.12.2014. In: Wichtige Gesetze für Wirtschaftsverwaltung und die öffentliche Wirtschaft, Herne 2015

Hähner, U., Niehoff, U., Sack, R., Walther, H. (2003): Vom Betreuer zum Begleiter- Eine Neuorientierung unter dem Paradigma der Selbstbestimmung, 4. Aufl., Marburg 2003

Lauer, T. (2014): Change Management - Grundlagen und Erfolgsfaktoren, 2. Aufl., Berlin und Heidelberg 2014

Lewin, K. (2012): Feldtheorien in den Sozialwissenschaften - Ausgewählte theoretische Schriften, 1. Auflage, Bern 2012

Mayo, E. (1945): Hawthorne und die Western Electric Company. In: ders., Probleme industrieller Arbeitsbedingungen. Frankfurt/M.: Verlag der Frankfurter Hefte 1945

Mayring, P. (2015): Qualitative Inhaltsanalyse - Grundlagen und Techniken, 12. Auflage, Weinheim und Basel 2015

Moosbrugger, H., Kevla, A. (Hrsg.) (2012): Testtheorie und Fragebogenkonstruktion, 2. Aufl., Berlin und Heidelberg 2012

Schein, E. H. (2003): Organisationskultur, 3. Auflage, Bergisch Gladbach 2003

Schellberg, K. (2012): Betriebswirtschaftslehre für Sozialunternehmen, Augsburg 2012

Steinmann, H., Schreyögg, G. (2005): Management: Grundlagen der Unternehmensführung, 6. Aufl., Wiesbaden 2005

Schreyögg, G. und Geiger, D. (2016): Organisation - Grundlagen moderner Organisationsgestaltung. Mit Fallstudien, 6. Auflage, Wiesbaden 2016

Senge, P. M. (2017): Die fünfte Disziplin - Kunst und Praxis der lernenden Organisation, 11. Aufl., Stuttgart 2017

SGB IX (2012): Sozialgesetzbuch Neuntes Buch - Rehabilitation und Teilhabe behinderter Menschen vom 19.06.2001 in der Fassung vom 14.12.2012. In: SGB - Sozialgesetzbuch, München 2014

Schiersmann, C., Thiel, H.-U. (2014): Organisationsentwicklung - Prinzipien und Strategien von Veränderungsprozessen, 4. Aufl., Wiesbaden 2014

Theunissen, G. (2013): Empowerment und Inklusion behinderter Menschen - Eine Einführung in Heilpädagogik und Soziale Arbeit, 3. Aufl., Freiburg im Breisgau 2013

Werther, S. und Jacobs, C. (2014): Organisationsentwicklung - Freude am Change, 1. Aufl., Berlin Heidelberg 2014

Onlinequellen

BevoelkerungDeutschland2060Presse5124204159004.pdf?_blob=publicationFile, Schaubilder 2-10

Bundesministerium für Arbeit und Soziales (2017): einfach machen, gemeinsam die UN Behindertenrechtskonvention umsetzen, URL: https://www.gemeinsam-einfach-machen.de/GEM/DE/AS/Umsetzung_BTHG/Gesetz_BTHG/Gesetz_node.html

Bundesvereinigung Lebenshilfe e. V. (2017): Bundesteilhabegesetz und Co. – was verändert sich?, URL: https://www.lebenshilfe.de/wLayout-bthg/wGlobal/scripts/ accessDocument.php?wAuthIdHtaccess=172512543&document=/wData-bthg/img/ Welche-Veraenderungen-bringt-das-Bundesteilhabegesetz-Aktualisierung-18042017.pdf&display=1&forceDownload=0

Deutsches Institut für Menschenrechte (2017): UN-Behindertenrechtskonvention, URL:http://www.institut-fuer-menschenrechte.de/fileadmin/user_upload/PDF- Dateien/Pakte_Konventionen/CRPD_behindertenrechtskonvention/crpd_b_de.pdf

Gabler Wirtschaftslexikon (2017), URL : http://wirtschaftslexikon.gabler.de/ Definition/nonprofit-organisation-npo.html

Der Paritätische Gesamtverband (2017): Übergänge gestalten - gewusst wie! Das neue Bundesteilhabegesetz - Handreichung zur Umsetzung für Leistungserbringer - Schwerpunkt Wohnen , URL: https://www.der-paritaetische.de/fileadmin/user_upload/ Schwerpunkte/Bundesteilhabegesetz/doc/ 20161229_BTHG_Handreichung_Paritaet_Hohage.pdf,

Statistisches Bundesamt (2017): Vorausberechnung der Bevölkerung, URL: www.destatis.de/DE/Publikationen/Thematisch/ Bevoelkerung/ VorausberechnungBevoelkerung

Anhang 1: Fragebogen

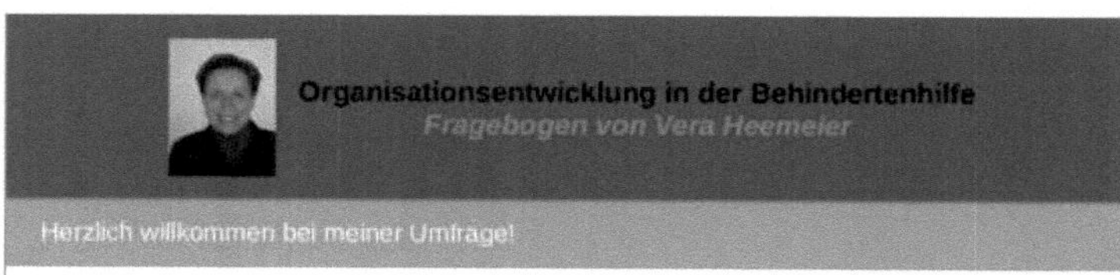

Liebe Kolleginnen und Kollegen,

im Rahmen meines Studiums (Gesundheits- und Sozialmanagement) möchte ich eine Umfrage zum Thema "Erfolgsfaktoren für Organisationsentwicklungsprozesse in der Behindertenarbeit" durchführen und untersuchen, was Veränderungsprozesse in unserem Arbeitsbereich erfolgreich macht.
Hierfür benötige ich Ihre Unterstützung und ich würde mich sehr freuen, wenn Sie sich einen Moment Zeit nehmen und den Fragebogen ausfüllen würden!

Organisationsentwicklung klingt erst einmal sehr kompliziert, meint aber einfach nur, dass es im Unternehmen geplante Veränderungen gibt, die die ArbeitnehmerInnen direkt betreffen. Diese Veränderungen können sich auf verschiedene Bereiche beziehen:
1. Den Aufbau des Unternehmens: z.B. welche Abteilungen es gibt, wer für was zuständig ist, ob es eine Heimleitung oder einen Vorstand gibt...
2. Die Unternehmenskultur: z.B. gibt es ein Leitbild mit Werten, eine Vision, eine Mission, was bedeutet das für die Arbeit der MitarbeiterInnen und den Umgang miteinander
3. Das Handeln des/der Einzelnen: z.B. wie motiviert ist der/die Einzelne, welches Verhalten wird erwartet, was darf der/die Einzelne selbst entscheiden...
Wichtig ist bei der Organisationsentwicklung, dass die MitarbeiterInnen eingebunden sind und gefragt werden. Sie sind diesem Verständnis nach der eigentliche Motor für Entwicklung.

Wie solche Prozesse in der Branche der Betreuung von Menschen mit Behinderung erfolgreich für MitarbeiterInnen, Leitung und somit natürlich auch für die betreuten Menschen umgesetzt werden können, versuche ich mithilfe dieser Befragung herauszufinden. Die Abgabe ist bis zum .... über das Postfach von Frau Heemeier (WBL8) möglich.

Selbstverständlich werden Ihre Antworten anonym und vertraulich behandelt und dienen lediglich wissenschaftlichen Zwecken.

Ich danke Ihnen für Ihre Hilfe und Unterstützung!
Vera Heemeier

1

Organisationsentwicklung in der Behindertenhilfe
Fragebogen von Vera Heemeier

Allgemeine Angaben

1. Name der Einrichtung:

2. Wie alt sind Sie?

- unter 18
- 18-20
- 21-29
- 30-39
- 40-49
- 50-59
- 60 oder älter

3. Was ist Ihr Geschlecht?

- weiblich
- männlich

4. Welche Qualifikation/Ausbildung haben Sie?

- Heilerziehungspflege oder vergleichbare Ausbildung
- Fachassistenz (HEH, Pflegeassistenz ...)
- Studium
- keine Ausbildung

5. In welcher Position arbeiten Sie?

- Fachkraft
- Fachassistenz (HEH, Pflegeassistenz)
- ungelernte Kraft
- Leitung

2

6. Wie lange arbeiten Sie schon in diesem Unternehmen?

- ○ weniger als 1 Jahr
- ○ 1 Jahr bis 2 Jahre
- ○ 3 Jahre bis 5 Jahre
- ○ 6 Jahre bis 10 Jahre
- ○ 11 Jahre bis 15 Jahre
- ○ 16 Jahre bis 20 Jahre
- ○ mehr als 20 Jahre

7. Haben Sie bereits bei einem anderen Träger der Behindertenhilfe gearbeitet?

- ○ ja
- ○ nein

3

Organisationsentwicklung in der Behindertenhilfe

Fragebogen von Vera Heemeier

Zur Arbeitssituation

8. Welche der folgenden Eigenschaften trifft auf Ihr Unternehmen bzw. Ihre aktuelle Tätigkeit zu?

- kurze Entscheidungswege bzw. flache Hierarchien
- guter Verdienst
- bietet mir Möglichkeiten mich einzubringen
- benötigt Engagement
- informiert mich gut über anstehende Veränderungen
- Sonstiges (bitte angeben)
- ist werteorientiert
- bietet Transparenz
- nimmt Rücksicht auf meine Bedürfnisse
- gibt Wertschätzung

9. Sortieren Sie folgende Eigenschaften Ihres aktuellen Arbeitsplatzes von 1 (unwichtig) bis 10 (wichtig).

- gibt Wertschätzung
- kurze Entscheidungswege/flache Hierarchien
- bietet Transparenz
- bietet mir Möglichkeiten mich einzubringen
- Gehalt
- ermöglicht Mitbestimmung
- bietet Teamarbeit
- Regelmäßigkeit in der Dienstplanung
- fester Einsatzort
- Abwechslung in der Tätigkeit

10. Welche der folgenden Merkmale haben Sie bei Ihrer Berufswahl beeinflusst?

- gute Bezahlung
- Aufstiegsmöglichkeiten
- passend zu meinen Vorkenntnissen
- flexible Arbeitszeit/Teilzeit
- verfügbare Stellen
- Wohnortnähe

4

11. Sortieren Sie folgende Aspekte nach der persönlichen Wichtigkeit für Ihre Berufswahl von 1 (unwichtig) bis 10 (wichtig).

- [ ] Verantwortung übernehmen
- [ ] Sinnhaftigkeit der Tätigkeit
- [ ] gesellschaftliche Anerkennung
- [ ] soziale Kontakte
- [ ] etwas Gutes tun
- [ ] Selbstverwirklichung
- [ ] Entscheidungsfreiheit
- [ ] großer Gestaltungsspielraum
- [ ] religiöse/weltanschauliche Überzeugung
- [ ] Vorbilder in der Vergangenheit

5

Organisationsentwicklung in der Behindertenhilfe
Fragebogen von Vera Heemeier

Umgang mit Veränderungen

12. Wie offen für Neues würden Sie sich im Allgemeinen beschreiben?

- ◯ sehr offen
- ◯ mäßig offen
- ◯ nicht offen

13. Haben Sie in Ihrer beruflichen Laufbahn schon viele organisatorische Veränderungen erlebt?

- ◯ ja
- ◯ mittel
- ◯ nein

14. Falls Sie schon organisatorische Veränderungen erlebt haben, wie bewerten Sie diese im Nachhinein (in Schulnoten) in Bezug auf folgende Kriterien?

- Erfolg der Veränderung
- Effizienz des Veränderungsprozesses
- Verbesserung der Gesamtsituation
- Intensität der MitarbeiterInnenbeteiligung
- Veränderung hin zu Modernität

15. Wie groß schätzen Sie die Notwendigkeit für organisationale Veränderungen in Ihrem Unternehmen ein?

- ◯ keine Notwendigkeit
- ◯ geringe Notwendigkeit
- ◯ mittlere Notwendigkeit
- ◯ große Notwendigkeit
- ◯ sehr große Notwendigkeit

6

16. In welchen Bereichen bzw. bei welchen Aspekten sollten Ihrer Meinung nach Veränderungen erfolgen?

- ◯ Organisation/Struktur
- ◯ Abläufe
- ◯ Personal
- ◯ Sonstiges (bitte angeben)

17. Wenn Sie an Veränderungen in der Zukunft denken, welche Sorgen und Ängste lösen diese bei Ihnen aus?

- ◯ weniger Zeit für KlientInnen
- ◯ Zunahmen an Dokumentationsaufwand am PC
- ◯ immer weniger Personal
- ◯ weniger Verdienst
- ◯ Arbeitsverdichtung
- ◯ Uberanstrengung (korperlich: Schmerzen, alter werden, Verschleiß...)
- ◯ Uberanstrengung (psychisch: mental, Stress, Burnout...)
- ◯ Uberforderung durch Neuerungen
- ◯ es wird zu viel Flexibilität verlangt (Einsatzort, Dienstplanung, Klientel...)
- ◯ mehr Konkurrenz
- ◯ fehlende Aufstiegschancen
- ◯ immer weniger Mitsprachemöglichkeiten
- ◯ steigende Verantwortung
- ◯ Veränderung des Klientels (älter, jünger, mehr Menschen mit Verhaltensauffälligkeiten...)
- ◯ Sonstiges (bitte angeben)

7

18. Welche Chancen und Möglichkeiten sehen Sie in den Veränderungen?

- ◯ Entwicklung neuer Wohnangebote (Ambulantisierung, kleine Wohneinheiten, individuellere Wohnformen...)
- ◯ besser ausgebildetes, bzw. geschulteres Personal
- ◯ Inklusion wird erleichtert
- ◯ verbesserte/modernere Hilfsmittel
- ◯ vereinfachte Dokumentation durch technische Hilfsmittel
- ◯ mehr Verdienst
- ◯ sicherere Arbeitsplätze
- ◯ Sonstiges (bitte angeben)
- ◯ flexiblere Arbeitszeiten
- ◯ intensivere Zusammenarbeit mit anderen Einrichtungen
- ◯ Unterstützung durch Spezialist/innen von außen
- ◯ Beförderungen
- ◯ individuelle Arbeitsplatzanforderungen/Spezialisierungen möglich
- ◯ zukunftsfähiger Arbeitgeber

Vielen Dank für Ihre Zeit und Ihre Mühe!

Vera Heemeier

8

Anhang 2: Umfrageergebnisse

1. Name der Einrichtung

Antwortmöglichkeiten	Antworten	
Größerer Teil des Verbundes	48,18%	53
Kleinerer Teil des Verbundes	20,00%	22
Verein	19,09%	21
Anthroposophische Einrichtung	12,73%	14
	beantwortet	110
	übersprungen	0

Tabelle 3: Frage 1: Name der Einrichtung

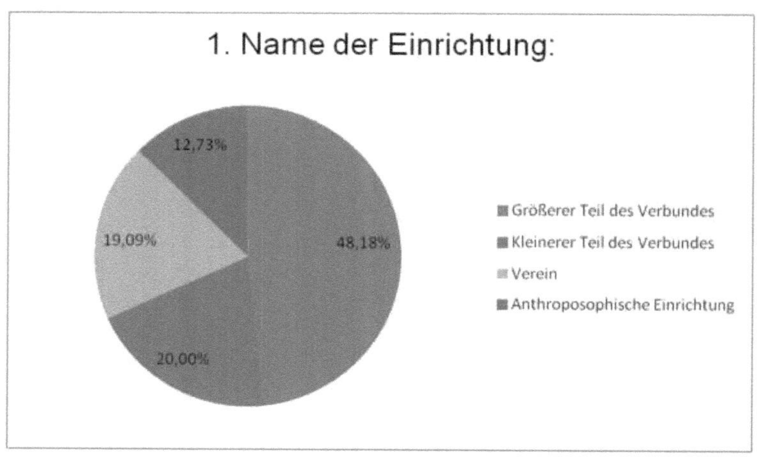

Abbildung 2: Frage 1: Name der Einrichtung

2. Wie alt sind Sie?

Antwortmöglichkeiten	Antworten	
unter 18	0,91%	1
18-20	0,91%	1
21-29	20,91%	23
30-39	17,27%	19
40-49	29,09%	32
50-59	24,55%	27
60 oder älter	6,36%	7
	beantwortet	110
	übersprungen	0

Tabelle 4: Frage 2: Alter

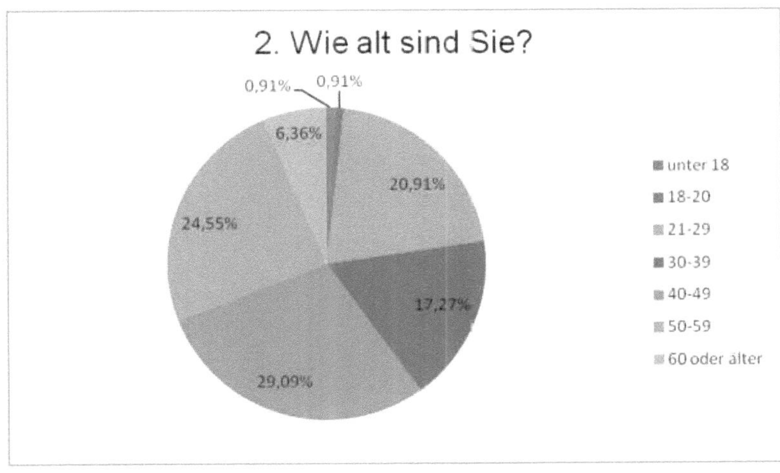

Abbildung 3: Frage 2: Alter

3. Was ist Ihr Geschlecht?

Antwortmöglichkeiten	Antworten	
weiblich	70,00%	77
männlich	30,00%	33
	beantwortet	110
	übersprungen	0

Tabelle 5: Frage 3: Geschlecht

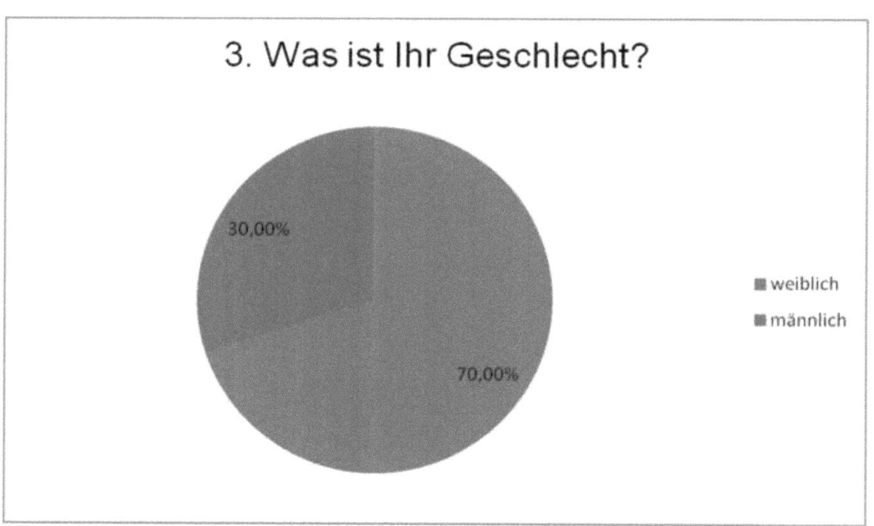

Abbildung 4: Frage 3: Geschlecht

4. Welche Qualifikation/Ausbildung haben Sie?

Antwortmöglichkeiten	Antworten	
Heilerziehungspflege oder vergleichbare Ausbildung	69,72%	76
Fachassistenz (HEH, Pflegeassistenz...)	1,83%	2
Studium	11,01%	12
keine Ausbildung	17,43%	19
	beantwortet	109
	übersprungen	1

Tabelle 6: Frage 4: Qualifikation

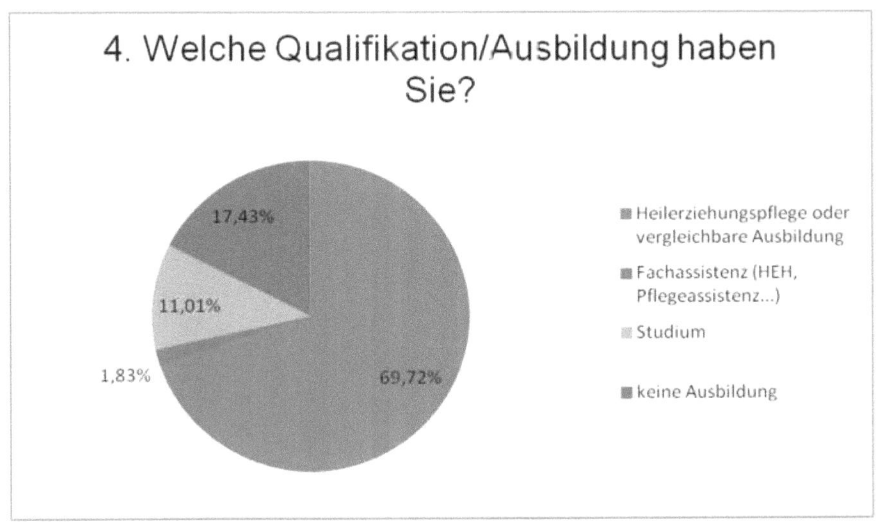

Abbildung 5: Frage 4: Qualifikation

5. In welcher Position arbeiten Sie?

Antwortmöglichkeiten	Antworten	
Fachkraft	69,09%	76
Fachassistenz (HEH, Pflegeassistenz)	2,73%	3
ungelernte Kraft	16,36%	18
Leitung	11,82%	13
	beantwortet	110
	übersprungen	0

Tabelle 7: Frage 5: Position

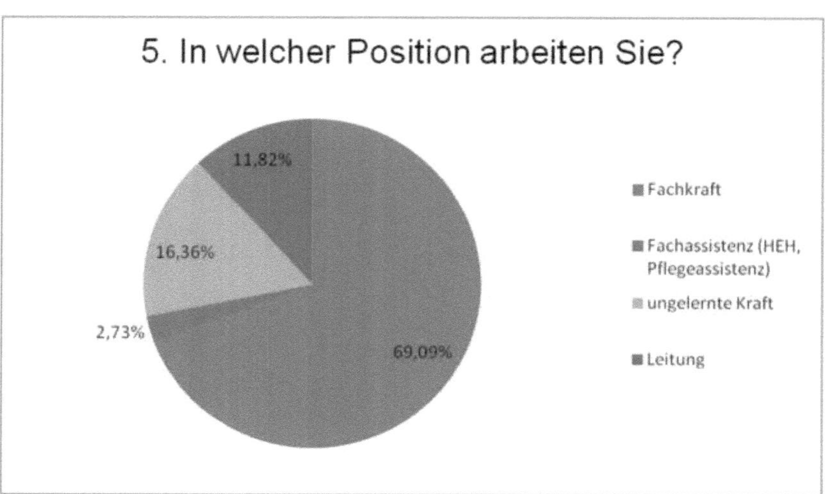

Abbildung 6: Frage 5: Position

6. Wie lange arbeiten Sie schon im Unternehmen?

Antwortmöglichkeiten	Antworten	
weniger als 1 Jahr	5,50%	6
1 Jahr bis 2 Jahre	9,17%	10
3 Jahre bis 5 Jahre	11,93%	13
6 Jahre bis 10 Jahre	19,27%	21
11 Jahre bis 15 Jahre	13,76%	15
16 Jahre bis 20 Jahre	7,34%	8
mehr als 20 Jahre	33,03%	36
	beantwortet	109
	übersprungen	1

Tabelle 8: Frage 6: Beschäftigungsdauer

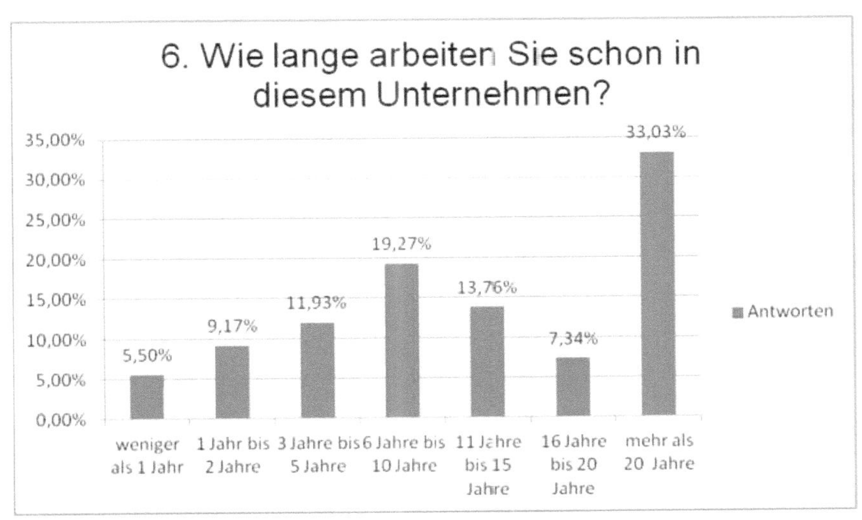

Abbildung 7: Frage 6: Beschäftigungsdauer

7. Haben Sie bereits bei einem anderen Träger der Behindertenhilfe gearbeitet?

Antwortmöglichkeiten	Antworten	
ja	33,03%	36
nein	66,97%	73
	beantwortet	109
	übersprungen	1

Tabelle 9: Frage 7: Arbeitsplatzwechsel

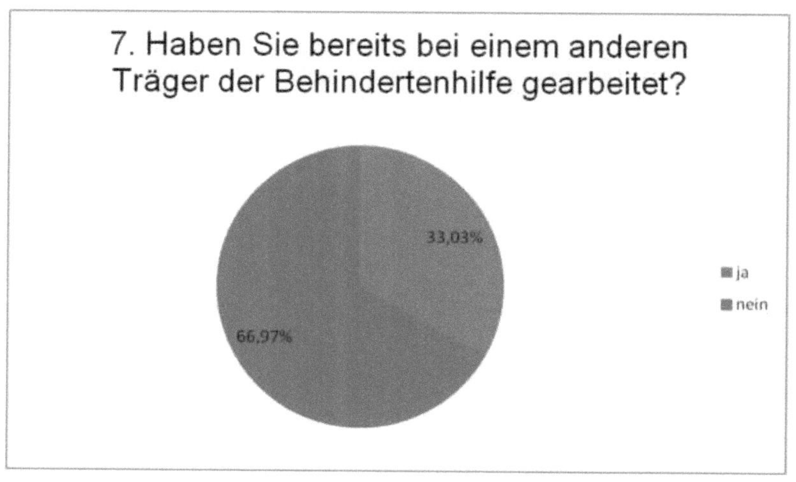

Abbildung 8: Frage 7: Arbeitsplatzwechsel

8. Welche der folgenden Eigenschaften trifft auf Ihr Unternehmen bzw. Ihre aktuelle Tätigkeit zu?

Antwortmöglichkeiten	Antworten	
kurze Entscheidungswege bzw. flache Hierarchien	25,00%	27
guter Verdienst	40,74%	44
bietet mir Möglichkeiten mich einzubringen	62,04%	67
benötigt Engagement	56,48%	61
informiert mich gut über anstehende Veränderungen	24,07%	26
ist werteorientiert	23,15%	25
bietet Transparenz	14,81%	16
nimmt Rücksicht auf meine Bedürfnisse	22,22%	24
gibt Wertschätzung	28,70%	31
Sonstiges (bitte angeben)	5,56%	6
	beantwortet	108
	übersprungen	2

Tabelle 10: Frage 8: Unternehmenseigenschaften

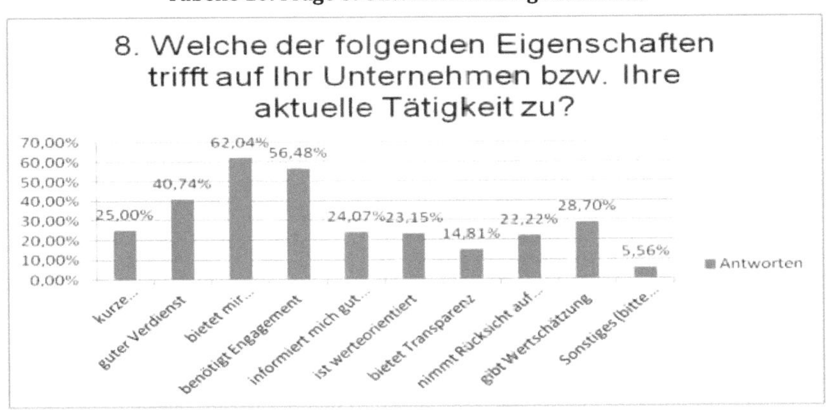

Abbildung 9: Frage 8: Unternehmenseigenschaften

9. Sortieren Sie folgende Eigenschaften Ihres aktuellen Arbeitsplatzes von 1 (unwichtig) bis 10 (wichtig).

Antwortmöglichkeiten	gibt Wertschätzung	kurze Entscheidungswege/fla-	bietet Transparenz	bietet mir Möglichkeiten mich	Gehalt	ermöglicht Mitbestimmung	bietet Teamarbeit	Regelmäßigkeit in der Dienst-	fester Einsatzort	Abwechslung in der Tätigkeit
	9,33 %	24,66 %	17,81 %	1,35 %	8,11 %	1,35 %	6,76 %	12,16 %	12,16 %	5,41 %
1	7	18	13	1	6	1	5	9	9	4
	13,33 %	16,44 %	17,81 %	4,05 %	6,76 %	8,11 %	5,41 %	8,11 %	8,11 %	12,16 %
2	10	12	13	3	5	6	4	6	6	9
	8,00 %	16,44 %	17,81 %	4,05 %	8,11 %	9,46 %	4,05 %	16,22 %	8,11 %	6,76 %
3	6	12	13	3	6	7	3	12	6	5
	5,33 %	12,33 %	19,18 %	8,11 %	14,86 %	12,16 %	8,11 %	6,76 %	6,76 %	6,76 %
4	4	9	14	6	11	9	6	5	5	5
	8,00 %	9,59%	6,85 %	14,86 %	9,46 %	14,86 %	5,41 %	10,81 %	8,11 %	12,16 %
5	6	7	5	11	7	11	4	8	6	9
	10,67 %	4,11%	4,11 %	9,46 %	9,46 %	17,57 %	17,57 %	10,81 %	5,41 %	10,81 %
6	8	3	3	7	7	13	13	8	4	8

	12,00 %	4,11%	10,96 %	21,62 %	2,70 %	6,76 %	12,16 %	9,46 %	5,41 %	14,86 %
7	9	3	8	16	2	5	9	7	4	11
	14,67 %	2,74%	4,11 %	10,81 %	16,22 %	13,51 %	17,57 %	5,41 %	9,46 %	6,76 %
8	11	2	3	8	12	10	13	4	7	5
	8,00 %	4,11%	0,00 %	14,86 %	16,22 %	10,81 %	6,76 %	14,86 %	17,57 %	6,76 %
9	6	3	0	11	12	8	5	11	13	5
	10,67 %	5,48%	1,37 %	10,81 %	8,11 %	5,41 %	16,22 %	5,41 %	18,92 %	17,57 %
10	8	4	1	8	6	4	12	4	14	13
total	75	73	73	74	74	74	74	74	74	74
Score	5,35	7,29	7,34	4,35	5,15	5,19	4,57	5,8	4,86	5,03
Durch-schnitt	5,63	3,71	4,67	6,65	5,85	5,81	6,34	5,2	6,14	5,97

beantwortet	75
übersprungen	35

Tabelle 11: Frage 9: Wichtigkeit der Eigenschaften

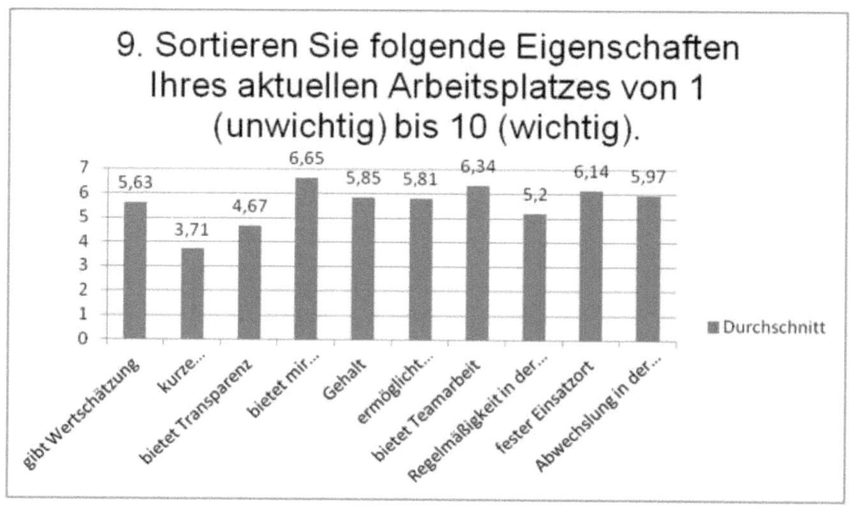

Abbildung 10: Frage 9: Wichtigkeit der Eigenschaften

10. Welche der folgenden Merkmale haben Sie bei Ihrer Berufswahl beeinflusst?

Antwortmöglichkeiten	Antworten	
gute Bezahlung	29,41%	30
Aufstiegsmöglichkeiten	13,73%	14
passend zu meinen Vorkenntnissen	46,08%	47
flexible Arbeitszeit/Teilzeit	37,25%	38
verfügbare Stellen	50,00%	51
Wohnortnähe	55,88%	57
	beantwortet	102
	übersprungen	8

Tabelle 12: Frage 10: Berufswahl

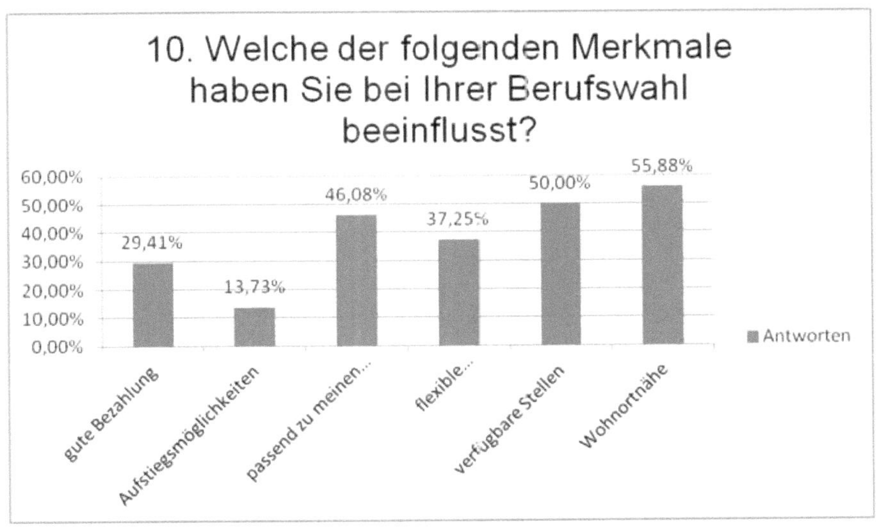

Abbildung 11: Frage 10: Berufswahl

11. Sortieren Sie folgende Aspekte nach der persönlichen Wichtigkeit für Ihre Berufswahl von 1 (unwichtig) bis 10 (wichtig).

Antwortmöglichkeiten	Verantwortung übernehmen	Sinnhaftigkeit der Tätigkeit	gesellschaftliche Anerkennung	etwas Gutes tun	Selbstverwirklichung	Entscheidungsfreiheit	großer Gestaltungsspielraum	religiöse/weltanschauliche Überzeugung	Vorbilder in der Vergangenheit
	0,00 %	3,80 %	10,13 %	5,13 %	3,75 %	1,25 %	2,50 %	43,75 %	30,00 %
1	0	3	8	4	3	1	2	35	24
	3,90 %	1,27 %	17,72 %	6,41 %	5,00 %	3,75 %	6,25 %	16,25 %	30,00 %
2	3	1	14	5	4	3	5	13	24
	10,39 %	1,27 %	20,25 %	16,67 %	11,25 %	10,00 %	10,00 %	6,25 %	7,50 %
3	8	1	16	13	9	8	8	5	6
	10,39 %	3,80 %	15,19 %	1,28 %	12,50 %	13,75 %	12,50 %	7,50 %	2,50 %
4	8	3	12	1	10	11	10	6	2
	3,90 %	1,27 %	10,13 %	8,97 %	18,75 %	13,75 %	15,00 %	6,25 %	6,25 %
5	3	1	8	7	15	11	12	5	5
	9,09 %	2,53 %	6,33 %	10,26 %	16,25 %	20,00 %	15,00 %	6,25 %	3,75 %
6	7	2	5	8	13	16	12	5	3
7	9,09 %	7,59 %	8,86 %	15,38 %	7,50 %	15,00 %	16,25 %	0,00 %	8,75 %

	7	6	7	12	6	12	13	0	7
	19,48 %	16,46 %	5,06 %	7,69 %	7,50 %	15,00 %	8,75 %	5,00 %	1,25 %
8	15	13	4	6	6	12	7	4	1
	18,18 %	18,99 %	2,53 %	16,67 %	11,25 %	2,50 %	10,00 %	5,00 %	5,00 %
9	14	15	2	13	9	2	8	4	4
	15,58 %	43,04 %	3,80 %	11,54 %	6,25 %	5,00 %	3,75 %	3,75 %	5,00 %
10	12	34	3	9	5	4	3	3	4
total	77	79	79	78	80	80	80	80	80
Score	4,06	2,67	6,81	4,86	5,35	5,2	5,29	7,84	7,58
Durch-schnitt	6,94	8,33	4,14	6,14	5,65	5,8	5,71	3,16	3,43

beantwortet	80
übersprungen	30

Tabelle 13: Frage 11: Aspekte der Berufswahl nach Wichtigkeit

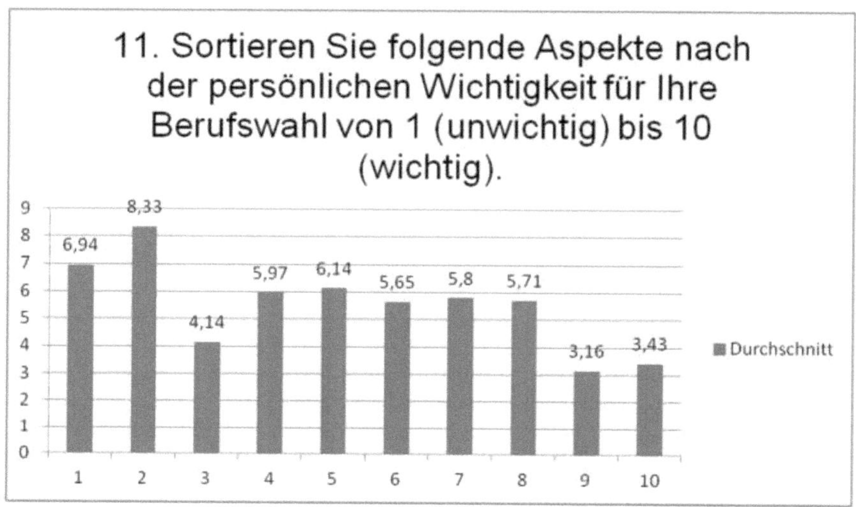

Abbildung 12: Frage 11: Aspekte der Berufswahl nach Wichtigkeit

12. Wie offen für Neues würden Sie sich im Allgemeinen beschreiben?

Antwortmöglichkeiten	Antworten	
sehr offen	62,73%	69
mäßig offen	36,36%	40
nicht offen	0,91%	1
	beantwortet	110
	übersprungen	0

Tabelle 14: Frage 12: Offenheit für Neues

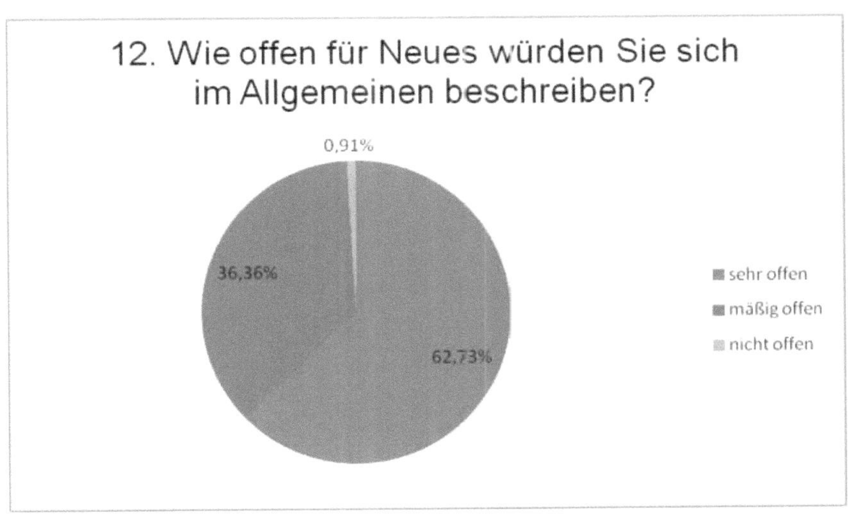

Abbildung 13: Frage 12: Offenheit für Neues

13. Haben Sie in Ihrer beruflichen Laufbahn schon viele organisatorische Veränderungen erlebt?

Antwortmöglichkeiten	Antworten	
ja	63,64%	70
mittel	29,09%	32
nein	7,27%	8
	beantwortet	110
	übersprungen	0

Tabelle 15: Frage 13: Anzahl der organisatorische Veränderungen

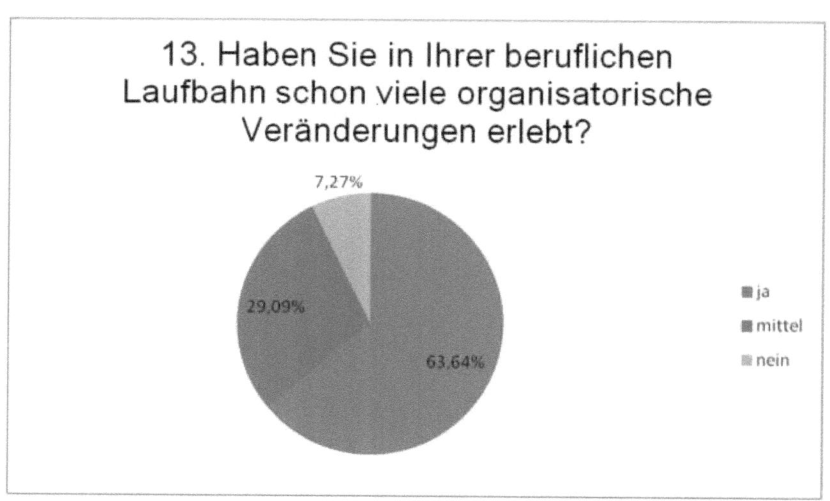

Abbildung 14: Frage 13: Anzahl der organisatorischen Veränderungen

14. Falls Sie schon organisatorische Veränderungen erlebt haben, wie bewerten Sie diese im Nachhinein (in Schulnoten) in Bezug auf folgende Kriterien?

Antwortmöglichkeiten	Erfolg der Veränderung	Effizienz der Veränderung	Verbesserung der Gesamtsituation	Intensität der MitarbeiterInnenbeteiligung	Veränderung hin zu Modernität
	6,45%	5,43 %	6,52 %	4,35 %	8,79 %
1	6	5	6	4	8
	27,96%	17,39 %	22,83 %	8,70 %	28,57 %
2	26	16	21	8	26
	47,31%	42,39 %	36,96 %	36,96 %	41,76 %
3	44	39	34	34	38
	11,83%	23,91 %	19,57 %	31,52 %	10,99 %
4	11	22	18	29	10
	4,30%	8,70 %	9,78 %	15,22 %	5,49 %
5	4	8	9	14	5
	2,15%	2,17 %	4,35 %	3,26 %	4,40 %
6	2	2	4	3	4
Total	93	92	92	92	91

gewichteter Durchschnitt	2,86	3,2	3,16	3,54	2,89
beantwortet	übersprungen				
93	17				

Tabelle 16: Frage 14: Bewertung der Veränderungen

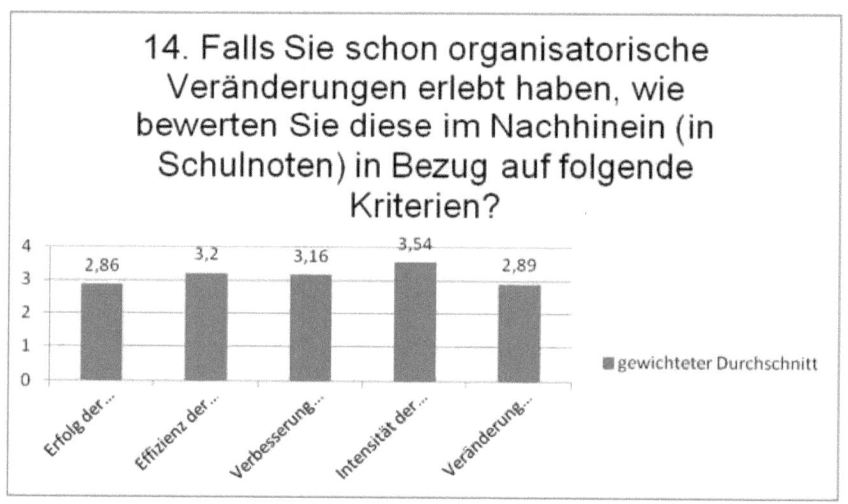

Abbildung 15: Frage 14: Bewertung der Veränderungen

15. Wie groß schätzen Sie die Notwendigkeit für organisationale Veränderungen in Ihrem Unternehmen ein?

Antwortmöglichkeiten	Antworten	
keine Notwendigkeit	0,00%	0
geringe Notwendigkeit	7,48%	8
mittlere Notwendigkeit	42,06%	45
große Notwendigkeit	38,32%	41
sehr große Notwendigkeit	12,15%	13
	beantwortet	107
	übersprungen	3

Tabelle 17: Frage 15: Notwendigkeit für Veränderungen

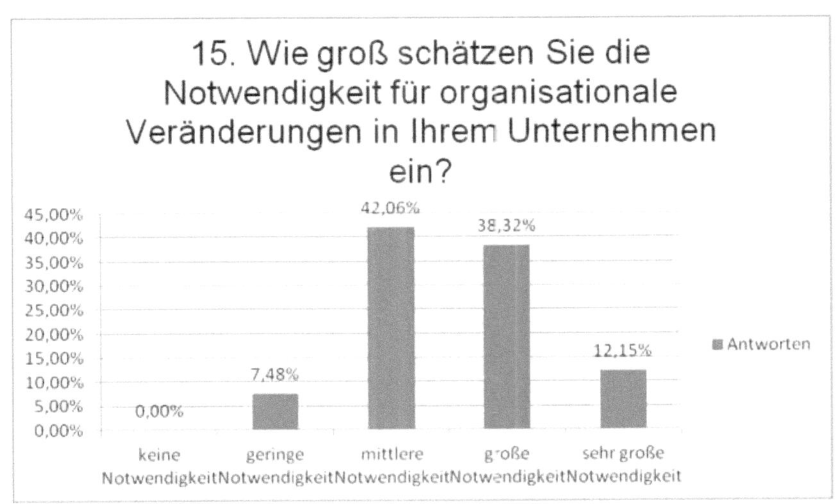

Abbildung 16: Frage 15: Notwendigkeit für Veränderungen

16. In welchen Bereichen bzw. bei welchen Aspekten sollten Ihrer Meinung nach Veränderungen erfolgen?

Antwortmöglichkeiten	Antworten	
Organisation/Struktur	53,85%	56
Abläufe	38,46%	40
Personal	83,65%	87
Sonstiges (bitte angeben)	23,08%	24
	beantwortet	104
	übersprungen	6

Tabelle 18: Frage 16: Bereiche für Veränderungen

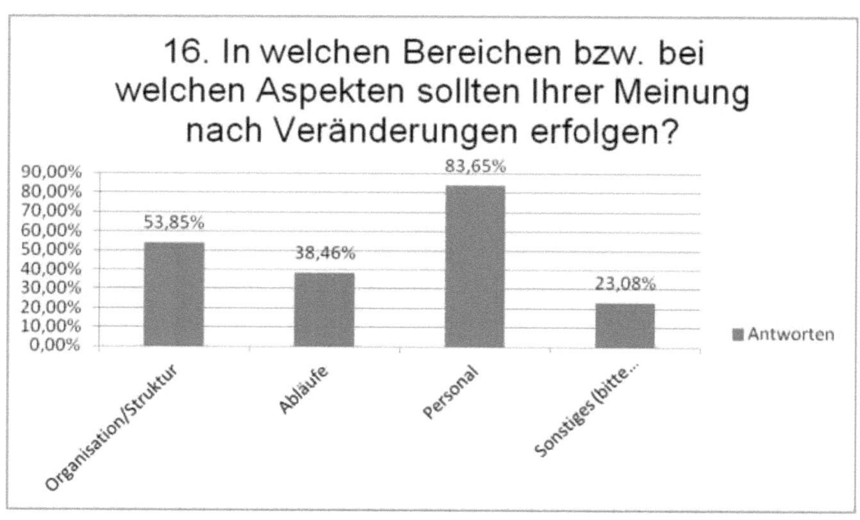

Sonstiges (bitte angeben)
EDV Ausstattung/ modernisierte IT
neue Ausrichtung/ andere Wohnform
spezielle Betreuungsangebote/Inklusion
Personalführung
hohe Fachlichkeit bei Sonderaufgaben
angemessenere Vergütung
direkte Vorgesetzte ist überfordert/ eine Belastung
Modernisierung für Bewohner und Mitarbeiter
Mitsprache der Klienten bei Essensauswahl
angemessenere Vergütung
klarere Kommunikation
mehr Selbstbestimmung der Bewohner
Kommunikation zu Mitarbeitenden (in Teams)
angemessenere Vergütung, bessere Arbeitszeiten für Frauen mit Kind
Dienstzimmer
angemessenere Vergütung
Hilfsmittel
mehr Transparenz/ Nachhaltigkeit
Effektivität z.B. durch Meinung der direkten WG MA verbessern. Effizienz erhöhen in div. Bereichen
Kompetenz der Leitung / Leitungsstruktur
bewohnerbezogen Arbeiten

Abbildung 17: Frage 16: Bereiche für Veränderungen

17. Wenn Sie an Veränderungen in der Zukunft denken, welche Sorgen und Ängste lösen diese bei Ihnen aus?

Antwortmöglichkeiten	Antworten	
weniger Zeit für KlientInnen	77,78%	84
Zunahmen an Dokumentationsaufwand am PC	57,41%	62
immer weniger Personal	74,07%	80
weniger Verdienst	15,74%	17
Arbeitsverdichtung	33,33%	36
Überanstrengung (körperlich: Schmerzen, älter werden, Verschleiß...)	51,85%	56
Überanstrengung (psychisch: mental, Stress, Burnout...)	64,81%	70
Überforderung durch Neuerungen	5,56%	6
es wird zu viel Flexibilität verlangt (Einsatzort, Dienstplanung, Klientel...)	22,22%	24
mehr Konkurrenz	0,93%	1
fehlende Aufstiegschancen	15,74%	17
immer weniger Mitsprachemöglichkeiten	24,07%	26
steigende Verantwortung	24,07%	26
Veränderung des Klientels (älter, jünger, mehr Menschen mit Verhaltensauffälligkeiten...)	41,67%	45
Sonstiges (bitte angeben)	1,85%	2
	beantwortet	108
	übersprungen	2

Tabelle 19: Frage 17: Zukunftsängste

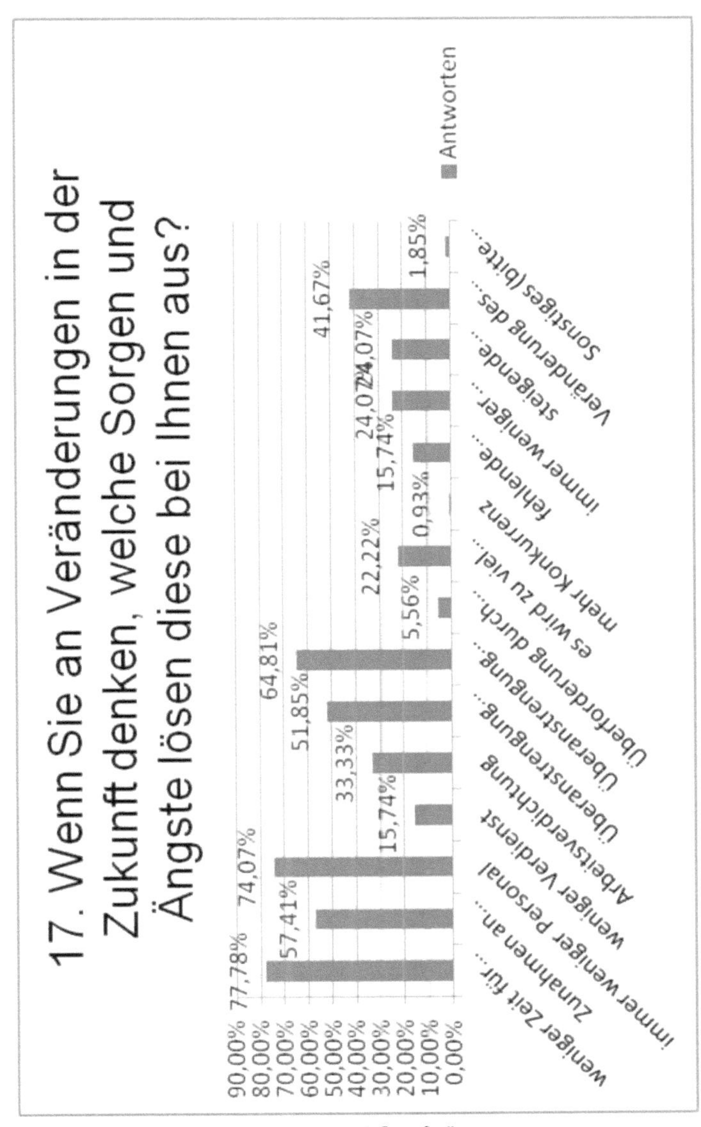

Abbildung 18: Frage 17: Zukunftsängste

18. Welche Chancen und Möglichkeiten sehen Sie in den Veränderungen?

Antwortmöglichkeiten	Antworten	
Entwicklung neuer Wohnangebote (Ambulantisierung, kleine Wohneinheiten, individuellere Wohnformen...)	71,15%	74
besser ausgebildetes, bzw. geschulteres Personal	29,81%	31
Inklusion wird erleichtert	33,65%	35
verbesserte/modernere Hilfsmittel	46,15%	48
vereinfachte Dokumentation durch technische Hilfsmittel	42,31%	44
mehr Verdienst	21,15%	22
sicherere Arbeitsplätze	31,73%	33
flexiblere Arbeitszeiten	14,42%	15
intensivere Zusammenarbeit mit anderen Einrichtungen	24,04%	25
Unterstützung durch SpezialistInnen von außen	38,46%	40
Beförderungen	10,58%	11
individuelle Arbeitsplatzanforderungen/Spezialisierungen möglich	28,85%	30
zukunftsfähiger Arbeitgeber	42,31%	44
Sonstiges (bitte angeben)	6,73%	7
	beantwortet	104
	übersprungen	6

Tabelle 20: Frage 18: Zukunftshoffnungen

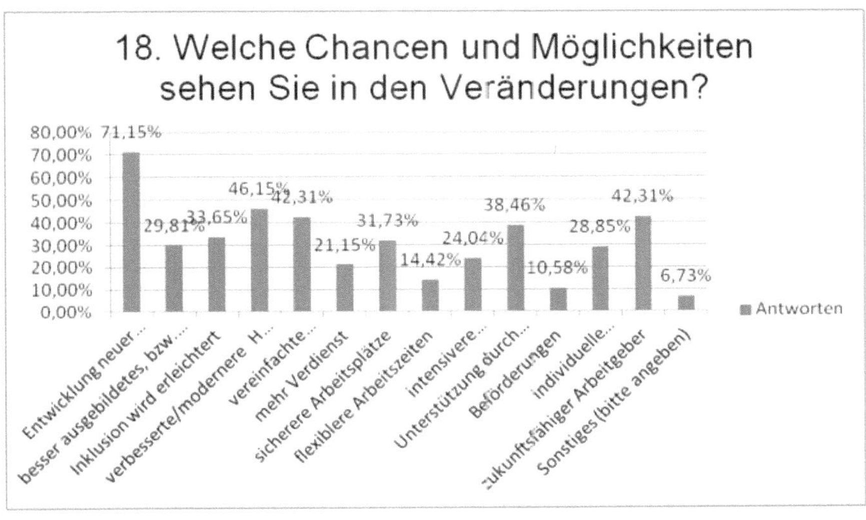

Sonstiges (bitte angeben)
keine
konstantes Stammpersonal
zuverlässigerer Dienstplan, durch mehr Aushilfen
mehr Wertschätzung der MA
Konzentration von Hilfebedarf bei Erweiterung der ambulanten WGs in der alten Wohnform
Spezialisierung auf Klientel mit herausforderndem Verhalten
engagierteres Personal

Abbildung 19: Frage 18: Zukunftshoffnungen

Anhang 3: Leitfaden zu den Interviews

Teil 1: Einleitung

- Hallo und Danke, dass Sie bereit sind, sich von mir zum Thema Organisationsentwicklung in der Behindertenhilfe interviewen zu lassen. Grundsätzlich sichere ich Ihnen natürlich Verschwiegenheit und Anonymität zu, das aufgezeichnete Interview dient lediglich Forschungszwecken. Ich versuche durch meine Arbeit herauszufinden, was die Erfolgsfaktoren für organisatorischen Wandel in unserer Branche sind, was also Veränderungen im Unternehmen erfolgreich macht und hätte deshalb an Sie einige Fragen.

Teil 2: Erfahrung in Bezug auf Veränderungen

- Veränderungen gab es in unserer Branche schon immer und es wird auch weitere Veränderungen geben... Für wie notwendig halten sie aktuell die Bereitschaft zu Veränderungen in Bezug auf das eigene Unternehmen?
- Glauben Sie, dass die Notwendigkeit für Veränderungen insgesamt größer geworden ist?
- Welche Faktoren (z.B. externe, wie gesellschaftliche Veränderungen, oder interne, wie alternde Belegschaft) sind es, die diesen Veränderungsdruck ausüben?
- Was könnten aktuelle Tendenzen in der Branche sein, also welche möglichen Richtungen für Veränderungen sehen Sie?
- In Ihrer beruflichen Laufbahn, gab es da schon viele Veränderungsprozesse? Welche?

- Wie haben sie diese erlebt?
- Hatten sie die Möglichkeit diese bewusst zu gestalten, bzw. mitzugestalten?
- Wie haben sie dies getan?
- Was ist dabei Ihrer Wahrnehmung nach positiv gelaufen?
- Was war negativ?
- Worin sehen sie die Ursachen dafür?
- Was würden Sie beim nächsten Mal anders machen?
- Viele Menschen tun sich erst einmal schwer mit Neuerungen und Veränderungen, das betrifft die MA sicherlich ebenso. Was glauben sie, warum das so ist?
- Es scheinen einige Ängste und Unsicherheiten auf Seiten der MA vorhanden zu sein, besonders, dass es immer weniger Zeit für KlientInnen gibt, sich Arbeit verdichtet usw.…Als wie realistisch sehen sie diese Ängste an?
- Insgesamt gibt es auffallend viele ältere MA, ist dies ein Problem für Veränderungen, oder eher eine Chance?
- Oftmals gibt es eine extrem lange Beschäftigungsdauer (33% über 20 Jahre) und häufig wurde niemals in einem anderen Unternehmen gearbeitet. Das ist ja erst einmal ein sehr positives Zeichen! Hat das Einfluss? Welchen?
- Die Sinnhaftigkeit der ausgeübten Tätigkeit wurde überwiegend als wichtigstes Kriterium für die eigene Tätigkeit genannt, es wird also aufgrund von Überzeugung in dieser Branche gearbeitet. Glauben Sie, dass dies einen Einfluss auf die Bereitschaft zur Veränderung hat?
- Kann das eventuell auch in Veränderungsprozessen genutzt werden?

- 70% hoffen auf neue Wohnformen. Ist das ein mögliches großes Thema?
- Es gibt die These, dass zur Erhöhung der Veränderungsbereitschaft eine Notwendigkeit für bzw. Dringlichkeit von Veränderungen in der Belegschaft geschaffen werden muss, da es sonst wenig Bereitschaft gibt die Komfortzone zu verlassen, als Weg um Selbstzufriedenheit zu begegnen und Bereitschaft für Änderungen zu schaffen. Zumal es wenig Konkurrenz, wenig Krisen und relativ gleichmäßige finanzielle Versorgung durch die Kostenträger gibt. Kann dies ein Weg sein, MA zur Veränderungen zu motivieren?
- Unfreezing (also die Phase vor der eigentlichen Veränderung) wird z.T. als wichtigster Teil bei diesen Prozessen gesehen und als Ausgangspunkt für Veränderungen. Können Sie damit etwas anfangen?
- Oftmals existieren große und alte Träger in diesem Bereich, was hat das für Auswirkungen? Macht das unflexibel?

Teil 3: Eigene Einschätzung

- UN Behindertenrechtskonvention, Inklusion, demografische Entwicklung, Fachkräftemangel, diversitiy... jetzt Bundesteilhabegesetz: wie viel Veränderungsbereitschaft verlangt dies den Trägern ab?
- Wie kann darauf reagiert werden? Wie kann ein Unternehmen sich darauf vorbereiten?
- Was braucht es aus Unternehmenssicht, um sich den Anforderungen erfolgreich stellen zu könne?

- Welche Chancen sehen sie in den anstehenden Veränderungen? Wie können diese transportiert werden?
- Herzlichen Dank für Ihre Offenheit und dieses interessante Interview!

Anhang 4: Transkripte[255]

Anhang 4.1: Interview mit Frau K.[256]

I: Ja, hallo Frau K. und danke, dass Sie bereit sind, sich von mir zum Thema Organisationsentwicklung in der Behindertenhilfe interviewen zu lassen. Grundsätzlich sichere ich Ihnen natürlich Verschwiegenheit zu. Das ist ein anonymes Interview und dient lediglich Forschungszwecken. Durch meine Arbeit versuche ich herauszufinden, was Erfolgsfaktoren für organisatorischen Wandel sind. Besonders eben in unserer Branche. Was also Veränderungen in Unternehmen erfolgreich macht. Darum geht es. Und dazu hätte ich an Sie einige Fragen. Veränderungen gab es in der Branche ja schon immer. Und es wird natürlich auch weiter Veränderungen geben. Und aktuell, für wie notwendig halten Sie es, dass Betriebe die Bereitschaft zeigen, sich zu verändern? Und gerade natürlich das eigene Unternehmen. #00:00:48-0#

B: Für wie notwendig halte ich das? Also, wir müssen uns verändern, weil wir uns der Nachfrage entsprechend anpassen müssen. Also, das Klientel verändert sich, hat sich auch verändert in den letzten Jahren. Und dementsprechend müssen wir natürlich Betreuungsangebote vorhalten, die wir vielleicht noch nicht unbedingt haben. Zum Beispiel Betreuungsangebote für „junge Wilde“[257], so. Da müssten wir zum Beispiel eine Wohngemeinschaft eröffnen, vorher die Mitarbeiter entsprechend schulen und ausbilden lassen. Um diesen Personenkreis auch ein Wohnangebot machen zu können. #00:01:37-6#

[255] Bei den folgenden Interviews wurden die Namen der Einrichtungen von der Autorin entfernt.

[256] Wohnbereichsleitung in der größeren Einrichtung des Einrichtungsverbundes

[257] Begriff, der für Jugendliche und junge Erwachsene genutzt wird, die oftmals neben ihrer kognitiven Einschränkung herausforderndes Verhalten zeigen.

I: Glauben Sie, dass die Notwendigkeit für Veränderung insgesamt größer geworden ist? Oder ist das ein stetiger Prozess? #00:01:46-3#

B: Also, solange ich in der [Name der Einrichtung] bin, gab es eigentlich nie Stillstand. Im Grunde genommen ist es ein Prozess. Es gab ständig Veränderungen. Es gab Organisationsentwicklung, Personalbedarfserhebung, Veränderung natürlich auch baulicherseits, ganz / also vor 25 Jahren die Auflösung der Vierbettzimmer. Dann waren es Doppelzimmer, jetzt sind wir ja bei wirklich allen Bewohnern Einzelzimmer bieten zu können. Also, irgendwann kam das QM-System. Also wir haben laufend Neuerungen, das Hilfebedarf-System, demnächst wird das vermutlich ja auch wieder abgelöst durch das Bundesteilhabegesetz. Da wird es wieder eine andere Dokumentationsform geben und so weiter. Also, Veränderungen hat es immer gegeben. Ob das mehr geworden ist in den letzten Jahren, das kann man subjektiv manchmal vielleicht meinen. Aber ich glaube, bei genauerem Hinsehen war das immer schon so. #00:03:24-6#

I: Welche Faktoren sind es, die diesen Veränderungsdruck ausüben? Es gibt einmal so die externen Faktoren, da haben Sie jetzt ja schon eine Menge genannt. Aber es kann ja auch interne Faktoren geben, sowas wie eine alternde Belegschaft oder Personalmangel. Das sind ja durchaus auch Dinge, die einen gewissen Veränderungsdruck ausüben können. #00:03:43-0#

B: Also, es gibt natürlich, also, sowohl interne Faktoren als auch externe Faktoren. Also, extern natürlich das, was Kostenträger uns vorgeben oder was Gesetze, Gesetzesänderungen uns vorgeben. Wie eben schon gesagt, Bundesteilhabegesetz oder Inklusion vor ein paar Jahren. Das hat natürlich Folgen für uns. Und intern natürlich auch. Man möchte wettbewerbsfähig sein und bleiben. Das war damals ganz klar natürlich auch ein Aspekt, warum wir gesagt haben, wir lassen uns zertifizieren und dann dieses QM-System hier wirklich weit gefächert eingeführt haben. Und genauso verhält es sich mit Wohnangeboten. Also, die Wohnangebote werden ständig erweitert genauso wie vor – ach Mensch, wie lange ist es her, acht Jahre, zehn Jahre –, als wir mit dem ambulant betreuten Wohnen angefangen haben. Das mussten wir zu der Zeit ganz schnell tun, um einen Fuß in der Tür zu haben. Weil andere Einrichtungen, Lebenshilfe und so weiter, da auch mit anfingen und teilweise in Landkreisen schon sehr aktiv waren. Und da mussten wir einfach uns schnell entschließen, das anzubieten. Weil irgendwann kriegt man sonst da in dem Sektor keinen Fuß mehr rein. #00:05:19-9#

I: Wenn ich das so höre, dann haben Sie ja schon einiges an Veränderungsprozessen in Ihrer Laufbahn hier erlebt. #00:05:25-1#

B: Ja. #00:05:26-9#

I: Wie haben Sie diese erlebt? Also hatten Sie die Möglichkeit, die bewusst mitzugestalten? Oder sind die überhaupt bewusst gestaltet worden oder ist das eher was, was passiert ist? #00:05:38-2#

B: Also in der Regel ist es ja so, dass, wenn die Entscheidung getroffen wurde, also zum Beispiel wir wollen ambulant betreutes Wohnen anbieten, so, die wird ja irgendwann auf Vorstandsebene in der Regel getroffen. Und dann gibt es zu diesen Themen Zirkel. Das machen wir ja nun schon seit zwanzig Jahren ungefähr. Und dann kann man sich überlegen, ob man daran mitarbeiten will und diese Prozesse mitgestalten will. Häufig sind es viele Funktionsträger, die in diesen Zirkeln mitarbeiten. Was, glaube ich, auch daran liegt, dass Mitarbeiter da von diesen Themen in der Regel wirklich weit entfernt sind, so. Es gibt natürlich vereinzelt Mitarbeiter, die sich da auch ständig informieren und auf dem Laufenden halten, was auch in der Politik gerade so angesagt ist, auf dem sozialen Sektor. Und die sich dann Gedanken dazu machen und sich vielleicht auch überlegen, was könnte das für unsere Einrichtung hier für Folgen haben. Aber ich würde sagen, das Gros der Mitarbeiterschaft eher weniger. Und deshalb sind in diesen Zirkeln, ich würde mal sagen, mindestens 75 Prozent eigentlich immer Funktionsträger vertreten. #00:07:20-0#

I: Also viel Leitung? #00:07:21-2#

B: Ja. #00:07:21-7#

I: Wenn Sie sich diese Prozesse, die Sie hier begleitet haben, so im Nachhinein angucken. Was, würden Sie sagen, ist daran positiv verlaufen? #00:07:29-8#

B: Was ist positiv? Also, im Nachhinein betrachtet / Also, im ersten Moment ist natürlich Veränderung ganz oft so mit dem Gefühl verbunden, ah, noch mehr Arbeit, vielleicht auch Unsicherheit. Was kommt da auf einen zu? Haben wir dadurch mehr Arbeit? Noch wieder mehr Belastung oder mehr Verantwortung? Oder so. Also es gibt natürlich häufig erstmal Vorbehalte oder Gedanken, so Ängste. Im Nachhinein betrachtet, ist es einfach so, dass die Vorteile ganz klar überwiegen. Weil, wenn wir diese ganzen

Veränderungen, die wir in diesen ganzen Jahren hier hatten, wenn wir die nicht mitgemacht hätten, dann wären wir außen vor. Dann hätten wir nicht die Belegung, die wir heute haben. Wir hätten nicht die Vielfalt an unterschiedlichsten Wohnangeboten. Da wären wir wahrscheinlich weg vom Markt. #00:08:53-0#

I: Abgehängt, nicht? #00:08:54-3#

B: Ja. #00:08:55-1#

I: Gibt es auch Sachen, wo Sie sagen würden, das ist nicht gut gelaufen? Das war negativ? #00:08:59-5#

B: Also das kann man so pauschal nicht beantworten. Also es ist natürlich so, dass bei diesen ganzen Veränderungen und dieser ständigen Entwicklung Mitarbeiter häufig das Problem haben, da Schritt zu halten. Also da wirklich mitzukommen. Die ganze Dokumentation / also, wenn ich überlege, dass wir vor zehn Jahren noch handschriftlich Buch geführt haben, um irgendwelche bewohnerbezogenen Belange irgendwie zu dokumentieren und das, wie wir es heute machen, das sind ja Welten. Und es läuft natürlich auch alles über PC. Und da haben Mitarbeiter teilweise schon große Schwierigkeiten. Mit diesen ganzen Veränderungen. Also, das eine ist diese ganze Technisierung. PCs, also Medien, die überhaupt bedienen zu können. Dann natürlich die inhaltlichen Ansprüche, HMB-W-Verfahren, was noch immer nicht bei allen Mitarbeitern verinnerlicht und verstanden ist. Die kommen da einfach nicht mehr mit. Und ich höre auch immer wieder, dass Mitarbeiter auch sagen, bei aller Dokumentation und / also insgesamt, diese ganzen administrativen Tätigkeiten, „wir möchten aber auch noch die Bewohner betreuen". So. Und das finde ich problematisch. #00:10:57-1#

I: Im Grunde haben Sie damit schon meine nächste Frage schon beantwortet. Warum es so ist, dass sich Mitarbeiter zum Teil so schwertun? Also ein Ergebnis der Fragebögen war, dass Ängste und Unsicherheiten vorhanden sind, was die Zukunft angeht. Und dass die besonders darum kreisen, dass immer weniger Zeit für die Klienten und Klientinnen da ist. Sich die Arbeit verdichtet und so weiter. Glauben Sie, dass das realistische Ängste sind? #00:11:23-3#

B: Ja, finde ich schon. Doch. Weil ich das selber auch sehe. Also ich habe ja nun auch zwanzig Jahre in den Wohngemeinschaften gearbeitet. In ganz unterschiedlichen Wohngemeinschaften. Und auch da war es zu der Zeit schon / Also es war bis 2000, dass ich in Wohngemeinschaften gearbeitet habe. Und da war es schon so, dass auch ich gesagt habe, also es gibt immer mehr Konferenzen, Besprechungen, Entwicklungsberichte, Förderplanung, Hilfeplanung, das gab es da ja auch schon. Und ich teilweise das Gefühl hatte, ich sitze eben nur noch am Schreibtisch. So. Und die Betreuung, die läuft hier irgendwie nebenher. Weil, ja, weil alles dokumentiert werden muss. So. Und sehr viel Zeit ging drauf natürlich für die Dienstplanung. Die Dienste überhaupt absichern zu können. Also, sich täglich wieder neu drauf einzustellen durch Ausfälle bei den Mitarbeitern. Ja. #00:12:39-4#

I: Insgesamt gibt es auffallend viele ältere Mitarbeiter in dieser Branche. Auch anders als in anderen Branchen. Ist das ein Problem bei Veränderungen oder kann das auch eine Chance sein? Oder spielt das Alter vielleicht keine Rolle? #00:12:54-1#

B: Ich würde sagen, sowohl als auch. Es gibt ältere Mitarbeiter, die sich schwertun mit Veränderungen. Und es gibt ältere Mitarbeiter, die Dingen ganz offen gegenüberstehen und die auf Grund ihres Alters da auch einfach ein bisschen ruhiger und gelassener wiederum herangehen. Und sich da nicht so schnell Angst machen lassen. Weil sie einfach reifer und erfahrener sind und sich denken, „na ja, also, das wird schon irgendwie / es ist schon. Es ist immer irgendwie gegangen." Und die da einfach ein bisschen entspannter rangehen. #00:13:32-7#

I: Auffallend fand ich auch, dass zum Teil, zum größten Teil, lange Beschäftigungs-Dauern vorhanden sind. Das waren 33 Prozent der hier Arbeitenden sind über zwanzig Jahre im Unternehmen. Das ist ein sehr, sehr hoher Prozentsatz. Und über die Hälfte hat niemals in einem anderen Unternehmen gearbeitet. Das ist ja erstmal ein ganz, ganz positives Zeichen. Aber hat das auch Einfluss auf Veränderungsprozesse? #00:13:55-9#

B: Ob es Einfluss auf Veränderungsprozesse hat, wenn Mitarbeiter hier so lange beschäftigt sind? #00:14:09-1#

I: Ja. Es gibt ja so diesen Begriff der Betriebsblindheit irgendwann oder solche Geschichten. #00:14:16-8#

B: Also betriebsblind / es gibt sicherlich Mitarbeiter auch, die betriebsblind sind. Aber dadurch, dass die [Name der Einrichtung] so groß ist und so viele unterschiedliche Bereiche hat und man so viele Möglichkeiten hat, sich auch innerhalb der [Name der Einrichtung] immer wieder zu verändern.

Also, ich muss ja nicht zwanzig Jahre in ein und derselben Position oder in ein und derselben Wohngemeinschaft beschäftigt sein. Das liegt ja an jedem selbst, ob man sich trotzdem verändert. Auch wenn ich über dreißig Jahre in der [Name der Einrichtung] bin, habe ich mich sehr oft verändert. Ich habe in sehr vielen Wohngemeinschaften gearbeitet. Ich habe an Projekten mitgearbeitet. Ich war eigentlich immer in Bewegung. Und natürlich kann man auch sagen, also, ich mache eben die dreißig Jahre ein und dasselbe und hab gar kein Interesse eben, was anderes mit zu gestalten oder so. Das kann ich Ihnen nicht / das kann ich nicht wirklich beantworten. #00:15:30-4#

I: Bei den Fragebögen wurde Sinnhaftigkeit als häufigstes Kriterium dafür genannt, in diesem Bereich zu arbeiten. Das heißt, dass hier Menschen arbeiten, die schon so sowas wie eine gewisse Überzeugung haben. Hat das Einfluss auf Bereitschaft zur Veränderung? So, ich stelle mir einfach vor, jemand der am Fließband arbeitet. Wenn da ein neues Produktionsverfahren eingeführt wird, dass das ja erst mal egal ist oder nicht so intensiv empfunden wird. Sehen Sie das auch so, oder? #00:16:01-6#

B: Dass die Sinnhaftigkeit der Tätigkeit der Antrieb ist in dieser Firma, also in der [Name der Einrichtung] zu bleiben? #00:16:18-0#

I: Ja. Oder überhaupt mit behinderten Menschen zu arbeiten und dass diese innere Überzeugung vielleicht auch Veränderungsprozessen im Weg stehen kann? Weil letzten Endes, jede Veränderung hinterfragt ja dann die eigene Überzeugung. #00:16:33-0#

B: (...) Die können wir noch mal zurückstellen, die Frage. #00:16:46-2#

I: Gut. Klar. 70 Prozent der Befragten hoffen auf neue Wohnformen und sagen, dass das eine große Chance für die Zukunft ist. Ist das eventuell das nächste große Thema? #00:16:56-6#

B: Ja. Da sind wir ja schon mittendrin. Das ist ja das, was ich zu Beginn schon sagte. Also allein die Veränderung des Wohnens innerhalb der [Name der Einrichtung], die wir schon durchlebt haben. Es geht ja immer weiter. Also jetzt mit [Ortsname][258] war der nächste Schritt, die Wohnsituation in der [Name der Einrichtung] einfach zu verbessern. Und Veränderung in den Wohnformen? Also wir haben, ist auch schon weit über zwanzig Jahre her, angefangen mit Leben in der Gemeinde. Da gab es noch gar kein ambulant betreutes Wohnen. Also raus aus der Kerneinrichtung, rein in die Gemeinde oder in die Stadt, Wohngemeinschaften in [Ort in der Nähe], ist auch ein gutes Beispiel. Jetzt ist es [Ort des neuen Wohnheims], dann kommt [Ortsname][259] dazu. Ambulant betreutes Wohnen, das wird weitergehen. Auf jeden Fall. #00:18:00-6#

I: Es gibt, wenn man sich mit Veränderungsprozessen beschäftigt, die These, dass, bevor im Grunde eine Veränderung stattfinden kann, die Veränderungsbereitschaft dadurch erhöht wird, dass man ein Gefühl der Dringlichkeit, der Notwendigkeit in der Belegschaft erzeugt. Im Grunde, damit Menschen bereit werden, die Komfortzone zu verlassen. Zumal es bei uns in der Branche ja wenig Konkurrenz gibt, wenig Krisen. Der Kostenträger sorgt für eine relativ gleichbleibende finanzielle Versorgung. Kann dies vielleicht ein Weg sein, Mitarbeiter zu motivieren, sich auf Veränderungen einzulassen? #00:18:33-6#

B: Ja. #00:18:34-6#

I: Ja. #00:18:35-1#

B: Also ich glaube, dass man Veränderung so an die Mitarbeiter heranbringen muss, dass der Mitarbeiter den Eindruck hat, dass es auch für ihn Vorteile bringt. Und wenn jemand das Gefühl hat, „da habe ich einen persönlichen Vorteil von", dann kann ich ihn da auch von überzeugen. #00:19:11-0#

I: Ja. In dem Zusammenhang gibt es auch die These, dass das Unfreezing, das sogenannte, das heißt die Phase vor der eigentlichen Veränderung, der zentrale Teil dieses Prozesses ist. #00:19:23-8#

---

[258] Die Einrichtung hat in einer kleinen Gemeinde im Umland im vergangenen Jahr ein Wohnheim außerhalb des Kerngeländes eröffnet.
[259] Die Einrichtung plant ein weiteres Wohnheim in einer weiteren Gemeinde zu bauen.

B: Ja. #00:19:24-4#

I: Würden Sie das auch so sehen? #00:19:24-9#

B: Ja. Ja. #00:19:25-9#

I: In dieser Branche existieren viele große und alte Träger. Da wenn man irgendwie Diakonie nimmt oder Caritas. Macht das die Branche insgesamt etwas unflexibel? #00:19:37-6#

B: Also, so aus dem Bauch raus würde ich sagen, ja. #00:19:49-8#

I: Eben fielen schon einige Schlagworte: die UN-Behindertenrechtskonvention, Inklusion, demographische Entwicklung, Fachkräftemangel, Diversity. Jetzt Bundesteilhabegesetz. Das verlangt den Trägern ganz viel Veränderungsbereitschaft ab, oder? #00:20:07-6#

B: Ja. #00:20:08-5#

I: Was glauben Sie, wie kann ein Unternehmen sich darauf vorbereiten? #00:20:12-4#

B: Na ja, ob man sich darauf vorbereiten kann, ist ja immer davon abhängig, wie viel Vorlauf man hat. Und wie viel Zeit man hat, dann Dinge auch umzusetzen. Wie kann sich ein Unternehmen drauf vorbereiten? Also ich glaube, dass insbesondere die Vorstände sich intensiv damit auseinandersetzen müssen, was in der Branche so los ist. Was in der Politik diskutiert wird, auch wenn es noch keine Gesetzesänderungen gibt. Aber was wird diskutiert? Einzuschätzen, was könnte auf uns zukommen? Das, würde ich sagen, steht am Anfang. Sich darauf vorzubereiten. #00:21:10-1#

I: Sie haben eben schon einmal gesagt, dass Veränderungen ja auch Chancen beinhalten. Mich würde mal interessieren, was denken Sie, wie kann man das transportieren? Wie kann man das den Mitarbeitern klarmachen? #00:21:22-6#

B: Wie kann man das? Ja, also erst mal glaube ich, muss man erst mal das Wissen vermitteln. Und man muss die Mitarbeiter mitnehmen. Also im Gespräch bleiben, aufklären, informieren, appellieren, die Vorteile hervorheben. #00:21:56-3#

I: Ja, dann danke ich Ihnen ganz herzlich für die Offenheit und für das Interview und bedanke mich. #00:22:00-9#

B: Bitte schön. #00:22:02-1#

Anhang 4.2: Interview mit Herrn B.[260]

I: Ja, erst einmal Hallo und danke, dass Sie sich bereit erklärt haben, sich von mir interviewen zu lassen. Das Thema ist: Organisationsentwicklung in der Behindertenhilfe. Ganz grundsätzlich sichere ich Ihnen hiermit schon mal Verschwiegenheit und Anonymität zu. Das aufgezeichnete Interview dient lediglich Forschungszwecken. Ich versuche, durch meine Arbeit herauszufinden, was die Erfolgsfaktoren für organisatorischen Wandel sind. Das heißt, was Veränderungen in unserer Branche erfolgreich macht. Veränderungen gab es in der Branche ja schon immer, und es wird auch weiter Veränderungen geben. Für wie notwendig halten Sie die aktuelle Bereitschaft in Bezug auf Veränderungen für das eigene Unternehmen jetzt? #00:00:42-5#

B: Ja, Veränderungen hat es immer gegeben und wird es auch immer wieder geben. Ich glaube, dass wir im Moment in einer Zeit sind, wo sich verschiedene Prägungen, die letztendlich über den Gesetzgeber kommen, auch über Paradigmenwechsel, die Behindertenhilfe im Moment in einem eher rasanten Veränderungsprozess ist. Ich sehe da einfach das Bundesteilhabegesetz, ich sehe die Behindertenrechtskonvention, die da letztendlich, oder so, das Bundesteilhabegesetz in der Umsetzung ist. Und wenn ich letztendlich merke oder die ganzen Fachforen, die man im Moment besuchen kann zu diesem Thema, sehe, was da an Veränderungen auf uns zukommt, weiß ich einfach, dass das nicht nur letztendlich in der Verwaltung eine administrative Veränderung sein wird, sondern damit soll ja auch bewirkt werden eine Veränderung in der Haltung von Mitarbeitern und der Sichtweise auf behinderte Menschen in der Gesellschaft. Und so gesehen sind solche Veränderungen im Moment eher größer. Ich sehe auch noch alte Tendenzen, die also Veränderungsprozesse, die seit langer Zeit laufen, wo ich glaube, dass wir da längst noch nicht am Ende sind, wie zum Bespiel solche Themen wie Ambulantisierung. Ich sehe Veränderungsprozesse auf uns zukommen, weil wir letztendlich mit einer veränderten Bewohnerschaft in Zukunft zu tun haben werden. Die Behinderungsbilder verändern sich, die Fachlichkeit, mit der wir letztendlich auf diese Veränderungen reagieren müssen, oder die erforderliche Fachlichkeit bewirkt letztendlich, dass wir uns weiterentwickeln müssen. Und das sind Dinge, die immer auch in einem Veränderungssoll sind. Abgesehen davon darf man/ Veränderungen wird ja

[260] Herr B. arbeitet als Geschäftsführer des Einrichtungsverbundes.

auch noch durch ganz andere Themen, also Digitalisierung wird hier mit Sicherheit auch noch mal zu großen Veränderungsprozessen führen. Veränderungsprozesse, ich sage mal, nicht nur für die Behindertenhilfe, sondern noch mal genauer, ein bisschen genauer jetzt dahin guckt, es sind auch einfach Veränderungen, die sich in der Organisationsstruktur in Zukunft ergeben werden. Wir haben viele Mitarbeiter in jetzt leitenden Positionen, die in den nächsten Jahren ausscheiden werden. Immer auch eine Situation, wo man sich dann gucken muss, okay, sind die Zuschnitte der verschiedenen Bereiche so gut gefunden, oder muss man dann vielleicht auch nochmal den überdenken, was das Organigramm angeht. Veränderungsprozesse, die ich sage mal, ja so gesehen sind Veränderungsprozesse einfach vielfältig. Haben auch einen vielfältigen Anlass. Aber im Moment wirklich nicht zu wenig davon. #00:03:40-7#

I: Das heißt, wenn ich Sie richtig verstehe, würden Sie schon sagen, dass die Notwendigkeit, sich zu verändern, insgesamt größer geworden ist? #00:03:45-2#

B: Ja. #00:03:45-9#

I: Ja. #00:03:48-2#

B: Im Moment hat sie eine relativ hohe Bedeutung. Ich glaube, die Notwendigkeit, sich zu verändern, ist seit Jahrzehnten so, spätestens seit Anfang der 90er Jahre, aber ich glaube, die Dynamik, die jetzt in den nächsten Jahren von uns gefordert ist, die ist nochmal erhöht gegenüber dem, was in der Vergangenheit war. Und wenn man letztendlich mal zurückblickt auf die Behindertenhilfe, haben die Veränderungen, die, ich sage mal, sich über 20, 30, 40 Jahre vollzogen haben, ja auch tatsächlich zu veränderten, zu unserem, bei uns zu verändertem Handeln geführt einfach, ne? #00:04:22-0#

I: Sie haben jetzt schon einige Faktoren genannt, die letzten Endes so eine Art Veränderungsdruck auch auf die Branche ausüben. Also es waren jetzt viele externe Faktoren, die Sie genannt haben. Würden Sie sagen, es gibt auch interne Faktoren? #00:04:35-5#

B: Mhm (bejahend), da habe ja eben gemeint, dass letztendlich in leitenden Positionen Leute ausscheiden. Wir haben ja Organisationsumbau, der, ich sage mal, bedingt ist durch diesen Konversionsprozess. Wir werden hier an diesem Standort kleiner, kleinere Standorte kommen dazu. Das bedeutet natürlich auch eine Strukturveränderung und dann auch insgesamt. Wir sind immer mit der Frage, müssen wir uns beschäftigen: Ist das Angebot, was wir für behinderte Menschen vorhalten, noch richtig gefunden? Gibt es Dinge, die wir hinzunehmen sollten? Gibt es Dinge, wo wir womöglich sagen sollten: Naja, vielleicht ist das nicht mehr unser Handlungsfeld in Zukunft? Und da sehe ich auch auf jeden Fall noch mal einiges an Veränderungen auf uns zukommen, die Angebotsstruktur wird sich verändern, ja auch häufig ausgelöst durch externe Geschichten. Also ich denke da jetzt gerade ans Stärkungsgesetz, eins, zwei drei, die, ich sage mal, doch stärker in die Behindertenhilfe, gerade in den ambulanten Bereich, reinspielt, als wir uns das vielleicht wünschen, auch vorstellen. Auch da wird es Veränderungen geben. #00:05:55-9#

I: In Ihrer beruflichen Laufbahn hat es ja sicherlich schon viele Veränderungen gegeben. Gibt es irgendwelche, die Ihnen da besonders in Erinnerung geblieben sind? #00:06:03-3#

B: Es ist ja häufig so, dass das, was als erstes so passiert ist an größeren Dingen, also es sind für mich immer so/ die stärksten Veränderungen werden dadurch ausgelöst, dass tatsächlich ein gesetzlicher Rahmen sich ändert. Also ich erinnere mich noch an das, dass Vergütung nicht mehr über Selbstkostenblatt, sondern prospektiv verhandelt werden soll. Und das ist eine deutliche Veränderung gewesen. Aber auch so etwas wie die Einführung der Pflegeversicherung, das Hineinwirken in die Behindertenhilfe, die Hilfeermittlungsverfahren, Veränderungen, die dadurch entstanden sind, dass der Kostenträger wesentlich mehr an Steuerungsfunktionen übernimmt. Das sind so Veränderungen, die auf jeden Fall mir in Erinnerung sind, naja. Und ich sage mal, für mich persönlich auch hat Veränderung auch nur bedeutet oder Veränderung ist immer auch ausgelöst worden durch Wachstum der Einrichtungen, also nicht nur wir, sondern auch bei meinem vorherigen Arbeitgeber, wo so ein Wohnheim nach dem nächsten gebaut wurde, und sich im Prinzip das in einem ständigen, über 10, 15, 20 Jahre in einem ständigen Anpassungs- und Veränderungsprozess befunden hat. #00:07:24-8#

I: Hatten Sie in diesen Veränderungsprozessen selbst die Möglichkeit, bewusst zu gestalten? #00:07:33-0#

B: Da hatte ich kurzerhand die Funktion zu, um das zu machen, ja. Die sind von mir angeregt worden, von mir gestaltet worden. Aber das hat sich über die beruflichen Jahre hat das einfach zugenommen. Also zu Anfang ist man Denker letztendlich, ganz zu Anfang fängt man an, in einen

Veränderungsprozess einzusteigen, indem man zu einem Arbeitgeber geht, wo man Verantwortung übernimmt. Und letztendlich ist es dann so, dass man irgendwann auch Veränderung gestalten muss. #00:08:00-7#

I: Wie haben Sie das erlebt? Also was ist in Ihrer Wahrnehmung danach positiv gelaufen zum Beispiel? #00:08:05-9#

B: Wie ich das erlebt habe? #00:08:06-7#

I: Ja. #00:08:07-3#

B: Da würde ich als allererstes sagen, also Veränderung bedeutet ja immer auch ein Stück Unsicherheit. Weil, man sieht eine Veränderungsnotwendigkeit, weiß aber auch gar nicht so genau, ist die denn jetzt eigentlich wirklich so gegeben, wie man es glaubt und scheint? Ich glaube, dass ich ganz zu Anfang im Prinzip/ Also ich musste schon lernen, dass viele Säue durchs Dorf getrieben werden und man nicht immer genau sagen kann also wie viel Substanz das eine oder andere. Also ich erinnere mich auch an ganz viele Dinge, wo theoretisch eine Veränderung hätte erfolgen müssen, die aber letztendlich irgendwann in der Bedeutungslosigkeit verschwunden sind eben so. Es ist schon wichtig, da letztendlich auch ein Gefühl für zu kriegen, was ist wirklich eine Veränderung, die uns nachhaltig fordert. Ich habe mir mal irgendwann so überlegt, also für mich persönlich habe ich da einfach einen Stil gefunden. Also ich war sicherlich mal jemand, der gedacht hat, okay bei jeder Veränderung musst du ganz vorne und sofort dabei sein. Das kostet wahnsinnig viel Kraft dann. Und man hat dann so auch/ oder ich habe dann auch häufiger erfahren, okay der Aufwand hat nicht gelohnt, weil letztendlich das nicht durchgängig sich verändert hat oder Dinge auch wieder zurückgedreht wurden. Habe dann so für mich die persönliche Formel gehabt: Du musst so, wenn du an so einen Veränderungsprozess Einrichtungen zu 100 Prozent siehst, du musst ungefähr in einer Marge sein, wo du, ich sage mal, von 100 Einrichtungen, die, ich sage mal, Fünfundzwanzigste bis Dreißigste bist, das zu machen. Nicht danach und aber auch nicht großartig davor. Also vielleicht auch Dinge auch einfach erstmal abwarten zu können. Aber ich weiß jetzt gar nicht mehr, was Ihre Frage war. #00:10:08-8# #00:10:18-6#

I: Was bei den Veränderungsprozessen, die Sie erlebt haben, was Sie da als positiv empfunden haben. #00:10:12-5#

B: Was ich als positiv empfunden habe ist, dass diese Veränderungsprozesse in der Region immer dazu geführt haben, dass sich die Lebensverhältnisse von behinderten Menschen, und dafür habe ich irgendwie viele Jahre gearbeitet, einfach verbessert haben. Dass Angebote dazugekommen sind, dass Bedingungen, also Lebensbedingungen für behinderte Menschen, deren Lebensqualität einfach dadurch gesteuert wird. Und das hat auch den Spaß einfach gemacht. Diese Veränderungsprozesse letztendlich auch anzugehen. Und natürlich ist es auch ein gewisser Stolz, den man haben darf, wenn man das Gefühl hat, das kann man allerdings immer noch mal rückblickend machen, wenn man mit etwas fertig ist. Also bei meinem vorherigen Arbeitgeber, dann nach elf Jahren da ausgeschieden zu sein, und auf das zurückzublicken, was passiert ist, darauf ist man dann stolz einfach. Und dann macht es auch Freude, ja? #00:11:12-9#

I: Ja. Gibt es auch Sachen, wo Sie sagen würden, das nehmen Sie mit und würden Sie beim nächsten Mal anders machen? #00:11:18-5#

B: Ja, Gott sei Dank. Also weil, also ich glaube, das gilt fast für alle Veränderungsprozesse, dass man mit vielen Jahren in der Rückbetrachtung sagen kann: Okay, das könnte man oder das sollte man oder das würde ich in Zukunft anders machen. Aber das ist ja eine relativ einfache Weisheit. Das gilt ja immer fürs Leben letztendlich. Trotzdem ist man in einer Situation immer gefordert zu handeln. Und ja, das sind Kleinigkeiten. Also wenn Neubauten angestanden haben, das sind Kleinigkeiten, da hat man immer das Gefühl, okay, das hättest du letztendlich besser machen können, aber natürlich ist auch immer die/ erst am Ende beantwortet sich die Frage, hat sich die Energie, die du reingesetzt hast, auch gelohnt letztendlich in Bezug auf das, was als Ergebnis dabei rausgekommen ist. Aber das sind immer Dinge, die kann man immer nur beantworten, wenn sie dann gewesen sind. Und wie gesagt, das, was ich schon daraus gelernt habe, ist ungefähr das, was ich eben gesagt habe. Weil man muss nicht bei den Allerersten sein. Aber man sollte auch nicht weit tiefer als Platz dreißig zurückfallen. Weil, diesen guten Zeitpunkt letztendlich zu finden, das ist immer etwas, wo ich denke, das ist wichtig. #00:12:49-5#

I: Grundsätzlich ist es ja so, dass sich viele Menschen erstmal mit Neuerungen, Veränderungen erst mal immer ein bisschen schwer tun. Das betrifft Mitarbeiter ja auch oftmals. Was glauben Sie, warum ist das so? #00:13:01-5#

B: Ich glaube, dass das sogar Mitarbeiter, die in der Sozialwirtschaft arbeiten, die letztendlich verantwortlich sind für andere Menschen, dass denen das nochmal besonders schwerfällt manchmal, weil sie haben ein Erleben mit den Menschen. Ich glaube auch, dass Veränderungen in einem Betreuungsbereich immer mehr bedeutet, als wenn ich beim Finanzamt eine, ich sage mal, eine Veränderung erlebe, insofern, als dass irgendwie ein Prozess verändert wird, den ich abarbeiten soll. Ich lebe mit Menschen zusammen, habe eine Bindung, habe eine Beziehung mit denen und bewerte die Dinge einfach aus dieser Beziehung heraus und drum herum. Bin relativ schnell bei der Frage, was wird das letztendlich den behinderten Menschen nützlich sein? Wenn das klar und plausibel ist, glaube ich, geht das relativ gut. Dann kann der es nachvollziehen. Aber ich habe natürlich auch meine Bedenken. Also ich habe es auch immer erlebt, also jede Art von Veränderung, und wenn sie fachlich noch so geboten schien, es gab immer Menschen, die gesagt haben: Das kannst du nicht machen, das schaffen die nicht, das wird zu viel, und so weiter und so fort. Also es gibt da immer eine sehr eigene Wahrnehmung von dem, was ich mache. Es gibt auch ein geschlossenes System. Und ich glaube, das ist/ das macht es so schwierig. Zumal also Veränderungen auch, das ist ein weiterer Faktor, immer auch eine Zusatzanstrengung bedeutet. Oder viele Menschen nehmen da immer/ letztendlich die Veränderung an sich ist ja, fängt ja im Kopf an, aber letztendlich führt das ja auch immer zu anderen Handlungsweisen. Also ich muss meine Routine verlassen. Und ich glaube, das ist etwas, was auch Veränderungsprozesse immer schwierig macht, weil, gerade im sozialen Bereich viele Menschen sind, die einfach gerne in ihren Strukturen und Routinen weiterarbeiten möchten, weil es gibt ihnen Sicherheit und führt auch dazu, diese Sicherheit und diese festen Strukturen führen eben auch dazu, dass der Aufwand, auch der Kraftaufwand, den ich betreiben muss, einfach mäßig ist. Und das in einem System, was ja insgesamt für die soziale Arbeit einfach nicht ein Zuviel an Ressourcen hat. #00:15:48-8#

I: Das deckt sich erst mal mit den Ergebnissen der Umfrage, die ich gemacht habe. Da wurden natürlich auch Ängste und Unsicherheiten abgefragt, und ganz wesentlich war, dass es immer weniger Zeit für die Klienten und Klientinnen gibt. Dass sich die Arbeit weiter verdichtet. Glauben Sie, dass das realistische Zukunftsängste sind? #00:16:08-5#

B: Ich glaube, dass das realistisch/ also objektiv betrachtet, kann man da schon ein Fragezeichen dahinter machen. Weil, wenn ich mir anschaue, also egal, ob ich jetzt uns als Einrichtung nehme oder die Behindertenhilfe in [Name des Bundeslandes] insgesamt. Es haben, gemessen an dem, wie viel

Menschen letztendlich zum Beispiel im stationären System betreut werden, noch nie so viele Mitarbeiter da gearbeitet, wie das heute der Fall ist. Schon gar nicht in den glorreichen 70er, 80er Jahren. Also noch nie waren so viele Menschen letztendlich an Bord. Es ist sicherlich so, dass auf der anderen Seite die Anforderungen an diese Systeme auch gestiegen sind, dass der Aufwand, alleine der Dokumentationsaufwand, wenn man das mit den 80er Jahren vergleicht, da wurde mal irgendwie, da gab es so ein Tagebuch, das war irgendwo, da wurden für den ganzen Früh- oder Spätdienst wurden da drei Sätze reingeschrieben. Oder womöglich auch noch: Alles in Ordnung. Punkt. Viel Spaß beim Spätdienst oder so. Das hat schon wesentlich mehr Aufwand. Die ganze Hilfeplanung hat viel mehr Aufwand. Wir sind in gewisser Weise, glaube ich, transparenter geworden. Vielleicht auch näher dran an den Menschen. Also so gesehen, dieses Mehr an Mitarbeitern oder Ressourcen im System hat natürlich auch, resultiert auch daraus, dass es ein Mehr an Aufgaben gibt. Wir haben Angehörige, gesetzliche Betreuer, die sich wesentlich genauer für das interessieren, was wir hier machen. Ich glaube schon, dass wir sicherlich auch im Vergleich zu den 80er Jahren so ein isoliertes System, so ein zurückgezogenes System verlassen haben, was die Behindertenhilfe da womöglich war. Und so gesehen glaube ich, dass es/ objektiv kann man erst mal sagen, nein, die Bedingungen haben sich nicht verschlechtert. Ich glaube, sie haben sich für alle Menschen, wenn man auf die 80er Jahre zurückguckt, auch verbessert. Und was in Zukunft sein wird, ich glaube nicht, also zumindest nicht, also zumindest nicht über die Bedingungen Bundesteilhabegesetz, dass wir da letztendlich in eine Situation reinkommen werden, wo wir gemessen an der Bewohnerschaft weniger Personal haben werden. Gerade dass wir hier vor Ort einige Bedingungen einfach haben aufgrund unserer relativ guten Entgelte, die ja zurückgefahren werden, dass wir sicherlich im personellen Bereich da die Bäume nicht mehr in den Himmel wachsen werden. Das muss man schon ganz nüchtern und realistisch sehen. #00:19:12-4#

I: Insgesamt gibt es in diesem Bereich und auch hier im Unternehmen viele ältere Mitarbeiter. Ist dies etwas, was Veränderungen eher erschwert oder kann das vielleicht auch Veränderungsprozesse erleichtern? Oder ist das vielleicht auch neutral? #00:19:27-1#

B: Ich glaube, dass ältere Mitarbeiter, ich glaube, also ich bin nicht der grundsätzlichen Überzeugung, dass das Alter automatisch etwas damit zu tun hat, wie veränderungsbereit ein Mitarbeiter ist. Also es gibt Mitarbeiter, zumindest habe ich die Erfahrung gemacht, die sind noch relativ jung an Jahren und sehr veränderungsunwillig oder sehr veränderungskritisch zumindest. Und es gibt manchmal auch noch Kollegen im Alter von 60 Jahren, die sehr veränderungsbereit sind, weil sie das Gefühl haben, ja das ist mal etwas Richtiges. Ich weiß nicht, ob man grundsätzlich sagen kann, naja die jungen Mitarbeiter sind immer innovativ und die älteren Mitarbeiter sind immer Bewahrer. Um es mal so zu sagen. Ich glaube, so einfach ist es nicht, sondern es hat auch immer was mit der Persönlichkeit des Menschen zu tun. Aber ich glaube, bei älteren Mitarbeitern gilt noch mal stärker, dass Veränderung auch immer als zusätzliche Kraftanstrengung wahrgenommen wird. Und von daher bei älteren Mitarbeitern nicht so/ dass ältere Mitarbeiter zumindest kritischer hinterfragen: Macht das denn wirklich Sinn und führt das zu etwas? Und man muss sicherlich auch dazusagen, das habe ich immer wieder erlebt, dass ältere Mitarbeiter auch schon eine Portion an Berufserfahrung einfach haben und mancher Veränderungsprozess, der mir jetzt als gewaltiger Veränderungsprozess erscheint, von manchen Mitarbeitern auch gesehen wird als etwas: Naja, das hatten wir vor 20 Jahren auch schon mal und dies ist dann gescheitert eben, ne? Da haben Mitarbeiter manchmal nicht so, oder ältere Mitarbeiter sind da manchmal auch gute Korrektive, was so Euphorie angeht, ne? Also und ich glaube, wenn ältere Mitarbeiter dieser Rolle nachkommen, also nicht allzu euphorisch zu sein, sondern Dinge auch vernünftig erden zu können und realistisch zu sehen, dass sie in einen Veränderungsprozess zumindest gleichermaßen bedeutsam sein können wie vermeintlich jüngere Mitarbeiter. #00:21:46-3#

I: Neben dem Alter fand ich es noch sehr auffällig, dass es eine extrem lange Beschäftigungsdauer gibt, 33 Prozent seit über 20 Jahren. Und davon mehr als die Hälfte hat noch niemals in einem anderen Unternehmen gearbeitet. Das ist ja erstmal was total Positives. Das bedeutet ja, dass Menschen sich auch sehr wohl fühlen im Unternehmen und dem Unternehmen sehr verbunden fühlen. Hat das Einfluss auf Veränderungsprozesse, diese lange Beschäftigungsdauer? #00:22:09-7#

B: Naja ich könnte es ja von ungefähr, ohne dem, umgekehrt beantworten. Also in jedem Fall haben ja die Veränderungen der Vergangenheit nicht dazu geführt, dass die Mitarbeiter uns in Reihen/ laufend gegangen sind. Auf der anderen Seite ist es sicherlich so, dass, je größer die Mitarbeiterschaft ist, die mit vielen Dienstjahren da ist, einfach erst mal in der Theorie wieder das Gefühl: okay, da ist auch eine größere Beharrlichkeit im System einfach drin. Und es ist immer wieder die Frage, wie die Erfahrung von Mitarbeitern letztendlich/ wie sie damit umgehen, ob sie beharren oder ob sie korrektiv sind. Das gibt sicherlich beides. Es gibt auch Mitarbeiter, die sehr beharrlich sein wollen. Dann ist das eher schädlich oder eher negativ. Und es gibt Mitarbeiter, die einfach eher korrektiv sind mit dem, was sie tun. Und dann ist es eher, kann es auch sehr produktiv sein. #00:23:21-8#

I: Ja. Die Sinnhaftigkeit der ausgeübten Tätigkeit wurde als wichtigstes Kriterium genannt, um in diesem Bereich zu arbeiten. Das heißt also, dass die Menschen, die in diesem Bereich arbeiten, oftmals innere Überzeugungen auch mitbringen. Hat das Einfluss auf die Bereitschaft zu Veränderung? Sie haben das eben schon mal angedeutet, dass jemand, der vielleicht im Finanzamt arbeitet oder Autos produziert, wenn da ein Prozess verändert wird, das berührt einen ja nicht wirklich. #00:23:48-9#

B: Es gibt eine relativ hohe Identifikation mit dem Arbeitsbereich, in dem ich arbeite, weil es sind Menschen, mit denen ich arbeite. Und ich glaube schon, dass das letztendlich auch dazu führen kann, dass das Einfluss auf Veränderungsprozesse hat. Je besser ich oder je mehr ich irgendwie das Gefühl habe, einem Menschen, dem ich tagtäglich begegne, dem geht es doch gut, und so, und ich sage mal, dass so für sogar eine Gruppe erlebe, umso weniger kann ich mir natürlich vorstellen, dass Veränderungsprozesse an der Stelle letztendlich etwas Sinnvolles sind eben. Natürlich ist es immer so, dass, je mehr ich das Gefühl habe, in einem Ideal zu leben und, ich sage mal, gerade in Bindung oder in Beziehung, ist das Gefühl, ich/ also das Bedürfnis, eine Idealvorstellung davon zu haben, das löst ja auch eigene Zufriedenheit aus. Es gibt sicherlich Jobs, die können sehr technisch abgearbeitet werden. Also wenn ich Maurer bin, dann mauere ich ein Haus. Und das ist irgendwann fertig, und ich freue mich darüber, dass es fertig ist. Aber ich identifiziere mich jetzt nicht übermäßig mit diesem Haus. Ich glaube, das ist, wenn ich auf einer Wohngemeinschaft arbeite, etwas anderes. #00:25:21-8#

I: Ja. Die nächste Frage passt oder geht in eine ähnliche Richtung. Also es gibt die These, dass um die Veränderungsbereitschaft zu erhöhen, man Menschen letzten Endes eine Notwendigkeit oder eine Dringlichkeit schaffen muss, um auch eine Bereitschaft zu erreichen, die Komfortzone zu verlassen. Das heißt letzten Endes auch, Selbstzufriedenheit zu begegnen und einfach die Bereitschaft zu erhöhen, zumal ja auch gleichzeitig wenig Krisen von außen kommen. Die Konkurrenz ist/ natürlich gibt es die, ist aber anders, als in anderen Branchen. Der Kostenträger sorgt dafür im Grunde, dass es ja eine relativ konstante finanzielle Versorgung gibt. Kann dadurch, dass man dann diesen, ja diese Bereitschaft erhöht, indem die Notwendigkeit erzeugt wird, ein Weg sein, Menschen zu motivieren, Veränderungen mitzumachen? #00:26:08-3#

B: Ich glaube, es ist, wenn Sie letztendlich jemanden von einem Punkt, an dem es ihm gut geht, zu einem weiteren Punkt führen wollen, müssen Sie ein Bild zeichnen, dass es dort mindestens genauso gut ist oder vielleicht sogar besser ist. Sie müssen letztendlich/ im Idealfall gelingt es Ihnen letztendlich zu sagen, diese Verbesserung wird es geben. Das bringt das für die Mitarbeiter, für die Bewohner oder für welchen Interessenskreis auch immer mit sich. Das ist schon wichtig. Es ist nur so, dass nicht jede Veränderung automatisch auch das mit sich bringt. Also ich glaube, dass es auch viele Veränderungen gegeben hat, die Mitarbeiter heute immer noch machen, weil sie gemacht werden müssen. Aber die innere Überzeugung, ob das wirklich in dem Umfang alles notwendig ist, weiß ich nicht. Oder ob es als Verbesserung oder als das gelobte Land gesehen wird, das ist nicht bei jedem Veränderungsprozess zu erwarten. Ich glaube, wenn Sie fragen würden, wie viel Mitarbeiter es gut finden, den Dokumentationsaufwand, den wir im Moment betreiben, dann ist das vor allem eine notwendige Veränderung, aber mit Sicherheit keine Veränderung, wo gleich alle Mitarbeiter sagen, da kann ich mich in hohem Maße auch mit identifizieren. Ich glaube, das ist natürlich von/ der Sinn sollte letztendlich immer sein, zu sagen, okay es gibt ein Ziel und auf das wollen wir hinarbeiten und das führt zur Verbesserung. Ob das aus der Perspektive von Mitarbeitern immer so auch tatsächlich wahrgenommen werden kann, wie beispielsweise eben gesagt, dass bezweifle ich eben. Das gibt auch Veränderungsprozesse, die einfach eine gewisse Notwendigkeit haben und wo wir auch nicht die Wahlmöglichkeit haben, ob wir das dann so gerne wünschen oder ob wir das auch anders machen können. Sondern wo wir letztendlich auch Dingen, die wir als Verpflichtung haben, entsprechen müssen, und die von den Mitarbeitern dann umgesetzt werden müssen. #00:28:06-3#

I: Ganz klassisch gilt ja die Phase des Unfreezing, also im Grunde die Phase, bevor der Veränderungsprozess anläuft, als wichtigster Teil des Prozesses. Und als Ausgangspunkt auch für Veränderungen. Können Sie damit etwas anfangen, dass das letzten Endes die entscheidende Phase ist? #00:28:22-4#

B: Insofern als dass zwei Dinge an der Stelle erforderlich sind. Zum einen glaube ich, geht es darum, Transparenz an der Stelle herzustellen und nochmal deutlich zu machen, wie dieser Veränderungsprozess aussieht, Mitarbeiter davon zu überzeugen letztendlich. Also welchem Ziel wollen wir uns nähern und warum wollen wir das? Und warum ist das letztendlich für uns alle, die wir in diesem System sind, ob Bewohner, Mitarbeiter oder andere Interessensgruppen, einfach ein wichtiger Schritt? Aber auch deutlich zu machen, wenn wirklich Veränderungen von uns erzwungen sind, es gibt ja auch Veränderungsprozesse, wo ich selber sage: Okay da kann ich den Sinn nicht drin sehen, ja? Vielleicht ist es da einfach/ dann macht es auch keinen Sinn, anderen Menschen zu erzählen, warum da ein Riesensinn drin ist und sondern dann muss man es auch einfach in aller Transparenz sagen, okay, das ist letztendlich eine Anforderung, die müssen wir erfüllen und darüber kann man nicht diskutieren. #00:29:31-5#

I: In der Branche existieren ja viele große und auch viele alte Träger, Diakonie, Caritas und so weiter. Ist das etwas, was die gesamte Branche auch ein bisschen unflexibel machen kann? #00:29:47-4#

B: Ich würde dann nur eingeschränkt zustimmen, das ist zumindest, in [Name des Bundeslandes] ist der größte Träger die Lebenshilfe und letztendlich könnte man auch schon/ das sind natürlich auch schon sehr etablierte, die kommen langsam dahin, dass sie als Organisation im Prinzip genauso veränderungskritisch sind, wie die, ich sage mal, Caritas, Diakonie oder wen sie ansonsten so ansprechen. Es ist aber so, dass die Lebenshilfen, als sie in den 60er Jahren letztendlich da in die Behindertenarbeit eingestiegen sind, also eine sehr veränderte Haltung und auch eine sehr veränderte Vorgehensweise bei der Begleitung behinderter Menschen haben, die auch dann wieder in die anderen Träger reingewirkt hat. Und das ist sicher so, dass Tradition oder, ich sage mal, langjährige Erfahrung natürlich auch immer etwas ist, wo Beharrlichkeit daraus entstehen kann einfach. Weil Systeme mitunter auch lernen und vor allen Dingen auch lernen, dass nicht jede Veränderung letztendlich eine gute Veränderung ist. Und damit auch eine gewisse kritische Haltung einfach zu solchen Prozessen dazu kommt. Aber an der Stelle ist die Lebenshilfe wohl heute auch. #00:31:21-3#

I: Sie haben eben schon einige von den aktuellen Tendenzen benannt. Es ist natürlich in der Behindertenrechtskonvention nicht ganz neu. Inklusion, demografische Entwicklung, die eine Rolle spielen, Fachkräftemangel, Diversity, jetzt natürlich aktuell Bundesteilhabegesetz. Gibt es eine Möglichkeit für Unternehmen, sich auf diese ganzen Prozesse vorzubereiten? Auf Veränderungen einfach sich ja aufzustellen, um dem begegnen zu können? #00:31:46-5#

B: Es sind ja alles Dinge, die von außen kommen. Und von daher sollten wir letztendlich/ es gibt immer eine Möglichkeit, und die nutzen wir auch bei diesen Dingen schon der Gestaltung mit dabei zu sein, wohlwissend, dass natürlich letztendlich diese Forderungen auf uns zukommen. Ich glaube, dass es immer zwei Dinge gibt, in zwei Richtungen gibt, in dem man vorrangig arbeiten muss. Erstens mal muss man Verständnis aufbauen von diesen Dingen, die da neu auf einen zukommen und auch ein Bild erzeugen, was bedeutet das für uns nach innen hin. Aber es ist natürlich genauso wichtig, diese Veränderungen, die auf uns zukommen, zu kommunizieren, sie transparent zu machen. Zumindest in den Ebenen, die letztendlich dann auch irgendwann damit arbeiten, wohlwissend, dass man, und da bin ich wieder bei den Säuen, die durchs Dorf getrieben werden, auch aufpassen muss, gerade in der Kommunikation gegenüber den Mitarbeitern im Gruppendienst, dass man nicht alle drei Tage mit einer Neuigkeit kommt, um dann drei Tage später festzustellen, daraus wird nichts. Das betrifft uns nicht. Oder das betrifft uns nicht in dem Maße, weil dann irgendwann auch die Bereitschaft, sich auf relevante Veränderungen einzustellen, relativ gering wird. Dann ist irgendwann bei den Mitarbeitern einfach das Gefühl, okay, das Thema hatten wir auch schon mal, hat sich verlaufen. Das Thema hatten wir schon mal, hat sich verlaufen. Und dieses Thema wird sich sicherlich auch irgendwie verlaufen. Also ich glaube, dass Mitarbeiter immer nur so weit informiert werden oder dass Transparenz nur so weit geschaffen werden könnte, soweit gerade für Mitarbeiter, die direkt am Kunden arbeiten auch klar ist, das ist eine wirklich elementare und realistische Entwicklung, die es da gibt, nicht irgendeine Mutmaßung. #00:33:41-5#

I: Mich würde nochmal interessieren, das ist die letzte Frage: Was sehen Sie selber für Chancen in den anstehenden Veränderungen? #00:33:49-1#

B: Also ich sehe auf jeden Fall darin/ Veränderungen haben in der Regel in der Behindertenhilfe gewirkt. Seit vielen Jahrzehnten. Und sie haben immer gewirkt insofern, als dass sich die Lebensbedingungen behinderter Menschen verbessert haben. Und ich glaube, das ist eine Chance, die ich nach wie vor sehe. Ich glaube, dass wir auch noch Chancen haben werden, dass behinderte Menschen einfach in unserer Gesellschaft noch mal besser akzeptiert werden, was Gott sei Dank heute auch schon der Fall ist. Dadurch zum Beispiel, dass sie mehr und mehr einfach in den Gemeinden leben und nicht an so zentralen Standorten, wie wir das letztendlich haben. Ich glaube, dass auch mit Blick auf die Bevölkerung und vielleicht auch auf Menschen, die auf uns zukommen oder die mitarbeiten wollen, einfach auch größere Offenheit einfach da wahrgenommen wird, und das sind einfach auch Veränderungen, die da sowohl auf die behinderten Menschen direkt als auch auf uns [Name der Einrichtung] weiterhin da besser hingewirkt werden kann. #00:35:02-1#

I: Ja dann bedanke ich mich erst mal für das Interview und auch für die Offenheit und Dankeschön. #00:35:08-0#

B: Bitteschön.

Anhang 4.3: Interview mit Herrn H.[261]

I: Also, ja. Erst mal hallo und danke Herr H., dass Sie sich bereit erklärt haben, dass ich Sie zum Thema Organisationsentwicklung in der Behindertenhilfe interviewen darf. Grundsätzlich kann ich Ihnen natürlich Verschwiegenheit und Anonymität zusichern. Die aufgezeichneten Dinge dienen nur Forschungszwecken. Der Zweck meiner Arbeit ist es, heraus zu finden, was Erfolgsfaktoren für organisatorischen Wandel sind. Das heißt also, was Veränderungen im Unternehmen hier erfolgreich machen. Ja und dazu hätte ich eben einige Fragen. Grundsätzlich gab es Veränderungen in unserer Branche ja schon immer. Und es wird natürlich auch weiter welche geben. Für wie notwendig halten Sie aktuell die Bereitschaft für Veränderung? #00:00:40-7#

B: Also, meine persönliche Meinung ist schon, dass die Bereitschaft sehr hoch muss. Die Behindertenhilfe ist ja immer im Wandel. Im Moment ja wieder ganz stark. Und wir müssen schon die Mitarbeiter mitbekommen, dass sie das angeht. #00:00:59-2#

I: Glauben Sie, dass die Notwendigkeit für Veränderung insgesamt größer geworden ist? (...) #00:01:06-4#

B: Ich glaube im Moment ja. Also, wir haben ja, ich sage mal, in den achtziger Jahren war ja auch nochmal ein sehr starker Wandel in der Behindertenhilfe. Dann haben wir ja sehr lange Zeit Raumstillstand gehabt. Wo es sehr ruhig war. Auch vor allen Dingen hier in Niedersachsen sehr ruhig war. Kurze Veränderung dabei gewesen wie zum Beispiel Ambulantisierung oder so etwas. Aber die Veränderungen, die jetzt in diesem Jahr und in kommenden Jahren bis 2020 auf uns zukommen, sind schon sehr groß. #00:01:33-2#

I: Welche Faktoren sind es, die diesen Veränderungsdruck auf das Unternehmen ausüben? Man kann ja einmal sagen, es gibt die internen Faktoren. So etwas wie eine alternde Belegschaft oder so. Und dann halt die externen. #00:01:44-2#

[261] Herr H. arbeitet in der mittleren Leitungsebene bei dem größeren Teil des Einrichtungsverbundes. Er ist kein Muttersprachler.

B: Ja, das ist schon so beides. Also intern und extern. Also intern ist natürlich schon so, dass wir eine gestandene Einrichtung sind seit 1932. Und die Mitarbeiter natürlich auch älter werden. Und die Probleme, die es so gibt, es sind die Nachwuchskräfte, die Führungskräfte, die Fachkräfte, die wieder alle zu bekommen in der großen Anzahl die wir jetzt haben. Von außen sind natürlich die politischen Sachen, die sich jetzt ändern. Sehr extrem ändern. Die auf uns zukommen. #00:02:22-1#

I: Welche Faktoren sind das? Was sind denn so aktuelle Tendenzen? #00:02:24-8#

B: Aktuell ist es so, dass wir uns überlegen müssen, wie wir mit dem Bundesteilhabegesetz umgehen. Wie wir die Mitarbeiter schulen können? Wie wir das Verständnis Paradigmenwechsel in die Köpfe der Mitarbeiter rein bekommen. Und nicht nur die Mitarbeiter, sondern auch die Leitungen. Ganzen Vorstand, Kuratorium und alles was dazu gehört. #00:02:46-6#

I: Wenn Sie auf Ihre berufliche Laufbahn so zurückgucken, dann gab es ja sicherlich schon viele Veränderungsprozesse. Gibt es welche, die Ihnen besonders im Gedächtnis geblieben sind? #00:02:55-5#

B: Ja. Meine berufliche Laufbahn, kann man schon so sagen, weil ich bin ja natürlich schon seit 1981 dabei. Und habe natürlich ganz viele Sachen mitgemacht. Also das Schönste, was ich mitgemacht habe in meiner beruflichen Laufbahn ist, dass wir die ganze freiheitsentziehende Maßnahme auf minimal reduziert haben. Das ist schon so, dass in den achtziger Jahren und die Jahre davor natürlich noch viel mehr, also schon viel mit Freiheitsentziehung gearbeitet wurde und dass es jetzt halt nicht mehr so ist. Und das zweite große Thema was natürlich ist, ist die Ambulantisierung. Die Auflösung Großeinrichtung. Es gibt Einrichtungen, die haben uns das vorgemacht. Bremen Blankenburg oder Hamburg Alsterdorfer Anstalten, Bethel. Alles, was es nicht mehr gibt. #00:03:50-6#

I: Hatten Sie die Möglichkeit, diese Prozesse mitzugestalten? #00:03:54-5#

B: Ja, also ich habe selber sehr aktiv daran mitgewirkt, dass zum Beispiel die freiheitsentziehenden Maßnahmen auf ein Minimum gemacht werden. #00:04:03-5#

I: Können Sie benennen, wodurch Sie das getan haben? Wie Sie das umsetzen konnten? #00:04:08-7#

B: Ja, man muss natürlich die Mitarbeiter mit ins Boot bekommen. Also alle Mitarbeiter haben gesagt: Ja, das funktioniert natürlich nicht, wenn man alle Türen aufmacht oder wenn die Leute nicht mehr wegschließt und so. Die laufen alle weg. Irgendwann ist schon viel Diskussion und viel, was man den Mitarbeitern auf den neuesten Stand bringen muss. #00:04:29-2#

I: Wenn Sie da nochmal darauf zurückschauen. Was ist besonders positiv verlaufen? #00:04:34-3#

B: Na positiv verlaufen ist, dass wir, hier keine Fixiergurte mehr haben, dass alle Gruppen bis auf eine Wohngemeinschaft offen sind, dass das Gelände offen gestaltet wird und dass die Touren selbst bedient werden können und so. Das ist schon sehr, sehr positiv. #00:04:56-3#

I: Also im Grunde ein sehr erfolgreicher Veränderungsprozess? #00:04:59-0#

B: Ja. #00:04:59-0#

I: Gibt es etwas, was Sie sagen würden, der Grund dafür ist, dass es geklappt hat, dass hier die Veränderung funktioniert hat? #00:05:07-4#

B: Der Grund ist ja schon Fortbildung und die Mitarbeiter zu informieren. Und sagen, hier dass es auch anders besser ist. Und, dass die Mitarbeiter mitgenommen werden. Das ist das Wichtigste. #00:05:22-7#

I: Viele Mitarbeiter und viele Menschen allgemein tun sich ja recht schwer mit Neuerungen und Veränderungen. Was glauben Sie, warum ist das so? #00:05:30-6#

B: Ja, also ich glaube viele Mitarbeiter haben sich in so Einrichtungen wie wir sind arbeitet man ja sehr lange. Deswegen geringer Wechsel und die Fluktuation ist nicht so groß. Viele Mitarbeiter haben sich irgendwelche Nischen erarbeitet. Haben ihr Leben darauf aufgerichtet, wie ihr Privatleben und ihr Arbeitsleben. Und wollen dadurch also wenig Veränderung haben, weil das natürlich immer wieder in ihr Privatleben eingreift. #00:06:01-9#

I: In der Befragung war sehr deutlich, dass viele Unsicherheiten und Ängste auf Seiten der Mitarbeiter da sind, dass es weniger Zeit für die Klienten gibt, dass sich die Arbeit weiter verdichtet. Glauben Sie, das sind realistische Ängste? #00:06:14-7#

B: Das sind realistische Ängste. Ja. Die Dokumentation ist schon sehr hoch und sehr viel. Und das ist natürlich schon Leute, die, ich sage mal in den neunziger Jahren angefangen haben zu arbeiten, wo es die Dokumentation noch nicht so extrem gab. Die merken das schon, dass man alle Richtungen, alles was man macht, alle Ziele die man verfolgt, muss man häufig da schon dokumentieren. #00:06:41-3#

I: Hier in der Einrichtung, das haben Sie eben auch schon angesprochen, gibt es auffallend viele ältere Mitarbeiter. Ist das bei Veränderungsprozessen ein Problem oder kann das auch eine Chance sein? Oder ist das unabhängig vom Alter? #00:06:52-2#

B: Ich glaube das ist unabhängig. Ich gehöre ja auch schon zu den älteren. Ich bin auch schon 55. Also, ich glaube, dass es unabhängig ist. #00:07:01-1#

I: Okay. Hier im Unternehmen gibt es zum Teil extrem lange Beschäftigungsdauern. Ich glaube 33 Prozent seit über 20 Jahren. #00:07:07-5#

B: Ja. #00:07:09-4#

I: Und dazu kommt noch, dass häufig niemals in einem anderen Unternehmen gearbeitet wurde. Das ist ja erstmal was unglaublich Positives. Hat das aber einen Einfluss auf Veränderungsprozesse? #00:07:19-4#

B: Ich glaube nicht, weil wir natürlich schon auch auf unsere Fahne schreiben, dass wir selber ausbilden. Wir bilden ja Heilerziehungspfleger, Pflegeassistenten aus, früher auch Heilerziehungshelfer und dadurch, dass wir mit unterschiedlichen Schulen zusammenarbeiten, wir eigentlich relativ schnell immer auf dem neuesten Stand sind. Also, ich glaube nicht, dass das Einfluss hat. #00:07:39-5#

I: Okay. Bei der Befragung kam noch heraus, dass die Sinnhaftigkeit der ausgeübten Tätigkeit als wichtigstes Kriterium genannt wurde, warum man in diesem Bereich arbeitet. Das heißt letzten Endes, dass hier viele Menschen mit Überzeugung arbeiten oder mit einem bestimmten Menschenbild. Hat das irgendeinen Einfluss auf Veränderungsprozesse? Also, wenn man sich einen Arbeiter am Fließband vorstellt, da wird was verändert und das berührt den ja nicht. #00:08:03-0#

B: Also hier glaube ich schon ja. Beim Arbeiten am Fließband ist es vielleicht auch so, dass wenn ein neues Auto gebaut wird. Also, wenn die neue A-Klasse kommt oder so etwas. Dann sind die vielleicht auch mehr motiviert. Bei uns ist es natürlich schon, die Veränderungen sind viel mehr da und viel häufiger und viel öfter da. Und, dass die Mitarbeiter dadurch natürlich schon sehr motiviert sind und weil ja kein einziger Tag dem anderen gleicht. Das sind immer alles unterschiedliche Tage. Also man kann sich auch schlecht vorbereiten auf heute. Weiß nicht, was will ich morgen machen? Also, das ist natürlich schon/ Weil den Tag kann ich noch so gut durchplanen, aber wenn eine Sache nicht funktioniert morgens schon um sechs, ist das ein Problem. #00:08:43-3#

I: 70 Prozent der Mitarbeiter hoffen auf neue Wohnformen und sehen das als großes Thema für die Zukunft an. Ist das nach wie vor so? #00:08:51-2#

B: Also ich sehe das auch so. Also mein größter Traum ist es, dass es die [Einrichtungs-] Gelände, wenn ich in Rente gehe, nicht mehr gibt. Und das hier also Straßen durchgehen. Das hier also Straßennamen auch sind in diesem Gelände. So wie andere große Einrichtungen uns das vorgemacht haben. Es gibt ja letztendlich überhaupt null Grund, warum in [Ortsname] 250 Menschen mit geistigen Behinderungen wohnen. In so einem kleinen Dorf. Und ich finde schon, dass es sehr wichtig ist, dass viel neue Möglichkeit der Wohnformen gibt. Durch die Ambulantisierung haben wir es ja schon gesehen, dass viele Leute viel besser und viel schöner wohnen. Und durch die neuen Häuser, die wir jetzt in [Ortsname] und [Ortsname] haben, glaube ich auch. #00:09:43-6#

I: Es gibt die These, dass wenn man die Veränderungsbereitschaft erhöhen möchte bei Menschen, dass man eine Notwendigkeit, eine Dringlichkeit schaffen muss, weil sonst Menschen nicht bereit sind, die Komfortzone zu verlassen. In unserer Branche gibt es ja ansonsten relativ wenig von außen, so etwas wie Konkurrenzkrisen. Es gibt ja die Kostenträger die natürlich die Finanzierung sicherstellen. Das heißt, man muss irgendwie anders die Bereitschaft auch erhöhen. Kann das darüber erfolgen, dass man diese Dringlichkeit noch mehr ins Bewusstsein holt? #00:10:11-8#

B: Ja, aber kann ich ja sagen, gut die Dringlichkeit ist, dass man ja, wie ich eben schon gerade gesagt habe, dass es ja keinen Grund gibt, dass es hier so viele Leute mit geistigen Behinderungen in [Ortsname] wohnen. Das steht in null Verhältnis zu der Bevölkerung hier. Und das ist, dass die Leute besser dort wohnen, wo sie auch herkommen und dass dadurch die

Bereitschaft größer wird schon, wenn man das dem Mitarbeiter auch versucht zu erklären. Es ist natürlich auch schon, was wir vorhin schon gesagt haben, dass die Bereitschaft bei manchen Mitarbeitern natürlich auch schwierig ist, weil natürlich schon die Dienstleistungen die ich hier auf dem riesigen Gelände habe, in Anspruch nehmen kann. Ist natürlich viel einfacher als, dass man sich alles selber organisieren muss. #00:10:55-1#

I: Ja. Die Phase vor der eigentlichen Veränderung, das sogenannte Unfreezing, wird zum Teil als wichtigster Teil dieses Prozesses gesehen. #00:11:04-7#

B: Ja. #00:11:05-3#

I: Können Sie da mit dieser These etwas anfangen? #00:11:07-0#

B: Ja. Also das glaube ich schon. Also, ich glaube auch, dass wir zum Teil, also dass hier auch versuchen, dass wir also schon die Mitarbeiter auch rechtzeitig informieren über Veränderungen. Und auch die Notwendigkeit der Veränderung mitteilen. Und derjenige, der auch Interesse daran hat, kann also auch mitwirken und da mit ins Boot kommen. (...) #00:11:30-7#

I: Es existieren in dieser Branche ja viele große und alte Träger. Also das ist auch ein großer Träger hier. Hat auch ein gewisses Alter. #00:11:36-9#

B: Ja. #00:11:37-6#

I: Hat das Auswirkungen auf Veränderungen? Macht das vielleicht auch unflexibel? #00:11:41-1#

B: Ja, schwieriger. Schwieriger. #00:11:42-0#

I: Schwieriger? #00:11:42-4#

B: Größere Träger, ältere Träger haben natürlich auch eine Geschichte. Die [Name der Einrichtung] hat auch eine Geschichte. So Leute wie ich zum Beispiel, die hier seit über 30 Jahren arbeiten. Habe auch meine Geschichte. Habe auch meine Nischen. Habe auch meine Sachen, die ich schon versucht habe oder nicht versucht habe. Und bei uns greift es zurück bis 1932. Rothenburger Werke, geht bis 1900 zurück. Also und da ist dann auch noch Religion da hinter. #00:12:11-2#

I: Ja. #00:12:11-7#

B: Da ist es natürlich sehr, sehr schwierig Veränderungen herbeizuführen. #00:12:17-0#

I: Einige Schlagworte sind eben schon mal gefallen. Aber es gibt Bundesteilhabegesetz, Fachkräftemangel, demographische Entwicklung, Inklusion, noch weiter zurück, UN-Behindertenrechtskonvention. Das verlangt den Trägern eine Menge Veränderungsbereitschaft ab. Wie kann man sich darauf vorbereiten? Wie kann man als Träger damit umgehen? (...) #00:12:37-5#

B: Ja, als Träger muss man damit umgehen, dass man immer versucht, die Mitarbeiter mitzunehmen, dass man also auch entsprechende Fortbildungen immer anbietet, dass man also wie wir auch ausbilden, dass wir den Auszubildenden die Möglichkeit geben, das was sie in den Schulen lernen oder in den Unis lernen, dass sie auch die Möglichkeiten haben, das hier umzusetzen in [Name der Einrichtung]. So dass wir immer aktuell sind. Immer auf dem neuesten Stand versuchen zu bleiben. Wir haben hier Mitarbeiter, die im Land mitarbeiten, in irgendwelche Gremien oder sowas und das ist schon wichtig. (...) #00:13:13-7#

I: Sie persönlich, welche Chancen sehen Sie in dem, was jetzt ansteht für Veränderungen? (...) #00:13:21-2#

B: Also ich sehe, die größte Chance ist, dass die Menschen mit Behinderungen ein noch größeren Anteil haben an Teilhabe. Und, dass sie noch mehr gefragt werden und dass sie noch mehr ins Boot geholt werden. Das sehe ich als größte Chance. Und, dass vielleicht mein Traum irgendwann verwirklicht wird, dass es das [Einrichtungs-] Gelände nicht mehr gibt. #00:13:45-8#

I: Herr H. ich danke Ihnen für das Interview, für die Offenheit. #00:13:48-1#

B: Ja. Keine Ursache. #00:13:49-1#

I: Ja, Dankeschön. #00:13:50-2#

B: Bitteschön. #00:13:51-0#

Anhang 4.4: Interview mit Frau A.[262]

Das Interview wurde in zwei Teilen aufgezeichnet, da es eine Telefonunterbrechung gab.

Teil1

I: Ja, hallo, und danke, Frau A., dass Sie sich von mir interviewen lassen / #00:00:05-8#

B: Sehr gerne, Frau Heemeier. #00:00:07-0#

I: Zum Thema Organisationsentwicklung. Und zwar erst mal vorne weg, ich kann Ihnen schon mal Anonymität und Verschwiegenheit zusichern. Das dient nur Forschungszwecken. Und der Zweck meiner Arbeit und auch dieses Interviews ist es, letzten Endes herauszufinden, was organisatorischen Wandel erfolgreich machen kann. Welche Faktoren sind es, die in unserer Branche dafür sorgen, dass Unternehmen sich verändern können? Grundsätzlich gibt es Veränderungen in der Branche schon immer und es wird auch weiter welche geben. Das ist klar. Für wie notwendig halten Sie aktuell die Bereitschaft, sich zu verändern? #00:00:41-5#

B: Speziell hier der [Name der Einrichtung]? #00:00:43-6#

I: Ja. #00:00:43-9#

B: Ja. Also die Notwendigkeit oder die Bereitschaft? #00:00:48-7#

I: Die Notwendigkeit für die Bereitschaft. #00:00:51-1#

B: Dass Mitarbeiter bereit sind, sich zu verändern? #00:00:55-5#

I: Genau. #00:00:55-7#

B: Das ist gefühlt, finde ich, sehr unterschiedlich. Also wir haben einen Stamm von Mitarbeitern, die schon sehr lange hier auf dem (Name der

[262] Frau A. ist als Einrichtungsleitung in der kleineren Einrichtung des Verbundes tätig.

Einreichtung] sind. Da merken wir, dass Veränderung nicht ganz so einfach ist, vielleicht gar nicht, dass sie nicht wollen oder nicht als notwendig sehen, aber weil die schon so lange geprägt sind mit „so macht man diese Arbeit, so ist das hier", dass Veränderung sehr schwierig ist. Aber auch, weil, ja, genau, weil sie vor Veränderungen vielleicht Angst haben oder sich in dem System halt sicher fühlen, wie es ist. Und Veränderung ist anstrengend, macht Arbeit, ist mühevoll. Es gibt aber auch glücklicherweise einige junge Mitarbeiter, die einfach von ihrer Ausbildung her ganz neue Impulse erhalten haben, auch umsetzen wollen und die darauf drängen, dass sich Sachen verändern. Also von daher kann man es nicht allgemein sagen. Es macht sich schon ein bisschen meistens am Alter fest, dass Jüngere Veränderung wollen, und Ältere / manche gehen da auch gut mit, aber viele auch wollen ihre Jahre hier halt gerne noch so machen und sagen, auch die Bewohner sind das so gewohnt. Und die wollen wir ja auch nicht verunsichern. Also von daher ist es so, würde ich mal sagen, fifty-fifty. #00:02:08-2#

I: Glauben Sie, dass in letzter Zeit die Notwendigkeit, sich zu verändern gewachsen ist? #00:02:12-3#

B: Ja, ist gewachsen. Das würde ich schon sagen. Ja. #00:02:16-7#

I: Welche Faktoren sind das? Man spricht von externen Faktoren, also so etwas wie politische Veränderungen oder eben interne, wie die Belegschaft wird älter. Aber welche Faktoren sind es aktuell, die Veränderungsdruck ausüben? #00:02:26-9#

B: Also zum einen ist es auf alle Fälle, dass Menschen, also Bewohner oder Beschäftigte, die von außen zu uns kommen, dass die andere Krankheitsbilder, Verhaltensauffälligkeiten haben. Also früher waren es häufig doch, ich sage mal, so die typischen Down-Syndrom-Bewohner, die eher relativ leicht zu führen waren. Jetzt kommen zum Teil eben jüngere Bewohner nach oder Beschäftigte, die zum einen durchaus irgendwie autistische Züge haben, wo man die Arbeit anpassen muss, wo es nicht mehr so in großen Gruppen geht und wo bei Lautstärke geguckt werden muss, dass die eingedämmt wird. Oder auch verhaltensauffällige Personen, wo es öfters Konflikte gibt, wo es auch Auseinandersetzungen mit Gewalt gibt. Das verunsichert auch viele Mitarbeiter, wo sie merken, die Räumlichkeiten passen vielleicht nicht. Das, was ich bisher gelernt habe und gearbeitet habe, das passt nicht. Also da merken Mitarbeiter, dass Veränderung nötig ist. Dann zu Recht diese Anfragen an: „Wie dürfen sich hier Menschen selber bestimmen? Setzen wir das um? Geht es nach außen? Kommen fremde Personen auch nach innen?“. Also wie ist da so / also kann man jetzt Inklusion nennen, ja? Aber einfach, sage ich mal, wie ist Kontakt auch mit anderen Menschen und so weiter, diese Fragen beschäftigen viele. Und halt dann auch so Bewegungen wie / Es soll ja auch geschaut werden, dass Bewohner aus dem stationären Bereich herauskommen, dass ambulante Arbeit erweitert wird, dass wir Möglichkeiten schaffen, Leuten da auch die Möglichkeit zur Verselbstständigung zu geben. Ja. Und das betrifft noch nicht so viele, aber manche haben auch schon etwas davon gehört, vom Bundesteilhabegesetz. Das wird Veränderungen bringen und dann müssen wir gucken. Aber ich glaube, hauptsächlich ist es so das sich verändernde Klientel, was klarmacht, wir müssen uns verändern. #00:04:26-9#

I: Ja. Das sind also so die aktuellen Tendenzen, mögliche Richtungen. In Ihrer eigenen beruflichen Laufbahn gab es schon viele organisatorische Veränderungen? #00:04:34-3#

B: Also dann müsste ich vielleicht noch mal ein bisschen nachfragen, was Sie alles unter organisatorischer Veränderung verstehen. #00:04:39-9#

I: Letzten Endes immer dann, wenn wirklich die Struktur verändert wird. Also es kann letzten Ende eine Strukturveränderung sein, wenn das Organigramm verändert wird. Aber auch neue Wohnangebote, neue Methoden, die implementiert werden. Das sind alles diese Veränderungsprozesse, das meine ich damit. #00:04:55-6#

B: Ja. Also würde ich schon sagen, ja, wobei ich auch in sehr unterschiedlichen Berufssparten gearbeitet habe. Also ich habe eine ganze Zeit als Kinder- und Jugendreferentin gearbeitet überregional. Da, würde ich sagen, war ganz viel im Fluss. Da hat man ständig irgendwelche neuen Projekte auch entwickelt, um so auch immer wieder sich auf die Kinder und Jugendlichen einzustellen. Dann war ich eine kurze Zeit, das war nur zwei Jahre, da war ich mal stellvertretende Heimleiterin in einem Altenheim. Da haben wir auch etwas verändert, dass wir ausgebaut haben oder zum Teil Stationen ein bisschen bedarfsgerechter gemacht haben. Also eine Station mehr in Richtung demenzkranke Bewohner oder kleinere Stationen, auch für fittere Bewohner Stationen. Und durchaus eine Arbeit, wo ich auch viel Veränderung erlebt habe, das war eine Arbeit in einem Mutter-Kind-Haus für psychisch kranke Mütter mit ihren Kindern, die wirklich mit einer Wohngruppe angefangen hat und wo wir dann noch eine weitere und noch eine weitere eröffnet haben. Also da war viel, viel Erweiterung, Veränderung. Und hier, würde ich mal sagen, da hat sich zwar in den zweieinhalb Jahren so an der Struktur an sich noch nicht so viel verändert, aber ich habe das Gefühl schon, dass wir jedes Jahr sehr viel verändern. Ob das jetzt mal inhaltliche Impulse sind oder dann, was weiß ich, fängt auf einmal eine Arbeit mit Schafen oder eine Tannenbaumpflanzung an oder, oder, oder. Wir kaufen ein neues Grundstück / Also da passiert für mein Gefühl schon viel, auch wenn weiter hier 75 Bewohner leben, und ne, irgendwie so, ja, wir trotzdem der [Name der Einrichtung] am Rand von der Stadt [Ortsname] sind, so (lacht). #00:06:36-5#

I: Na ja, klar, ja. Hatten Sie in diesen Prozessen, die Sie jetzt beschrieben haben, auch die Möglichkeit, selber bewusst zu gestalten? #00:06:41-2#

B: Ja. Genau. Also ich war jeweils in der Leitung und von daher war ich da, ja, mittendrin, sage ich mal. #00:06:48-2#

I: Was bedeutet das, so etwas bewusst zu gestalten? Also wie fängt man so etwas an? Wie gehen Sie da ran? #00:06:53-6#

B: Ja, also ich muss mal ganz ehrlich sagen, meistens lief das so, dass eigentlich / Also ich bin so von meiner Art her eher die Person, die bewahrend ist, ja? Und das, was da so gut läuft, auch ausbauen / also ausbauen in dem Sinne, es soll weiter gut laufen / eher so die Person bin. Und ich hatte aber immer das Glück, dass ich Mitarbeiter hatte, die einfach offen für Neuerungen waren und gesagt haben, „So, das müssen wir jetzt machen". Die hatten dann Ideen. Und ich war dann immer eigentlich mehr so die, die das Ganze reguliert hat, „So, das ist eine gute Idee. Wie kriegen wir das gepeilt? Nein, das ist ein viel zu kurzer Zeitraum, müssen wir länger machen". Also ich habe mich da so als Ideenempfänger oder Konzeptempfänger erlebt und konnte mit den Mitarbeitenden, die tolle Ideen hatten, das dann umsetzen und habe ihnen geholfen, dass wir eine Struktur finden oder eine Zeitschiene oder, oder, oder, um es umzusetzen. Also ich brauche praktisch an meiner Seite Leute, die Ideen haben, Visionen haben und ich bin auch manchmal der Bremser und so, ne, in die Richtung / #00:08:03-3#

I: Und Sie steuern das. #00:08:04-0#

B: Genau, ja. Aber ich wäre manchmal, nicht immer, aber manchmal wäre ich zufrieden, „Ach, lass uns doch mal so ...", und das ist nicht gut, ne? Aber ich kann dann mit den Ideen, die kommen, umgehen. So. Und ich denke, es ist dann, wenn man sich so gegenseitig akzeptiert – ich bin jetzt die Forsche, die nach vorne will und du bist die, die mir hilft, dass das in geordneten

Bahnen geht – wenn man sich so akzeptiert, dann kann ich gut zusammenarbeiten so. #00:08:28-8#

I: Ja. Wenn Sie sich diese Prozesse noch mal angucken, gibt es etwas, wo Sie sagen würden, das ist wirklich positiv gelaufen? Das war wirklich ein besonders positiver Veränderungsprozess? #00:08:37-1#

B: Also ich glaube, ich würde jetzt / Also ich könnte jetzt, glaube ich, nicht sagen, dass ich irgendwie eine Veränderung erlebt habe, die ich nicht positiv empfunden haben. Ich habe immer erlebt, wenn wir verändern, eben so, wie ich es gerade erzählt habe, dass ich gemerkt habe, was für Ideen, Begabungen haben Mitarbeitende, was für einen Einsatz bringen die auch, also dass die ein Konzept schreiben, ne? Da blühen Leute total auf, die fühlen sich auch ernst genommen, haben das Gefühl, sie können im positiven Sinn sich hier verwirklichen. Also das fand ich immer ganz, ganz toll, zu erleben, was da Leute für Ideen haben, empfand es für mich als eine große Entlastung. Ich wusste, die Leute haben die Idee und ich muss einfach mit dem, was die mir liefern, umgehen. So. Also ich habe Veränderung / Ich wüsste jetzt nichts, wo ich sage, das war ganz schrecklich. Also zumindest hat sich nichts so tief eingeprägt. Natürlich hat man mal gemerkt, da war man zu schnell. Man hat etwas vorgenommen sich für ein Jahr, hat das nicht geschafft, hat dann länger gebraucht als gedacht. Aber ich würde immer sagen, das war bisher gut, positiv. Also, wie gesagt, mir ist jetzt nichts im Kopf, was mir spontan einfällt so nach dem Motto, dass ich / Ich weiß immer nur, dass ist halt mit mehr Arbeit verbunden, und, und, und, so, ne? Deswegen schreie ich nicht „juhu“, aber ich weiß, dass es notwendig ist und meistens positive Auswirkungen hat. #00:10:03-4#

I: Viele Menschen tun sich ja erst mal ein bisschen schwer mit Neuerungen, Veränderungen und so weiter. Und das trifft natürlich Mitarbeiterinnen und Mitarbeiter ebenso. Was glauben Sie, warum ist das so? Warum fällt ihnen das manchmal so schwer, bei so etwas mitzugehen? #00:10:14-9#

B: Ja, also, ich sage mal, ich kann einfach letztendlich von mir erzählen. Also ich weiß, Veränderung bedeutet Mehrarbeit, zumindest am Anfang. Es kann sein, dass dann, wenn man das gemacht hat, dass manches viel, viel schneller flutscht. Aber du muss dich echt daransetzen und hingucken und irgendetwas tun. Aber dann ist natürlich auch die Frage manchmal, je nachdem, was es ist, „Wuppen wir das finanziell? Wuppen wir das kräftemäßig? Kann ich das?“, ja? Also, ne, ich sage mal, gerade, wenn man auch jetzt so in den pädagogischen Bereich hineinschaut, wenn dann Leute sagen, wir müssen mehr auf die Selbstbestimmung der Bewohner achten, dann haben manche Angst, es läuft uns aus dem Ruder, ja? „Habe ich das noch im Griff? Kann ich das verantworten, dass nach einer dritten Scheibe Brot jemand noch eine vierte und eine fünfte isst?“, ne? Also, das sind so die Ängste, „Komme ich da klar?“. Manche fühlen sich einfach sicherer, wenn jeder zwei Scheiben kriegt, ne? Also in diesen ganz klaren Strukturen, also auch das Persönliche eben, „Komme ich damit klar?“. – Ja, warum haben Leute noch Angst? Oder vielleicht auch ist es dann / Das ist aber nicht eher Angst, sondern „War denn das, was wir bisher gemacht haben, nicht gut?“, so diese Kritik, und, „Bin ich denn überhaupt noch wichtig und wertvoll? Da kommen jetzt die Jungen, die sind 'toll'“. Ja. Also vielleicht so diese Sachen. Zeitaufwand, dass es viel Kraft kostet, finanzielle Mittel und „Kann ich das dann so?“. #00:11:45-2#

I: Bei der Umfrage war eines der Ergebnisse, dass Ängste und Unsicherheiten auch immer wieder vorhanden sind beim Gedanken an Zukunft und vor allen Dingen in Bezug darauf, dass weniger Zeit für die betreuenden Menschen da ist. Dass sich die Arbeit weiter verdichtet und so weiter. Wie realistisch, denken Sie, sind diese Ängste? #00:12:00-0#

(Telefonanruf, Unterbrechung) #00:12:10-9#

Teil2:

B: Ja, also ich sage mal so, ob diese Angst realistisch ist, also ich würde mal sagen, vielleicht zu 75 Prozent. Also wenn ich Veränderungen mache, dann muss ich mir ja erst mal Zeit nehmen, um die Veränderung anzustoßen. Wenn diese Veränderung nicht im direkten Kontakt mit Bewohnern geht, dann sitzt man ja vielleicht in einer AG am Schreibtisch drei Stunden mit anderen zusammen. Das ist viel Arbeitszeit, die ich dann von meiner Gruppenzeit abknapsen muss. Wenn ich natürlich mit einem Bewohner etwas ausprobieren kann, schaut es anders aus. Aber ich denke einfach, Veränderung bedeutet meistens, man schreibt doch irgendetwas auf, diskutiert miteinander – das ist das. Und, ja, also ich weiß nicht, was da so einzelne im Kopf gehabt haben. Ich habe natürlich zum Beispiel schon dabei an das Bundesteilhabegesetz gedacht. Und viele sagen ja, der Dokumentationsaufwand, Verwaltungsaufwand – und das merken die Leute ja jetzt schon, ne, durch neue Gesetze, dass man genauer hinschaut, müssen die viel mehr aufschreiben. Und viele jammern eben, dass das so an der Zeit für den Bewohner abgeht. Und wenn man eben jetzt an die konkrete Zukunft, Bundesteilhabegesetz-Umsetzung denkt, dann, ja, kann man eigentlich gar nichts anderes erwarten, als dass da viel Zeit draufgeht. Ob das dann wirklich so sein wird ... aber es wird wahrscheinlich so sein. Also ich weiß nicht / weil, ansonsten Veränderungen haben oft etwas mit Bewohnern zu tun. Also dass es dann schon den Bewohnern zugutekommt. Na ja, gut, auf der anderen Seite, was weiß ich, gestern haben wir an unserem Ausbildungsplan für Azubis gearbeitet. Wenn wir das so umsetzen wollen, wie uns da gesagt worden ist, dann heißt es auch, sich mit den Azubis viel mehr Zeit zu nehmen, was dann auch wieder heißt, in der Zeit kann ich eine Stunde mich vielleicht nicht mit dem Bewohner beschäftigen. Also je ernster man gewisse Aufgaben nimmt, ja, dann, kann man sich nicht nur um den Bewohner kümmern, auch um anderes. Das ist richtig. #00:01:57-5#

I: Ja. Sie haben eben schon mal etwas dazu gesagt / es gibt auffallend viele ältere Mitarbeiter. Auch hier ist das typisch für die Branche. Aber ist das bei Veränderungen ein Problem? Bestimmt auch, aber es kann ja auch eine Chance sein. Es sind ja Leute, die auch schon Prozesse mitgemacht haben, ne? #00:02:09-8#

B: Genau. Also es kann beides sein. Also ich sage mal, es kommt ja auch ein bisschen darauf an / wir kriegen ja auch Mitarbeiter, die auf irgendwie, wie sagt man, dem zweiten / Also gerade so Frauen, die sagen, zum Beispiel, „Nach meiner Familienphase möchte ich wieder ins Berufsleben einsteigen, aber ich habe einfach gemerkt, Arbeit am Menschen ist etwas Tolles. Und ich möchte in den Sozialbereich einsteigen". Da kommen ja viele und sind gegebenenfalls durchaus offen, weil sie überhaupt keine Ahnung haben von der Arbeit, ne, also gar keine Vorprägung haben. Von daher, diese lassen sich ja auch viel sagen oder gegebenenfalls auch mitnehmen oder mussten sich vielleicht auch in anderen Branchen früher schon Veränderungsprozessen unterwerfen. So, das ist das eine. Das andere ist, ich bin schon sehr froh, dass wir eine Mischung haben aus erfahrenen Mitarbeitern. Und ich denke auch, auch, wenn die manchmal vielleicht zäh sind, trotzdem bremsen die vielleicht manchmal auch aus unlauteren Motiven. Aber ich glaube, auch das ist manchmal wichtig, dass sie nicht zu allem „Ja und Amen" sagen und Erfahrung ist immer wichtig. Aber es kommt halt einfach darauf an, was Ältere machen. Ob die sagen, „Ich habe nur noch fünf Jahre. Ich mache meinen Stiefel so wie immer. Das ist mir egal", oder ob man sagt, „Okay, den Gedanken finde ich gut. Ich unterstütze euch auf alle Fälle. Selber kann ich es vielleicht nicht." oder „Ich versuche es", ne? Also es kommt sehr auf den Menschen an. Und da haben wir schon unterschiedliche, also schon Leute, wo du denkst, die wollen einfach den Veränderungsweg nicht mehr mitgehen. Und aber wirklich auch ältere Mitarbeiter, die denen sehr wohlgesonnen sind, bis dahin, dass sie sich selber auch verändern. Das ist unterschiedlich. #00:03:55-8#

I: Oftmals gibt es ja auch diese extrem lange Beschäftigungsdauer in diesem Bereich einfach. Das sind ganz viele Menschen, die hier seit über 20 Jahren arbeiten. Das fand ich wirklich sehr, sehr viel. Und auch viele, die niemals in einem anderen Unternehmen gearbeitet haben. Das ist ja erst mal ein ganz, ganz positives Zeichen. Das heißt ja auch, dass sich wohlgefühlt wird. #00:04:11-4#

B: Genau. Also es ist schon so, wir haben eine Mitarbeiterin, die ist jetzt 50, hat letztens 30-jähriges Jubiläum gehabt, also ist praktisch seit 30 Jahren hier, mit 20 hier eingestiegen. Aber die hat mir schon gesagt, es war nie langweilig, weil, es hat sich ständig etwas geändert. Also die kennt zum Beispiel auch noch aus ihrer Anfangszeit: Alle Damengruppen duschen nachmittags, ne? So war das in ihrer Einstiegszeit, ne? Da hat sich wirklich einiges geändert. Aber es kommt so auf den Typ an. Das ist eine, die wirbelt auch überall mit. Die will Neues, na? Also von daher, ich glaube, das hat manchmal nichts mit dem Alter zu tun. Ne? #00:04:49-0#

I: Ja, das kann sein, dass es auf den Menschen dann ankommt, ne? Ein anderes Ergebnis, was ich sehr interessant fand, war, dass die Sinnhaftigkeit der ausgeübten Tätigkeit als Kriterium genannt wurde, in diesem Bereich zu arbeiten. Das heißt ja auch, dass Menschen ja aufgrund von Überzeugung arbeiten und dass ein bestimmtes Menschenbild auch oftmals gelebt wird. Hat so etwas Einfluss auf die Bereitschaft zur Veränderung? Also wenn ich mir vorstelle, bei Mercedes am Band wird ein neuer Produktionsprozess eingeführt, dadurch fühlt sich ja niemand infrage gestellt. Es geht so ein bisschen in die Richtung, was Sie am Anfang auch schon meinten. #00:05:20-0#

B: Und ob die Sinnhaftigkeit / #00:05:24-0#

I: Ob das im Grunde auch bremsen kann, weil Leute sich sehr stark mit ihrer Arbeit identifizieren. Das macht es natürlich schwerer. #00:05:31-4#

B: Ja. Ich meine, da müsste man natürlich auch wieder hinschauen, was das genau für die Leute heißt. Also ich erlebe, dass ganz viele Mitarbeitende sagen, „Ich kriege so viel von den Bewohnern zurück, dass diese Arbeit deswegen mir /". Also klar, sie hatten auch, glaube ich, so Formulierungen wie Wertschätzung, ne, also ich fand da manches relativ ähnlich, wo die Frage ist, was versteht jetzt jeder darunter? Ich weiß es nicht. Also, sagen wir mal so, ich glaube schon, dass den Leuten wichtig ist, viel Zeit am Bewohner zu haben. Wenn Veränderung das sehr infrage stellt, dann glaube ich schon, dass die Sinnhaftigkeit Veränderung im Wege steht, ne? Also ich will viel mit dem Bewohner zu tun haben. So. Wenn man aber zum Beispiel sagt, Sinnhaftigkeit bedeutet, ich möchte gern für diese Menschen da sein, ihnen ein gutes Leben ermöglichen, auch ein möglichst selbstbestimmtes Leben, deswegen möchte ich mich viel mit denen beschäftigen, auch, für neue, was weiß ich, Hilfsmittel offen sein / Also was weiß ich, für eine Bewohnerin haben wir jetzt so einen Talker angeschafft. Das kam aber aus der Wohngemeinschaft, ne? Da kann man wieder sagen, da könnte die Veränderung Sinnhaftigkeit bestärken, weil die merken, wie die Bewohnerin aufblüht. Die kann jetzt sich äußern, so. Also ich glaube, das müsste man ein bisschen genauer definieren, was heißt für die Leute Sinnhaftigkeit? Aber ich würde eher sagen, Veränderung in dem Sinne, dass mehr für den Bewohner getan wird, mehr individuell getan wird, dass man herauskriegt, was sind die Wünsche und Bedürfnisse, die Fähigkeiten. Das würde die Sinnhaftigkeit bestärken, weil, die freuen sich alle, wenn jemand irgendetwas Neues entdeckt, ja? Wenn sie auf einmal Seiten an dem entdecken, die vorher nicht da waren. Der kann ja doch etwas, ja? Der nimmt ja viel mehr wahr, als ich bisher wusste. Und der kann auf einmal Wünsche äußern, ja? Also ich würde eigentlich eher denken, Sinnhaftigkeit bestärkt das, weil, ich ziehe so daraus / also möchte ich ja, dass die Arbeit gut ist und dass es den Leuten gut geht und dann unterstütze ich das. Also ich habe eigentlich schon sehr viele Mitarbeiter in den Ohren, „Meine Bewohner, denen soll es gut gehen. Für die kämpfe ich", und so. #00:07:51-9#

B: Bei der Umfrage war ein weiteres Ergebnis, dass 70 Prozent auf neue Wohnformen hoffen. Das heißt, das scheint ja auch wirklich ein nächstes großes Thema im Grunde zu sein, das wirklich auf uns zukommt, ne? Ja. Es gibt die These, dass die Erhöhung der Veränderungsbereitschaft dadurch erzielt werden kann, dass im Grunde ein Gefühl von Notwendigkeit und Dringlichkeit in der Belegschaft geschaffen wird, einfach, damit die Bereitschaft da ist, die Komfortzone zu verlassen. In unserer Branche gibt es ja ansonsten relativ wenig Konkurrenzdruck von außen oder Krisen und so weiter, finanzielle Versorgung durch einen Kostenträger ist mehr oder weniger ja stabil. Kann es darum ein Weg sein, einen Mitarbeiter so zu Veränderung zu bewegen, dass man im Grunde das Gefühl der Notwendigkeit erzeugt? #00:08:39-5#

I: Also ich weiß nicht, ob ich Ihre Frage jetzt richtig beantworte. Also was wir schon immer wieder mal betonen, ich sage mal, jetzt noch nicht so wahnsinnig druckvoll: Wir müssen raus aus diesem Denken, alle Bewohner stationär / So. Was wir bisher ambulant machen, ist Pipifax, ja? Also wir haben momentan zwei Menschen im ambulant betreuten Wohnen. Das wollen wir gerne ausbauen. Wir haben eine Außenwohngemeinschaft, die aber unter stationärem Wohnen läuft. Und wir sagen immer, wir möchten gerne – und da sind wirklich manche heiß drauf – ambulante Wohngemeinschaften machen und schon auch mehr ambulant betreuen. Wir haben jetzt ein Grundstück gekauft und sind alle ein bisschen enttäuscht, dass wir da nicht gleich bauen können, weil einfach durch das Bundesteilhabegesetz noch nicht ganz klar ist, wie die Refinanzierung läuft. Von daher sind wir da ein bisschen zurückhaltend. Aber da drängen schon manche drauf. Was die Mitarbeiter erleben, dass in [Ortsname] sich andere Einrichtungen breitmachen. Also zum Beispiel die [Name einer großen Einrichtung], eine große Einrichtung, will das ja auflösen und baut momentan an verschiedenen Stellen, eigentlich nicht, um sich zu vergrößern, sondern um dieses alte, große Gebäude aufzulösen. Aber trotzdem, man sieht, da pusht es hoch, da pusht es hoch. NORLE, ich weiß nicht, ob Ihnen die etwas sagt, die bringt sich auch hier viel ins Gespräch. Die kauft oder mietet Häuser an, also was weiß ich, zum Beispiel da sind Eltern verstorben oder ins Pflegeheim gezogen und dann lautet ein Artikel, „Dieses Haus haben wir zur Miete bekommen und machen da fünf ambulante Wohneinheiten draus". So etwas kommt auch gut in der Presse. Das, denke ich, nehmen andere schon auch wahr. Also ich sage mal so, vielleicht höre ich manches nicht, also dass da jetzt Leute so groß mir in den Ohren liegen, „wir müssen, wir müssen, wir müssen", ist mir jetzt nicht bewusst. Vielleicht höre ich es auch nicht. Auf der anderen Seite gefällt es mir auch gar nicht. Wir haben jetzt dieses Grundstück dieses Jahr gekauft und, ja. Jetzt machen wir nächstes Jahr ein Konzept, wie das da genau sein soll und ob wir dann in 2019 bauen können, weiß ich noch nicht. Also ich hatte so anfangs gedacht, wir kaufen das Grundstück und dann geht es los. Und dann kam eben, „nein, wir müssen jetzt gucken, was das Bundesteilhabegesetz mit uns macht". #00:11:01-7#

I: Das ist auch eine Branche, die sehr reguliert ist einfach durch Gesetze, ne? Man kann nicht einfach handeln im Grunde. #00:11:07-8#

B: Genau. Und was man da immer alles bedenken muss. Also ich weiß es nicht. Druck kann manchmal helfen, aber ich sage mal, ich bin eine, die diesen Druck praktisch braucht. Und ich finde es eigentlich viel schöner, wenn Leute kommen, „Hören Sie mal, ich habe die und die Idee. Was denken Sie dazu?". Dann geht mein Herz so auf. Und dann merke ich, dass dann eben die Leute / Dann legen die mir auch ein Konzept hin. Wenn ich sagen würde, „Schreib mal", dann würden die mir vielleicht sagen, „Ja, wann soll ich denn das noch machen, Frau A.?". Also ich weiß es nicht. Druck ist manchmal nötig, vielleicht auch oft. Aber eigentlich ist es schöner, wenn Leute von irgendetwas begeistert sind und sagen, „ich mache das". #00:11:45-4#

I: Eine andere These in dem Bereich ist, dass im Grunde die Phase vor der eigentlichen Veränderung, die wird als Unfreezing bezeichnet, der eigentlich wichtigste Teil ist, wo man eben versucht, dann die Menschen mitzunehmen und von der Idee zu begeistern. Können Sie damit etwas anfangen? #00:11:57-4#

B: Dass es die wichtigste Phase ist? #00:11:59-2#

I: Ja. Das ist eigentlich, wenn man im Grunde dieses Lösen von alten Strukturen gedanklich, wenn man das im Grunde geschafft hat, dass das der Ausgangspunkt und der wichtigste Punkt ist. #00:12:11-7#

B: Na gut, ich sage mal, letztendlich schon, weil, wenn Leute einfach nur mitmachen, weil der Arbeitgeber sagt, „wir müssen uns verändern", dann ist das so etwas Halbherziges. Wenn bei den Leuten das „klick" macht, „Boh, das ist eine tolle Sache", dann, denke ich, ja, eben, dann läuft es fast ein Stück weit selbstständig. Oder dass zumindest die Arbeit noch mal die Leitung vielleicht nur noch sozusagen sortieren muss, ja, doch, denke ich auf alle Fälle. Ja. #00:12:51-8#

I: In unserem Bereich existieren ja viele große und alte Träger, die dann, ja, auch schon sehr lange existieren. Macht das die Branche bis zu einem gewissen Grad unflexibel? #00:13:00-6#

B: (...) Ich würde jetzt einfach mal sagen, was ich hier bei uns so im Nahbereich und auch im [Name des Einrichtungsverbundes] erlebe, würde ich sagen, nein. Weil, da ist ja ständig irgendwie etwas, was man bedenken und verändern und wo man sonst was machen muss. Aber wie gesagt, ich bin wirklich zweieinhalb Jahre erst in der Arbeit. Vielleicht habe ich da auch zu wenig Einblick. Bloß, ich denke immer, „Boh, was ich dieses Jahr schon wieder alles getan habe". Oder wenn ich eben sehe, was hier alles in [Name einer Stadt] momentan los ist. Dann würde ich sagen, nein. Da ist viel im Busch. #00:13:41-8#

I: Also Bewegung, ja. – Sie haben eben selber schon einige Themen angesprochen: Einmal das Bundesteilhabegesetz, aber auch Fachkräftemangel, Diversity, demografische Entwicklung, vor einigen Jahren die UN-Behindertenrechtskonvention. Jetzt, wie gesagt, Bundesteilhabegesetz. Das verlangt den Trägern unglaublich viel Veränderungsbereitschaft ab, wenn man das noch mal Revue passieren lässt. Haben Sie Ideen, wie sich ein Unternehmen darauf vorbereiten kann, auf diesen unglaublich schnellen Wandel, diese Abfolge von Wandlungen? #00:14:11-7#

B: Wie es sich vorbereiten kann. Also was ich persönlich klasse finde, ist halt, dass man als Einrichtung nicht alleine da ist. Also wenn ich mir jetzt vorstelle, wir müssten alleine dastehen und müssten das Bundesteilhabegesetz umsetzen, das würde uns das Genick brechen. So. Und ich glaube, man übersteht das nur, oder ich erlebe das jetzt als unheimlich hilfreich, zum einen, dass wir die [Name des Einrichtungsverbundes] sind und mit der Zentrale / Also was zum Beispiel ein Herr D.[263] und auch ein Herr B. und wie sie denn alle heißen, die da momentan schon einiges an den neuen Berechnungen herummachen / Was die da schon machen, weil die einfach / also Herr D. unter anderem war nur für Controlling eingestellt. Das ist super. Dann sind wir im Paritätischen Wohlfahrtsverband. So. Da gibt es auch Arbeitsgruppen, ne? Also, ich glaube, es geht nur, diesen ganzen Veränderungen standzuhalten, wenn du dich mit anderen zusammentust, das Wissen und die Zeit und die Kräfte bündelst. Also ich denke, nur so geht es. Aber dann habe ich einfach / Wie gesagt, mir graust es vor diesem Bundesteilhabegesetz. Ich habe überhaupt keine Lust auf diese Veränderung, aber ich habe wirklich das Vertrauen. Wir müssen auch etwas machen, auch der [kleinerer Teil des Einrichtungsverbundes], das ist überhaupt kein Thema. Aber wir sind gut in ein Netz integriert, das uns wichtige Informationen gibt, auf dem Laufenden hält, was ist wann wie zu tun? Und so, denke ich, geht es. Aber alleine möchte ich nicht dastehen. #00:15:41-1#

I: Ja. Wenn Sie an die kommenden Veränderungen denken, was für Chancen würden Sie sagen, sehen Sie persönlich da? Was kann das bringen? #00:15:48-7#

B: Also (...) Also wirklich ganz ehrlich, aber ich weiß nicht, ob das objektiv ist, also momentan sehe ich eigentlich nur mehr Schwierigkeiten. Ich habe

[263] Controller des Einrichtungsverbundes

auch das Gefühl, Menschen mit einer geistigen Behinderung werden da nicht wirklich richtig eingeschätzt in ihren Fähigkeiten. Ich habe das Gefühl, da werden die heillos überschätzt – also bestimmt nicht alle, aber manche. Und dass Betreuer in ihren Kompetenzen und dem Zeitaufwand, den sie zur Verfügung haben, gerade ehrenamtliche, völlig überschätzt werden. Und es wird so individualisiert, dass du so viel Zeit brauchst für, also was weiß ich / Eben zum Beispiel für jeden Bewohner musst du individuell auf seine Zimmergröße und vielleicht auch den Stand, Baujahr der Wohngemeinschaft, in der er lebt, zugeschnitten, einen Mietvertrag machen. Ein Zimmerumzug, ein Wechsel in eine Gruppe wird kompliziert. Also momentan sehe ich da also verwaltungstechnisch viel mehr Aufwand und ich weiß momentan nicht, was es den Leuten bringen soll. Ein paar Sachen, klar, da sind Vermögensgrenzen nach oben gesetzt worden, ne? So etwas gibt es. Aber eigentlich, würde ich sagen / Also ich weiß gar nicht. Gut, manche finden es toll, dass das Berichtswesen am ICF jetzt aufgehängt wird. Das finden sie besser. Also wie gesagt, vielleicht bin ich auch zu wenig tief in der Materie drin. Also ich sehe momentan nicht so viel Gutes. Ich mache mir Sorgen, wie das dann alles so klappen soll, wenn auch diese äußeren Rahmenbedingungen so individuell sind, ja? Man will ja individuell mit ihm umgehen, aber nicht in den Rahmenbedingungen. Also da habe ich Sorge, dass das – gut, ich weiß nicht, wie viel die Bewohner mitkriegen – aber dass das viel Verunsicherung ist, zumindest am Anfang, ja. #00:17:49-3#

I: Ja, dann danke ich Ihnen erst mal für das Interview und auch für die Offenheit. Und, ja, danke schön. #00:17:56-0#

B: Ja, bitte schön, Frau Heemeier. #00:17:57-4#

Anhang 4.5: Interview mit Herrn S.[264]

I: Ja, erst mal nochmal hallo und danke, dass Sie bereit sind, sich von mir zum Thema Organisationsentwicklung in der Behindertenhilfe interviewen zu lassen. Ganz grundsätzlich sichere ich Ihnen natürlich Verschwiegenheit und Anonymität zu. Das aufgezeichnete Interview dient lediglich Forschungszwecken. Innerhalb meiner Arbeit versuche ich herauszufinden, was die Erfolgsfaktoren für organisatorischen Wandel sind. Das heißt letzten Endes, was Veränderungen erfolgreich macht. Ja, zu dem Thema hätte ich heute einige Fragen an Sie. Und zwar, Veränderung gibt es in dieser Branche schon immer und es wird natürlich auch weitere geben. Aktuell, wenn Sie sich die Situation angucken, für wie notwendig halten Sie die Bereitschaft sich zu verändern in Bezug auf das eigene Unternehmen? #00:00:49-5#

B: Ich glaube die Bereitschaft muss sehr, sehr groß sein, weil das Bundesteilhabegesetz wesentliche Änderungen für die Behindertenhilfe bedeutet. (...) Das wird das ganze Konzept von Assistenz, ja nicht grundlegend hinterfragen, aber es wird massive Auswirkungen auf die Arbeit haben in Form von, dass man nochmal wieder stärker gefordert, ist personenzentriert zu arbeiten. Vielleicht auch durchgängig mit einem Modell der Bezugsbetreuung. Also von daher halte ich das für sehr, sehr wesentlich, dass man auch bereit ist, sich da darauf einzulassen. #00:01:32-2#

I: Sie sind ja schon seit einigen Jahren in der Branche tätig. Glauben Sie, dass die Bereitschaft zur Veränderung und die Notwendigkeit sich zu verändern größer geworden ist in den letzten Jahren? Dass es ein steigender Druck ist, der da da ist? (...) #00:01:49-7#

B: Finde ich schwer zu beurteilen. Ich denke, dass die Bereitschaft, sich lebenslang zu lernen und sich fortzubilden eigentlich immer da war und auch ist. Wobei ich schon sehe, dass die subjektiv empfundene Anspannung von Arbeitsbelastung dazu führt, dass man sich weniger verändern möchte, sondern sich an das auch klammert, was Bestand hat und von daher glaube ich, dass das gar nicht mit den Veränderungen zu tun hat, die von außen

[264] Arbeitet als Sozialer Dienst in einer anthroposophisch ausgerichteten Einrichtung.

kommen oder die nötig sind, sondern eher mit der individuellen empfundenen Arbeitsbelastung. #00:02:27-1#

I: Ja. Wenn Sie sich die aktuelle Situation angucken, gibt es ja verschiedene Faktoren die Veränderungsdruck auf Unternehmer ausüben. Da gibt es einmal externe Faktoren. Das sind dann so etwas wie gesellschaftliche Faktoren, Bundesteilhabegesetz, aber auch interne. So etwas wie, eine Belegschaft wird älter. Welche Faktoren sind es aktuell die diesen Druck besonders ausüben? (...) #00:02:52-4#

B: Also ich glaube, dass hier im [Name der Einrichtung] das eigentlich eher externe sind. Ich glaube in der Aufstellung von jungen und älteren Mitarbeitern ist es relativ gemischt. Ich glaube, da gibt es viele junge Leute, die auch nachkommen. Die dem Wandel auch offener gegenüber stehen teilweise, als ältere Mitarbeiter. Was natürlich auch immer damit zu tun hat, dass man so eine Rolle und ein bisschen Selbstverständnis in seiner Arbeit über viele Jahre entwickelt hat. Und wenn das sich ändern muss, hat das immer mit der eigenen Person auch zu tun. Und je älter man ist, desto schwieriger wird das. Ja interne (...) Ja ich glaube, da gibt es nicht so einen großen Druck, weil auch gerade dadurch, dass der [Name der Einrichtung] in einer gewissen Weise eine Selbstverwaltung hat. Und dann auch Möglichkeiten der Mitgestaltung, der Mitbestimmung sind, gibt es da Möglichkeiten, auch auf das Interne einzuwirken. Auf das Externe, was gesellschaftlich oder politisch, rechtlich kommt, da sind die Möglichkeiten dann eher begrenzt. #00:04:00-1#

I: Ja. Wenn Sie sich die gesamte Branche angucken, welche möglichen Richtungen für Veränderungen sehen Sie aktuell? Wo könnte es hingehen? #00:04:11-6#

B: Also ich denke generell wird dieses Thema Ambulantisierung des gesamten Wohnbereichs ein großes Thema werden. Was wir aber auch hier spüren, ist das Thema psychische Erkrankungen in Form von einer Doppeldiagnose mit geistigen Behinderungen, dass es dann eine sehr große Not gibt auch von Anfragen, die an uns herangetragen werden, wo die Angebote von Leistungserbringersicht gar nicht so groß sind wie der Bedarf. #00:04:42-7#

I: In Ihrer eigenen beruflichen Laufbahn, gab es schon viele Veränderungsprozesse die Sie selbst miterlebt haben? (...) #00:04:50-5#

B: Auf jeden Fall. Ich habe in meiner letzten Stelle, wo ich fünf Jahre gearbeitet habe, in der Zeit waren zwei Leitungswechsel in der Einrichtung. Die zum Teil sich auch wirklich auf Strukturen und ja vielleicht nicht ganz Ethos, aber auf bestimmte Herangehensweisen auch ausgewirkt haben. Von daher würde ich schon sagen, dass ich da einiges an Veränderungen mitgekriegt habe, alleine da ich parallel neben dem Studium auch in der Diakonie gearbeitet habe. Habe da auch einige Veränderungen miterleben können. #00:05:25-3#

I: Wie haben Sie das selber erlebt? Also, waren das eher positive Prozesse oder eher auch schwierige Prozesse, die vielleicht nicht nur positiv waren? #00:05:34-3#

B: Sowohl als auch. Also, ich habe es da als positiv erlebt, wo gut informiert wurde und wo man mitbestimmen konnte. Und da negativ, wo vielleicht Strukturen gar nicht so klar beschrieben worden sind und dann ja informelle Kanäle genutzt worden sind, um Einfluss zu gewinnen und vielleicht auch Tatsachen zu schaffen, die so nicht besprochen worden sind vorher. #00:06:03-2#

I: Ja. Wenn Sie sich diese Prozesse nochmal angucken, würden Sie sagen, dass Sie selbst die Möglichkeit hatten mitzugestalten und bewusst zu gestalten? #00:06:11-8#

B: Doch, bei vielen Dingen hatte ich auf jeden Fall die Möglichkeit bewusst mitzugestalten. Doch, auf jeden Fall. Also sowohl als auch, aber bei der Mehrzahl war die Möglichkeit, auch sich zu positionieren und zu gestalten. #00:06:28-9#

I: In welcher Form? #00:06:33-7#

B: In einem Fall war ich beteiligt an einer Leitbildarbeit. An einer anderen Stelle war ich beteiligt, sozusagen die Verwaltung mit neu zu strukturieren. Auch durch Wechsel von Mitarbeitern die ausgeschieden sind. Konzepte mit zu entwickeln für Assistenz in Bezug zu Sexualität. Doch, auch viele positive Erlebnisse. #00:07:08-0#

I: Können Sie sagen, was positiv verlaufen ist in diesem Prozess und was Sie als besonders positiv empfunden haben? (...) #00:07:16-9#

B: Als positiv habe ich empfunden, dass es die Möglichkeit gab, sich zu beteiligen, dass die offen war, dass die auch in vielen Fällen unabhängig war von der Leitungsebene oder ob es Mitarbeiter oder Leitung sind, dass eben unabhängig von der Funktion sich einbringen konnte. Das fand ich als sehr positiv. Dass es auch in den meisten Fällen ernstgenommen wurde. Also, dass nichts versprochen wurde, was nicht gehalten wurde. Also, dass man sagt: Ja, ihr könnt hier mitbestimmen und am Ende entscheidet dann doch jemand anders. Ich glaube das bricht in solchen Veränderungsprozessen immer ganz schnell das Genick. #00:07:58-6#

I: Ja. #00:08:01-9#

B: Ja doch, das waren positive, auch positive Erlebnisse da drinnen. Ja. #00:08:05-8#

I: Gab es auch negative Sachen, wo Sie sagen würden, das ist als negativ hängen geblieben? #00:08:14-2#

B: Ja, als negativ ist hängen geblieben, dass oft in Veränderungsprozessen, wenn jemand Neues kommt oder eine neue Funktion übernimmt, wenn das alt da Gewesene überhaupt nicht wertgeschätzt wird. Das heißt, man erarbeitet zum Beispiel ein Leitbild, dann gibt es vier Jahre später ein Leitungswechsel und dann wird diese Arbeit eigentlich gar nicht mehr beachtet, sondern ein komplett eigener Stil aufgezogen. Man hatte das Gefühl, das hat auch die Motivation, zukünftig mitzumachen und mitzugestalten bei einigen Mitarbeitern geschmälert. #00:08:58-5#

I: Ja. (...) #00:09:03-2#

B: Jetzt in Bezug auf den [Name der Einrichtung] jetzt hier habe ich das Gefühl, dass wir gerade irgendwie in so einer Zwischenphase sind von vielen Jungen, die nachrücken, die noch nicht genau wissen, wo können sie sich beteiligen. Und das ist, glaube ich, eine große Aufgabe, wo man diese Erfahrung irgendwie mit reinnehmen muss und genauso die Wertschätzung von alten oder länger gedienten Mitarbeitern älter sind, die ja vielleicht gar nicht unbedingt immer alle/ die einfach schon viel mitgestaltet haben und erlebt haben hier. Sei es in der Arbeit, sei es im zwischenmenschlichen Kontakt. Und jetzt nicht nur, weil teilweise junge Mitarbeiter nachkommen, die auch in Verantwortung reinkommen, ja dass die nicht außen vorgehalten werden. #00:09:51-6#

I: Ja. Sie haben jetzt ja die Möglichkeit, auch selbst bewusst solche Prozesse mitzugestalten. Aus Ihren Erfahrungen heraus, was würden Sie anders machen im Vergleich zu Prozessen, die Sie selbst erlebt haben? #00:10:06-2#

B: Ich finde, unglaublich wichtig ist eine hohe Transparenz und regelmäßige Informationen. Und möglich das ernst zu nehmen, dass man keine Entscheidung (...) nach außen gibt und sagt: ihr könnt mitbestimmen und es dann aber letztendlich doch andere Entscheidungsstrukturen gibt. Also dieser Moment der Frustration, wenn man erst etwas verspricht und dann kommt es doch anders, den auf jeden Fall zu vermeiden. #00:10:36-9#

I: Ja. #00:10:37-9#

B: Das glaube ich ist wesentlich. #00:10:39-8#

I: Viele Menschen tun sich ja erst mal schwer mit Neuerungen und mit Veränderungen allgemein. Und das betrifft natürlich dann Mitarbeiter im Unternehmen ganz genau so. Was glauben Sie, warum ist das so? Warum tun sich Menschen so schwer damit? #00:10:53-8#

B: Ich glaube der wesentlichste Anteil ist immer, dass es eine hohe Form von Sinnhaftigkeit, dass die verständlich sein muss. Also, dass man, wenn eine Änderung kommt, dass man auch versteht: Macht das für mich überhaupt einen Sinn? Ist das eine gute Änderung und warum ist die so? So dass man die Sinnhaftigkeit von Veränderungsprozessen ganz klar vorher kommuniziert. Dass Mitarbeitende nicht das Gefühl haben: oh, da wird jetzt nur eine neue Sau durch das Dorf gejagt und in einem Jahr ist es wieder etwas anderes. Das hat etwas mit meiner Arbeit zu tun, mit meinem täglichen Alltag und den wird es zumindestens in den meisten Bereichen verbessern können. #00:11:33-8#

I: Ja. Bei der Umfrage, die ich gemacht habe, wurde deutlich, dass es durchaus viele Ängste und Unsicherheiten auch seitens der Mitarbeiterschaft gibt. Und zwar ganz wesentlich davor, dass es immer weniger Zeit für die Klientinnen und Klienten gibt. Und dass die Arbeit sich verdichtet und so weiter. Wie realistisch, glauben Sie, sind diese Ängste? #00:12:01-2#

B: Ich glaube, dass sie teilweise/ wenn man schaut, dass wir auch ein/ Ich glaube, die Ängste kommen zum Beispiel daher, dass wir eine computergestützte Dokumentation einführen werden. Und, dass alles was/ Also ich finde, das ist alles so ein bisschen ein zweischneidiges Schwert, weil einerseits wird natürlich oft gefordert, dass man viel Zeit der kollegialen Abstimmung hat und Konferenzen und auf der anderen Seite nehmen diese Abstimmungsprozesse wieder Zeit weg von der Arbeit in der Wohngruppe selber. Und ich glaube, das ist aber nicht vermeidbar. Es ist auch wichtig, eine gute Kommunikation untereinander zu haben. Und das Thema der Dokumentation empfinde ich nicht als so groß, als dass es jetzt da viel Zeit wegnehmen wird, aber jedes Neue, was da, wenn man einen stressigen Alltag hat, alles was aus diesem Alltag oder aus diesem normalen Alltagsprozessen rauszieht, wird natürlich als Wegnehmen dieser Zeit empfunden. Weiß ich aus meiner eigenen Erfahrung in der Wohngruppe. Ja. #00:13:07-8#

I: Ja. Insgesamt gibt es, auch wenn es eine Durchmischung gibt, doch auffallend viele ältere Mitarbeiter in der gesamten Branche auch, aber auch hier. Ist das ein Problem bei Veränderungen oder kann das vielleicht auch eine Chance sein? Oder ist es vielleicht auch altersunabhängig und andere Faktoren sind da entscheidender? #00:13:28-0#

B: Ich glaube es wirkt sich schon darauf aus, auf Veränderung, weil sich allein das Bild in der Behindertenhilfe in den letzten 20 Jahren sehr, sehr geändert hat. Von wirklich diesen eher klassischen Gruppen, eine Leistung für alle. Nach/ in Form von Gießkanne, Bild von einem Betreuer hin zu einem Begleiter. Also von (unv. #00:13:46-9#). Ich weiß selber, was für dich gut ist und jetzt soll es auf einmal der Mensch selber wissen. Also, finde ich absolut richtig. Also diese aber viele ältere Mitarbeiter sind eben in einem anderen Modell aufgewachsen und müssen sich da schon sehr, sehr umstellen. Und jede weitere Änderung in Form der Arbeit bedeutet auch immer ein Abgleich mit dem eigenen Selbstbild von „was ist eigentlich hier mein Beruf?". #00:14:12-4#

I: Ja. Die eigene Identität, die im Grunde betroffen ist. #00:14:15-1#

B: Ja. #00:14:16-4#

I: Nicht nur das Alter, sondern auch die Beschäftigungsdauer ist ja hier eine relativ hohe. Das heißt, es gibt viele Menschen, die weit über 20 Jahre hier schon arbeiten. Das ist ja erst mal was ganz, ganz Positives, Menschen so lange an ein Unternehmen binden zu können. Hat das Einfluss auf Veränderungsprozesse? (...) #00:14:35-6#

B: Das hat bestimmt darauf auch Einfluss, weil jemand, der lange dabei ist einerseits viele gute Erfahrungen mit reinbringen kann. Andererseits kann es aber genauso oder kommt es auch genauso vor, dass eine sehr abwartende Haltung eintreten kann. Nach dem Motto: das haben wir doch schon mal alles probiert. Das hat ja gar keinen Sinn. Das ist ein alter Hut. Den brauchen wir erst gar nicht zu probieren. #00:15:01-9#

I: Und fünf Mal gemacht, hat auch nicht geklappt. #00:15:02-4#

B: Genau. #00:15:03-0#

I: Ja, ja klar. #00:15:03-1#

B: Ja. #00:15:04-8#

I: Ja. Was ich interessant fand war, dass als Kriterium, warum man diese Arbeit macht, wurde ganz oft die Sinnhaftigkeit genannt. Dass es als eine sinnvolle Tätigkeit empfunden wird. Das bedeutet ja letzten Endes, dass Menschen aufgrund von Überzeugung hier arbeiten oder in dieser Branche arbeiten. Sie haben eben schon gesagt, dass das auch etwas mit Identität zu tun hat, mit Berufsvorstellungen und so weiter. Was für einen Einfluss hat das auch die Bereitschaft zu Veränderungen? Also kann das Menschen ausbremsen oder kann es vielleicht auch die Bereitschaft fördern, wenn es dann eher mit der eigenen Überzeugung übereinstimmt? #00:15:37-7#

B: Ja, das war das, was ich meinte mit der Sinnhaftigkeit. Die muss ganz klar erkennbar sein. Warum machen wir das eigentlich? Nochmal die Frage grob. Ich hatte mir gerade noch einen Gedanken, der ist mir weggerutscht. #00:15:52-9#

I: Ja. Ja. Welchen Einfluss die Tatsache hat, dass Menschen aufgrund von Sinnhaftigkeit in dieser Branche arbeiten? Oder, dass das das wichtigste Kriterium zumindest ist? (...) #00:16:05-3#

B: Ich glaube, dass es ganz wichtig ist, dass in unserer Branche, wir nicht mit einem Werkzeug arbeiten, sondern die eigene Person das Werkzeug ist. Also wir arbeiten mit Beziehung. Und Beziehung besteht immer aus mindestens zwei Menschen. Und dadurch, dass wir jemand anderem helfen, sich zu verändern oder etwas zu erlernen, verändern wir auch immer grundlegend uns mit. Und wenn nicht die Bereitschaft besteht bei

Mitarbeitern, sich selbst zu verändern, dann hat das grundlegende Auswirkungen auf diesen Prozess der Arbeit. #00:16:43-6#

I: Ja. Ja. Ja. Kann das auch für Veränderungsprozesse genutzt werden? Also kann das vielleicht auch eine Stärke dieser Branche sein? #00:16:56-3#

B: Das kann auf jeden Fall eine Stärke sein, wenn sich/ Ich glaube, als Mitarbeiter muss einem das klar werden, dass das dieser entscheidende Anteil ist. Aber da glaube ich schon, dass diese Branche einen hohen schwer das zu sagen. Aber ich glaube, das ist eine absolute Stärke dieser Branche, weil oft in der Gesellschaft hinterfragt wird: warum mache ich eigentlich diese Arbeit? Und eine Arbeit, mit der man sich selber verbinden kann, ist natürlich auch empfänglich für Burnout, wenn es dann nicht mehr so ist. Das ist ganz klar, aber sie kann auch viel Kraft geben. #00:17:40-5#

I: Ja. Bei der Umfrage war ein weiteres Ergebnis, dass viele Mitarbeiter auf neue Wohnformen hoffen, dass das im Grunde eine Chance ist, die sie in der Zukunft sehen. Ist das eventuell das nächste große Thema? Dass es neue Wohnangebote geben wird? #00:17:56-7#

B: Also bei uns ist es schon sehr, sehr großes Thema. Wir haben jetzt dieses Jahr eine Wohngruppe aufgemacht, die nicht mehr im klassischen Sinn funktioniert. Es ist zwar ein stationäres Angebot, aber jede Bewohnerin und jeder Bewohner hat ein eigenes Appartement da drinnen. Und es gibt einen gemeinsamen Gruppenraum. Also, dass es eine Möglichkeit gibt des Rückzugs und das eigene Wohnumfeld zu gestalten. Gleichzeitig aber eine Möglichkeit besteht der sozialen Teilhabe an einer Gruppe. Ich glaube, das sind große Chancen und es ist auch wichtig für eine Entwicklung, weil nur, wer sich selber auch herausfinden kann, was ich möchte, kann auch aktiv werden. Und es geht auch nur, wenn ich mich nicht nur als Gruppenwesen erlebe, sondern auch als einzelner Mensch. Ein anderes Angebot, was auch neu ist, ist das, glaube warum auch die / das in der Umfrage genannt ist, das heißt jetzt [Name des Hauses], das ist die Wohngruppe für Menschen mit Doppeldiagnose. Also mit einer geistigen Behinderung und einer psychischen Behinderung, wo in den letzten Jahren deutlich geworden, dass solche Menschen einfach andere Formen des Wohnens benötigen, weil sie sonst sich in so einer großen Gruppe überfordern, aber auch die Gruppe stark herausfordern mit ihrem Verhalten. #00:19:12-2#

I: Ja. #00:19:13-1#

B: Ja. #00:19:13-7#

I: Es gibt die These, dass um die Veränderungsbereitschaft zu erhöhen, eine Notwendigkeit und eine Dringlichkeit quasi in der Belegschaft geschaffen werden muss. #00:19:22-9#

B: Das ist wohl so. #00:19:23-0#

I: Damit Menschen auch bereit sind, ihre Komfortzone zu verlassen. #00:19:25-4#

B: Ja. #00:19:26-4#

I: Es gibt ja in unserer Branche wenig echte Konkurrenz, wenig Krisen letzten Endes. Es gibt eine finanzielle Versorgung durch den Kostenträger, mehr oder weniger gut. Das heißt, es ist natürlich schwierig, das zu erzeugen, diesen Druck. Kann das trotzdem ein Weg sein, Mitarbeiter zu motivieren, sich diesen Prozessen zu stellen? Indem man eine Dringlichkeit erzeugt? #00:19:50-3#

B: Also ich glaube von außen eine Dringlichkeit zu erzeugen ist relativ schwierig. Ich glaube, die Dringlichkeit kann nur erlebbar werden im Alltag der Begleitung, dass man merkt, da kommt ein Mensch, den ich begleite an seine Grenzen und dadurch komme ich selber auch an meine Grenzen als Mitarbeiter. Ich glaube, das ist die einzige Möglichkeit, wie das erzeugbar ist. #00:20:12-5#

I: Ja, ja. Wenn man sich mit Veränderungsprozessen beschäftigt, dann gibt es durchaus auch die These, dass das Unfreezing, also die Phase vor der eigentlichen Veränderung, eigentlich der wichtigste Teil in diesem ganzen Prozess ist. Können Sie mit dieser These etwas anfangen? Dass nicht der Prozess der Veränderung selbst, sondern die Vorbereitung dieses Prozesses das entscheidende Moment ist. #00:20:37-7#

B: Also ich kann auf jeden Fall damit anfangen, dass es ein wesentlicher Moment ist, weil jede Veränderung, um da durch zu kommen, muss ich mich darauf vorbereiten. Was bedeutet das eigentlich für mich als Mitarbeiter? Und wenn ich da immer ins kalte Wasser springen muss, ist das ein sehr ungutes Gefühl und da kann ich mir sehr gut vorstellen, dass dann erst mal die Geste kommt: nein, da mache ich nicht mit. Also von daher würde ich das schon unterstützen. #00:21:06-1#

I: In der Branche existieren große Träger, alte Träger und so weiter. Und auch einige davon. Hat das Auswirkungen? Macht das eine Branche vielleicht auch unflexibel? (...) #00:21:21-2#

B: Weiß ich nicht. Würde ich nicht unbedingt behaupten. Ich glaube, das Wesentliche ist nicht, ob es einen großen oder einen kleinen Träger gibt, sondern dass diese Träger miteinander eine gute Abstimmung kommen. Also, dass man über diesen Tellerrand hinausdenkt von, weiß ich nicht, anthroposophischer Einrichtung, Lebenshilfe, Caritas, dass man irgendwie sich als einen gemeinsam gesellschaftlichen Auftrag versteht, weil, wie Sie eben gesagt haben, die Konkurrenz untereinander ist ja eigentlich marginal. Also, von daher finde ich es eher gut, und das erlebe ich hier in der Gegend sehr stark, dass man sich auch untereinander hilft und Fragen stellt. Unabhängig vom Träger. #00:22:05-8#

I: Ja. Das ist natürlich eine Stärke. #00:22:08-0#

B: Ja. #00:22:08-0#

I: Ja. #00:22:09-0#

B: Das ist eine absolute Stärke. #00:22:10-3#

I: Einige Prozesse die aktuell wichtig sind, haben wir schon angesprochen. Sowas wie UN- Behindertenrechtskonvention aber auch Inklusion, demographische Entwicklung, Fachkräftemangel, Diversity und jetzt Bundesteilhabegesetz. Das verlangt den Trägern ein enormes Maß an Veränderungsbereitschaft ab. Kann ein Unternehmen sich darauf vorbereiten? Kann das strukturell darauf reagieren? #00:22:34-5#

B: Ich glaube, es muss sich soweit auch vorbereiten. Das ist natürlich die Stärke der großen Träger, dass sie die Ressourcen haben und da Leute freistellen können, die schauen können, was bedeutet das eigentlich für uns? Aber das ist genau dieser Moment des: kann ich mich auf so eine Entwicklung vorbereiten? Weil wenn ich als Einrichtung mich nicht darauf vorbereite, dann kann ich nicht daran arbeiten. Dann werde ich irgendwie gearbeitet. Und dann bin ich nur noch in der Reaktion drinnen und kann nicht mehr die Hilfe oder das Lebensumfeld gemeinsam mit den Leuten gestalten, sondern muss da Hauruck irgendwie Lösungen aus dem Boden stampfen. #00:23:16-1#

I: Ja. Aus Unternehmenssicht, was würden Sie sagen braucht es, um sich diesen Anforderungen stellen zu können? Welche strukturellen Merkmale oder welche Möglichkeiten braucht es oder welche Strukturen braucht es, um sich vorbereiten zu können? (...) #00:23:32-1#

B: Von unternehmerischer Seite braucht es auf jeden Fall die Bereitschaft, die Mitarbeitenden gut durch Fortbildung zu unterstützen, dass man sich auch fachlich darauf vorbereiten kann. Das bedeutet bei denen, die Entscheidung treffen, eine gute Voraussicht und eine gute Vernetzung. Und das Wichtigste: eine Bereitschaft bei denen, die alle wirklich in der Materie arbeiten, sich auch darauf einlassen zu können. #00:24:01-8#

I: Ich habe noch eine Frage und zwar, welche Chancen würden Sie sagen, aus persönlicher Sicht, sehen Sie in den ganzen Prozessen, die da auf uns zukommen? Was glauben Sie, sind die positiven Möglichkeiten, die diese Sachen beinhalten? #00:24:16-1#

B: Also das Positivste sehe ich da drin, einfach die Stärkung der Personenzentrierung, dass man wirklich auf den einzelnen Menschen stärker guckt. Klar ist viel an dem, was kommt, immer wirtschaftlich gedacht und Verschiebung von Geldtöpfen und Geldern, aber es bedeutet auch, dass man gezwungen ist, auf den einzelnen Menschen stärker zu schauen. Auf die Bedürfnisse und Wünsche des Einzelnen und die ernst zu nehmen. Ich glaube, das ist der wesentliche positive Anteil daran, an den Veränderungen, die ich sehe, die für die Behindertenhilfe kommen. #00:24:49-2#

I: Das ist ja erst mal ein ganz positiver Ausblick auch für die Zukunft. #00:24:51-6#

B: Ja. #00:24:51-9#

I: Ja, dann danke ich Ihnen erst mal für die große Offenheit und für das interessante Interview. Dankeschön. #00:24:57-7#

B: Ja, bitte, bitte. #00:24:58-3#

Anhang 4.6: Interview mit Herrn P.[265]

I: So, ja, erst mal hallo und danke, dass Sie bereit sind, sich von mir zum Thema Organisationsentwicklung in der Behindertenhilfe interviewen zu lassen. Ganz grundsätzlich sichere ich Ihnen natürlich Verschwiegenheit und Anonymität zu. Das Interview dient lediglich Forschungszwecken. Ich versuche, durch meine Arbeit herauszufinden, was die Erfolgsfaktoren für organisatorischen Wandel in unserer Branche sind, was letzten Endes also Veränderungsprozesse erfolgreich macht. Und ja, dazu hätte ich einige Fragen an Sie. #00:00:32-6#

B: Gerne, ja. #00:00:33-4#

I: Veränderungen gab es in unserer Branche schon immer und es wird natürlich auch weitere geben. Für wie notwendig halten Sie aktuell die Bereitschaft zu Veränderungen in Bezug auf das eigene Unternehmen? #00:00:44-0#

B: Wie ich das einschätze? #00:00:47-7#

I: Ja. #00:00:47-2#

B: Ich schätze es ein, dass da eine Bereitschaft vorliegt, auch Veränderungen mitzugehen, auch im Hinblick darauf, auch so einen Standort zu sichern. Das ist gegeben, gleichwohl Veränderungen dann auch immer schnell auch Ängste auslösen. Wenn Veränderungen dann auch zu Veränderungen von Arbeitsabläufen führen, dann bedeutet das, dass das auch schon mal Unsicherheiten und Ängste auslösen kann. Ich sage mal, so themenzentrierte Hilfe, eine personenzentrierte Hilfe, und das sind alles so Fragen, die man auch anbahnen muss und die ja in der Zukunft auch durch das Bundesteilhabegesetz anstehen. #00:01:30-3#

I: Sie sind ja auch schon einige Jahre in dieser Branche tätig. Glauben Sie, dass die Notwendigkeit für Veränderungen insgesamt größer geworden ist? #00:01:39-3#

---

[265] Herr P. ist als Heimleitung in der anthroposophisch ausgerichteten Einrichtung tätig.

B: Ja, unbedingt, weil die Menschen, die mit uns zusammenarbeiten, sind individueller geworden. Das ist gut und das bedarf einfach auch individueller Form der Zusammenarbeit und der individuellen Form der Struktur. Man muss natürlich eine Struktur so abbilden, dass die auch allgemein gültig ist, aber sie muss immer noch Spielräume geben, dass Menschen darin arbeiten können. #00:02:04-8#

I: Welche Faktoren, würden Sie sagen, sind es, die Veränderungsdruck ausüben? Also, man spricht ja einmal von den externen Faktoren, sowas wie gesellschaftliche Veränderungen, oder eben auch interne, wie eine alternde Belegschaft oder ähnliches. Welche Faktoren empfinden Sie da als besonders relevant? #00:02:23-1#

B: Ich finde, so ganz stark intrinsisch bewegte Motivation ganz stark, dass die Menschen mit Beeinträchtigungen, also unsere Kunden, unser Klientel, stärker, individueller betrachtet werden. Also, das ist eine ganz starke Strömung. Andererseits haben wir von außen immer mehr Dokumentationsanforderungen. Die machen Druck und wir gucken nach Formen der/ über Software, also, durch digitale Möglichkeiten, den zu minimieren, damit man da nicht nur noch mit befasst ist. Und auf der anderen Seite eben auch von draußen der gesellschaftliche Druck der Inklusion, dass man eben das, was man 30 Jahre gemacht hat, auch anpassen muss. Das ist so ein Außendruck. Man hat also beides. #00:03:08-6#

I: Ja und Sie würden sagen, das sind so die aktuellen Tendenzen und die möglichen Richtungen für Veränderungen. #00:03:14-6#

B: Ja, das würde ich einfach ganz stark sehen. #00:03:16-6#

I: Ja. In Ihrer eigenen beruflichen Laufbahn gab es bestimmt schon einige Veränderungsprozesse. Können Sie davon einige benennen, die für Sie vielleicht auch besonders prägnant waren, in Erinnerung geblieben sind? #00:03:28-8#

B: Ja, was da ganz spannend war, war die Einführung des Hilfebedarfsverfahrens über Frau Metzler. Das war, glaube ich, ein ganz großer Einschnitt, dann auch mal zu gucken, zumal ja Frau Metzler ein Verfahren gemacht hat, um Hilfe zu ermitteln, Hilfe auf Augenhöhe zu ermitteln. Sie ging ja nicht davon aus, dass ihr Modell zu einer Verpreisung führt. Hat sie ja immer gesagt, das hat sie nie gewollt, was wahrscheinlich in diesem Punkt auch sehr naiv ist, weil das ist ja klar: Wenn man ein Verfahren hat, will man es auch abbilden. Das fand ich einen sehr starken Einschnitt, wo man dann auch schon mal in diese Personenzentrierung hingeschaut hat. Das war ein erster Anbruch. Die anderen waren ja sehr peripher und waren gar nicht so entscheidend, aber das war so ein echter Punkt. Und einschneidend fand ich eben auch die Ratifizierungen der Staaten zur UN-Konvention, mit der UN-Behindertenrechtskonvention. Das war, glaube ich, ein sehr entscheidender Punkt, den ich für nach wie vor sehr richtig halte. Wir haben keine Probleme mit der Konvention. Wir haben eher Probleme damit, dass wir immer noch die Instrumentarien haben, das herunter zu brechen. Da fehlen immer noch viele Dinge. Sieht man ja sehr eklatant im Schulbereich, wo die Leute plötzlich merken, wir haben inklusive Schule, aber die Ressourcen die da nötig wären, gar nicht da sind. Also, ich finde, man muss umfänglicher die Dinge besprechen. Aber dieser Einschnitt ist sozusagen für mich ganz deutlich gewesen, HMB-Geschichte und eben die Behindertenrechtskonvention. #00:05:02-0#

I: Ja. Hatten Sie bei diesen beiden Dingen die Möglichkeit, bewusst selbst mitzugestalten? #00:05:08-2#

B: In [Name des Bundeslandes] war ich damals, als das HMB eingeführt wurde. Wir waren da noch ein Modellland so und da konnte man noch in Arbeitskreisen doch bestimmte Dinge noch mit einbinden. Das war so in den Anfängen da und da war Frau Metzler auch vor Ort, Frau Doktor Metzler. Das waren gute Gespräche, waren auch gute Sachen, aber letztendlich merkte man, dass die Kostenseite dann noch andere Interessenslagen hat. #00:05:31-8#

I: Ja. #00:05:32-8#

B: Und Bundesteilhabegesetz, das ist ja die Ausführung. Das fehlte ja immer, das Gesetz zur UN-Behindertenrechtskonvention. Da haben wir mit Einrichtungsleitungen im Landkreis hier haben wir dort auch Einfluss genommen. Wir sind dann nach Berlin gefahren noch im letzten Jahr und haben im November noch drauf drängen können, dass wir zumindest die Pflege und die Eingliederungshilfe auf pari bleiben, dass da keiner einen Vorrang hat. Uns ist es gelungen, die Freibeträge für Menschen mit Behinderungen im Gegensatz zu den Körperbehinderten auch zu erweitern, dass sie Freibeträge haben, und, dass das Wunsch- und Wahlrecht erhalten bleibt. Da haben wir ganz bewusst Einfluss genommen und ich denke, durch meine politische Vernetzung konnten wir hier aus dem Landkreis ganz bewusst dann auch Einfluss nehmen. Herr B. und ich sind ja gemeinsam in Berlin gewesen und wir fanden, das war eine/ ja, es war halt eine Veranstaltung, aber die ist aus unserem Wahlkreis gekommen hier und ich finde schon, man muss sich engagieren. Wichtig ist, dass man da den Kopf für frei hat und dass man nicht so im Klein-Klein versinkt. #00:06:34-1#

I: Ja. Was ist bei diesen Veränderungsprozessen, die Sie gerade beschrieben haben, positiv gelaufen? Wo würden Sie sagen, das ist wirklich was, da gucken Sie drauf zurück und das ist wirklich gut gelaufen? #00:06:46-6#

B: Bezogen auf diese Projekte oder bezogen/ #00:06:49-1#

I: Ja, auf diese beiden. #00:06:48-9#

B: Auf diese beiden Projekte. Das Bundesteilhabegesetz ist ja jetzt in den Anfängen. Jetzt ist man ja gerade da in [Name das Bundeslandes] die Ausführbestimmungen zu klären, weil das Land natürlich auch zuständig ist. Also, unser Paritätischer ist da sehr engagiert ist gerade dabei, hat da so ein erstes Positionspapier oder so erste Thesen entwickelt, wo wir mal mitdenken können, und ich glaube, da ist viel in Bewegung. Das muss man mal abwarten. Das Instrumentarium HMB, finde ich, hat sich verfeinert und ich finde es nach wie vor ein gutes Verfahren, ein gutes Erhebungsverfahren, weil einem eben nicht die Themen vorgeschrieben sind, sondern die kommen aus den Menschen selber und die können berücksichtigt werden, und das finde ich an dem Verfahren gut. Andere ältere Verfahren, da wurden die Dinge abgebildet. Man musste bestimmte Dinge dann abbilden. Natürlich sind alle Bereiche betroffen, aber man kann in diese Bereiche ganz viel von den Intentionen des Betroffenen auch einbinden. Das finde ich eben kann man frei lassen. #00:07:51-6#

I: Relatives freies Verfahren dann. #00:07:53-2#

B: Finde ich schon, ja. #00:07:53-5#

I: Gibt es auch Dinge, wo Sie sagen, das ist nicht gut gelaufen? #00:07:58-2#

B: Ja. Also, ich finde, der Personenkreis Menschen mit Doppeldiagnosen - Menschen, die neben ihrer geistigen Behinderung eben eine psychische Erkrankung, Störung haben -, das ist nicht ausreichend abgebildet. Ist nach wie vor ein Schwachpunkt und [Name eines anderen Bundeslandes] hat das gelöst mit Fünf plus, aber ist auch nicht/ im Grunde genommen sind diese seelischen Beeinträchtigungen und Störungen, die führen doch zu solchen Folgeerscheinungen in allen Lebensbereichen, dass man sagen kann, der kann in seinem Lebensumfeld sein Leben gar nicht ergreifen, weil bestimmte Dinge fehlen. #00:08:34-9#

I: Und das kann nicht abgebildet werden. #00:08:37-8#

B: Und das finde ich gerade in dem Bereich und das nimmt dann in der Pflege zu und dann kommt dann die Frage, ja, ist jemand, der geistig behindert ist/ wenn er dann 60 ist, dann kann den normalen Gang gehen. Auf einmal brauchen wir nur noch Pflege oder was sind dann die Fragen, die Diskussionen, die sind noch nicht zu Ende und da ist noch viel offen. Also, da ist, finde ich, schon noch Handlungsbedarf. #00:08:56-4#

I: Worin sehen Sie die Ursachen dafür, dass das nicht anders bearbeitet wurde? #00:09:02-2#

B: Ach, ich glaube, das sind einfach zu viele Themenbereiche gewesen, die man unterbringen musste und dieser Personenkreis dieser Menschen, die eben psychische Störungen haben, die heute ja auch münden in den Bereich Junge Wilde. Gerade die Jungen, da hat man, glaube ich, zu der Form noch nicht geahnt, was da für eine Welle von Menschen auf uns zukommt und das muss dringend angefasst werden. Das wäre ja auch eine Chance jetzt in der personenzentrierten Hilfeplanung. Wie kriegt man das in einem Verfahren hin? Ich glaube, HMB wird ergänzt werden. Also, ich glaube nicht, dass das so bleibt, sondern, dass es Ergänzungsverfahren gibt, und da hoffe ich einfach für den Personenkreis eine starke Entwicklung, dass da noch was passiert, weil sonst sind die die, ja, sind die Verlierer der ganzen Geschichte. #00:09:49-0#

I: Wenn man jetzt von einer anderen Perspektive noch mal drauf guckt, von Seiten der Mitarbeiter, dann ist es ja so, dass sich viele Menschen erst einmal schwer tun mit diesen Neuerungen und Veränderungen. Das betrifft erst mal Menschen und damit natürlich auch die Mitarbeiter in der Einrichtung. Was glauben Sie, warum ist das so? Warum tun die sich teilweise so schwer damit? #00:10:08-9#

B: Ja, weil ich glaube einfach, jeder, der in seinem Beruf arbeitet/ ist ja ganz egal, ob ich jetzt irgendwie bei Mercedes am Band arbeite, ob ich im sozialen Bereich arbeite oder in der Uni oder in der Schule, wie auch immer - man hat sich bestimmte Gewohnheiten herausgebildet. Man hat einfach gemerkt, so und so kann ich meine Arbeit gut einrichten. So komme ich gut klar. So und dann merkt man einfach in dem Alltag, ja, auf einmal soll ich mich ändern. Ich habe immer so eine Gesamtgruppe im Blick und mit der soll ich klarkommen und jetzt soll ich irgendwie schon mal denken, personenzentriert zu denken. So, der erste Schritt daraufhin, was wir jetzt zum Beispiel machen, ich glaube, was das verringern kann, ist einfach, dass man nicht nur sagt, „da oben ist ein Berg, da müssen wir rauf", sondern, dass wir als Leitungen in unseren Ebenen schon mal so ein paar Steine, paar Stufen reinschlagen müssen. „Das müssen wir rein. Jetzt guckt mal nicht nach ganz nach oben". Den Schritt müssen wir jetzt gehen, und das bedeutet für mich zum Beispiel mal, Modelle mehr stärker in den Vordergrund zu bringen, wie zum Beispiel die Bezugsbetreuung, in welchen Bereichen. Wo ist es Sinn, dass man für Gesamtzuständige, dass einer so einen Fokus auf einen Menschen hat und einfach seine Anliegen und Dinge berücksichtigt? Ja und da werden wir jetzt eine Fortbildung auch machen mit den Kollegen, dass wir einfach mal sagen/ weil Ängste sind ja immer nur da, wenn man irgendwas Diffuses im Kopf hat, und das konkret zu machen. Ich merke ja, dass das Wort/ wir müssen aufpassen - personenzentrierte Hilfe oder Bezugsbetreuung, das kann schnell zu Unworten des Jahres werden, also, von den Mitarbeitern, und da müssen wir jetzt ein bisschen gucken, dass da bisschen Butter bei die Fische kommt und dass wir zusehen, dass wir das konkretisieren. #00:11:53-8#

I: Bei der Umfrage fand ich es interessant, dass Unsicherheiten und Ängste da sind, klar, und dass ganz wichtig war, dass man immer weniger Zeit für die Klienten und Klientinnen hat, dass sich die Arbeit also weiter verdichtet. Wie realistisch sehen Sie diese Ängste? #00:12:07-1#

B: Die Ängste sehe ich nicht als realistisch an. Ich sehe, dass die Verdichtung von Arbeit stärker wird, in meinem Bereich, in dem Bereich von den Kolleginnen und Kollegen ist berechtigt. Das heißt aber, darüber müssen wir nachdenken: Was können wir an Hilfe an die Hand geben, damit dieses subjektive Gefühl erstens eine Abprüfung kriegt in der Realität und zweitens auch Hilfsmittel kriegt, wie man damit umgeht, damit man nicht in diese Verweigerungshaltung kommt? Ich habe ja ganz viel in der Studie, auch ganz in diesen Rückfragen, auch, wenn sie nicht repräsentativ waren durch die geringen/ doch eine auch eine Resonanz gemerkt, also, eine Wertschätzung auch in seiner Arbeit zu erleben, also, dass man ernst genommen wird. Und ich glaube, das ist der Weg. #00:13:00-2#

I: Ja. #00:13:00-8#

B: Dass man sagt, "okay, ich nehme dein Gefühl ernst. Das ist schwierig, aber jetzt lass uns mal gucken, wie wir den Weg dorthin gehen". So und das wird das Ziel sein und ich glaube einfach, ja, und da ist Laotse schon nicht schlecht, der Weg ist das Ziel. Wir müssen schon irgendwie gucken, dass der Weg gut begleitet ist. Wenn man da nur was vorwirft, dann werden die Leute abhängen und dann geht es/ nein, das wollen wir nicht. #00:13:27-7#

I: Insgesamt gibt es in der gesamten Branche relativ viele ältere Mitarbeiter. Das hat, glaube ich, was mit der Branche zu tun, aber auch natürlich mit der allgemeinen demographischen Entwicklung. Ist das ein Problem bei Veränderungen oder kann das vielleicht auch eine Chance sein? #00:13:39-8#

B: Ich sehe das für junge Menschen eher eine Chance, weil ich erlebe einfach, wenn wir jetzt zum Beispiel einen Bereich/ wir haben jetzt ein Haus umgewidmet. Da haben wir Apartmentwohnungen drin. Das heißt, die Leute sind stationär begleitet und wollen trotzdem in eigener Wohnung leben, und dieses Modell hat junge Leute angezogen, weil sie gemerkt haben, aha, so kann man das machen und man hat trotzdem einen Gruppenbereich, den wir da entwickelt haben und so. Und ich glaube, das ist ein Bedarf, der ist größer. Das braucht mehr Fläche. Also, dass so Veränderungen also auch/ ich sehe da auch eine große Chance drin, weil durch diese Veränderungsprozesse kriegt man auch Menschen, auch von den erfahrenen Kollegen, rein, die einfach sagen, "Mensch, das macht ja irgendwie auch Spaß". Ich habe auch eine ältere Kollegin drin, die in diesem Projekt drin und sagt, "so habe ich noch nie gearbeitet", und dann plötzlich merkt, das ist nicht nur Belastung, sondern es ist auch Chance. #00:14:40-0#

I: Ja. Ein weiteres Merkmal war, dass es extrem lange Beschäftigungsdauern zum Teil gibt. Ein Drittel der Leute waren über 20 Jahre beschäftigt. Das ist erst mal natürlich toll von Unternehmen. Das ist ja ein gutes Zeichen und auch für die Branche. Hat das einen Einfluss auf Veränderungsprozesse, wenn Menschen schon sehr lange in einer Branche tätig sind? #00:15:00-2#

B: Ja, es sind auf jeden Fall Dinge, die man berücksichtigen muss, die man in den Planungen von/ wir machen immer so ein, wenn wir ein neues/ bei mir ist es wichtig, wenn wir ein neues Projekt angehen, dann setze ich mich mit allen Kolleginnen und Kollegen zusammen. Alle, vom Praktikanten bis zur Leitung, alle sind in dem Haus und wir sagen, "so, wir haben das und das vor, das und das planen wir, aber ich möchte auf dem Weg vorher wissen: Was müssen wir berücksichtigen?". Und dann kann jeder alles sagen. Das wird in Arbeitsgruppen, das wird auf Flipchart-Papier, und alle kriegen am Ende/ dann wird es eine kleine Gruppe von Menschen, die das bearbeitet, und am Ende wird man sagen, "so und die Dinge konnten wir berücksichtigen, die nicht", weil wir begründen sie auch, damit man nicht denkt, "naja, ich klicke da was rein und dann ist linke Schulter und es wird dann keiner ernst nehmen". Weil das ist ein kostbares Gut, weil das sind die Leute vor Ort, die einfach noch mal diese Berücksichtigung haben. #00:15:53-3#

I: Ja. #00:15:53-9#

B: Und dann stellen wir das vor und dann kann jeder sagen, "ja, okay, ich habe mir das noch gewünscht, aber ihr habt mir begründet, warum das nicht so ist". #00:15:59-9#

I: Das ist ja wirklich ein aktiver Weg, Leute mitnehmen auch auf Seiten der Mitarbeiter. #00:16:03-3#

B: Halte ich für wichtig. Gerade, weil dann sind wir auch bei dem Thema Ängste und Veränderungsängste. Das gelingt noch nicht in allen Themen. Manchmal hat man dann auch noch irgendwie einen Druck auf dem Kessel, das alles hinzukriegen, aber ich bin eigentlich bemüht, das so zu machen. #00:16:16-2#

I: Ist ein sehr hoher Anspruch erst mal. #00:16:18-7#

B: Ja, ich halte den aber/ ja, weil ansonsten kriegen wir/ ja, was ich da am Anfang investiere, das fehlt mir dann nachher, das brauche ich hinterher nicht mehr so viel machen. Also, eigentlich ist das, von der Zeit her kann man fast sagen, das ist die gleiche Zeit, aber man hat zufriedenere Leute. Das braucht am Anfang bisschen mehr Zeit. Da muss man, was weiß ich, vier Wochen mehr einrechnen, aber am Ende, wenn man dann Leute nicht von etwas überzeugen, sondern eher überreden oder, sagen wir mal, Anordnungen geben muss, dann ist es Käse. Musste ich alles schon mit erfahren. Habe meine Fehler auch gemacht und ich merke einfach, das ist gut. #00:16:59-5#

I: Zumal ich es interessant fand, dass die Sinnhaftigkeit der Tätigkeit als wichtigstes Kriterium genannt wurde, um in diesem Bereich zu arbeiten.

Das heißt, dass Menschen aufgrund von Überzeugungen tätig sind. #00:17:12-4#

B: Ja. Das ist repräsentativ, glaube ich. Wir hatten jetzt echt einen Druck hier auf dem Kessel. Das ist der einzige Grund, warum nicht so viele ausgefüllt. Es war einfach der Zeitpunkt. Wir hatten einen Brand hier, wir hatten hier Umzüge und die Leute sind kirre gewesen, bis jetzt so. Also, ich glaube, teilweise handeln die im Moment auch irrational, weil sie einfach an ihren Grenzen sind. Und da muss man sehen, ja, dass man da was Gutes macht. Insofern, der Weg ist, glaube ich, richtig. Und was sie eben ausdrücken ist diese Geschichte dieser Sinnhaftigkeit. Das ist Chance und Gefahr zugleich. Also, die Chance ist, also, ich verbinde mich mit dem, was ich tue. Toll für die Arbeit. Gefährlich wird es, wenn man sich dann so identifiziert, dass man da nicht wieder rauskommt. #00:17:59-4#

I: Ja. #00:17:59-2#

B: Es ist trotzdem Beruf. #00:18:00-6#

I: Richtig. #00:18:01-0#

B: Keiner wird hier verpflichtet, zu sagen, "ich muss das, was ich habe, schön auf mein Kopfkissen mitnehmen", sondern das kann man hier fein zu Hause lassen. #00:18:08-7#

I: Zumal, glaube ich, Veränderungen, wenn man nicht so sehr hinter der Arbeit steht, leichter durchzusetzen sind. Jemand, der ein Auto am Band baut und da wird ein neuer Fertigungsprozess eingeführt - das berührt mich ja als Person nicht. #00:18:17-2#

B: So ist es. #00:18:18-1#

I: Das lässt einen ja erst mal außen vor. Ja. Interessant fand ich, dass viele Menschen auf neue Wohnformen hoffen, dass das im Grunde bei Erwartungen an die Zukunft ein großes Thema war. Ist das für Sie hier auch so ein Thema? #00:18:31-2#

B: Lebe ich hier auch vor, weil ich finde einfach dieser/ ich sehe einfach in 20 Jahren oder in zehn Jahren nicht mehr solche Wohngruppen in dem Sinne, sondern wir haben Wohnangebote und die sind mehr in der Fläche. Wir werden wahrscheinlich viel mehr Mietwohnraumhaben, werden viel im Ort sein und man wird wieder kleinere Verbünde haben, die dann auch mit einem Gesamtteam trotzdem begleitet werden, aber so eher kleinere Inseln haben, viele kleine Inseln. Müssen wir gucken, wie man den Inselverkehr einsetzt, mit welchen Fähren. #00:19:02-8#

I: Ja. #00:19:03-0#

B: Aber ist einfach/ ja und ich glaube, da ist die Hoffnung dran, dass man einfach/ also, ich möchte nicht/ ich habe in Großeinrichtungen gearbeitet und hatte dann teilweise Gruppen von 18 Leuten, wo dann Leute dann mit Duschtag und solchen Dingen in den achtziger Jahren, das wollen wir nicht. Wir wollen so möglichst normal wie möglich arbeiten und leben und insofern kommt mir eigentlich dieser ganze gesellschaftliche Impuls, wo ich sage, mein Gott, wann kommt... endlich ist er da. Eigentlich ist das genau richtig. #00:19:30-9#

I: Ja. Es gibt die These, dass, um die Bereitschaft zur Veränderung zu erhöhen, damit Menschen also bereit sind, diese Komfortzone im Grunde zu verlassen, dass man eine Art von Dringlichkeit und Notwendigkeit erschaffen muss, um auch solchen Tendenzen wie vielleicht auch so einer gewissen Selbstzufriedenheit oder der mangelnden Bereitschaft, sich zu verändern, zu begegnen. Glauben Sie, das ist ein Weg, um Mitarbeiter weiter zu Veränderungsprozessen zu motivieren, indem ich im Grunde die Dringlichkeit in den Vordergrund stelle? #00:20:00-2#

B: Ich glaube, wir sollten nur Veränderungen anstreben, wenn sie wirklich einen Sinn machen. Also, keinen so einen Prozess anregen, wo jemand dann, dass man das Gefühl hat, die machen jetzt so eine Psycho-Spielwiese, sondern da muss ein Hintergrund sein. Das kann aus den Menschen heraus selber sein, weil auf einmal sich Bedarfe verändern. Das kann sein, dass gesellschaftlicher Kontext sich ändert. Es kann sein, dass man einen wirtschaftlichen Druck hat. Das kann ja verschiedene/ man muss aber den Grund offenlegen und nicht irgendwie irgendwas sagen - das reden und das meinen. #00:20:37-4#

I: Also, nicht als reine Methodik, um im Grunde/ #00:20:40-6#

B: Nein, sondern einfach, es macht doch Sinn, also, bin ich zu Hause im Wohnzimmer und will es neu gestalten, dann ist erst mal der Punkt, ich bin unzufrieden. So und dann gestalte ich es neu. So und dann kann ich neu kreieren und so ist es da auch. #00:20:53-6#

I: Ja. Wenn man sich mit Theorien zu Veränderungsprozessen beschäftigt, dann gibt es die These, dass das sogenannte Unfreezing, also im Grunde die Phase vor der Veränderung, der wichtigste Teil des Prozesses ist. Das heißt, dass das im Grunde der Ausgangspunkt ist. Können Sie damit was anfangen? #00:21:08-9#

B: Unbedingt. Das habe ich Ihnen ja vorhin oder eben geschildert, als ich gesagt habe, wenn ich ein Projekt anfange, ist genau der Anfangspunkt, das Warm-up, das Erwärmen oder erst mal ein Thema klarzumachen, ein ganz wichtiger Punkt. Da muss man sich Zeit nehmen #00:21:24-1#

I: Ja. #00:21:25-9#

B: Denn wenn man so in der Phase mit Druck anfängt, mit Zeitdruck, den man sich innerlich gibt, dann hat man schon verloren. #00:21:32-2#

I: Ja. Wenn man sich die gesamte Branche anguckt, dann existieren ja viele große Träger, auch viele sehr alte Träger. Glauben Sie, dass eine Branche auf eine Art vielleicht unflexibel machen kann? #00:21:43-4#

B: Ja. Ich glaube, das Problem ist, je größer eine Einrichtung ist, desto schwieriger wird es sein etwas zu verändern. Ich sehe das nun mal so. Ich bewundere die Arbeit von Herrn B., der momentan ja bestimmte Standorte gründen musste, um seine Doppelzimmer aufzulösen. Muss man sich vorstellen. Als ich hier angefangen habe hatten wir einige Doppelzimmer und gesagt, dass, was ich gemacht habe, und das ging recht elegant. Ich brauchte dann keine und das meine ich einfach. Je größer so ein Apparat ist, und dann hat man plötzlich 50 Doppelzimmer aufzulösen. Dann hat man ein ganz anderes Problem. Da muss man richtig an die Substanz. Aber sprich, große Trägerverbünde sind ja auch ein Segen, weil die uns natürlich auch bestimmte Dinge, Arbeit, liefern können. Ich sage nur mal, die Lebenshilfe mit ihren ganzen Rechtsapparaten, ihren ganzen Juristen, ihren ganzen Fragen der Fachlichkeit ist ein wichtiger Bestandteil für die Behindertenhilfe. Da können wir nur sagen, ist toll. Ich habe denen auch schon gesagt, "ich zahle gerne einen Obolus, wenn wir was von euch bekommen", weil wenn wir das alles selber leisten als kleiner Träger - das könnten wir nicht. Und da kann man doch sagen, ist doch toll. Es hat also so nun mal beides. Ich will nur sagen, wenn man so eine Dynamik hat und muss was verändern, dann/ wie gesagt, ich bewundere Herrn B., wie er das hingekriegt hat. Also, er ist ja wirklich dran und sehr emsig und finde das einfach/ ja und da habe ich mit 40, 70 Plätzen eine andere Nummer. #00:23:09-6#

I: Ja. Da lassen sich die Doppelzimmer leichter auflösen. #00:23:12-5#

B: Zum Beispiel, das ist ein so ein Pragmatisches. #00:23:15-3#

I: Ich weiß, was Sie meinen, ja. Einige Themen haben wir schon eben angesprochen: UN-Behindertenrechtskonvention, Inklusion, demographische Entwicklung, auch Fachkräftemangel, Diversity, jetzt das Bundesteilhabegesetz. Das verlangt den Trägern ein hohes Maß an Veränderungsbereitschaft ab, was auch noch über die Bereitschaft in anderen Branchen hinausgeht. Kann ein Unternehmen sich darauf auch strukturell vorbereiten? Kann man drauf reagieren, auf diese Bereitschaft, die gefordert ist? #00:23:44-2#

B: Ja, wir haben das gemacht, noch als kleiner Träger. Ich bin ja als Heimleitung zuständig für Personal und Bewohner. Ist ja beides im Bereich und Weiterentwicklung. Und damit ich für Personal und Weiterentwicklung mehr Luft habe, habe ich jetzt seit Anfang Februar einen Sozialdienst Wohnen, wie wir das analog in den Werkstätten haben. Also, auch im Hinblick darauf hin, "Mensch, das ist Gesetzeslage, bereite dich bitte vor, sei da immer auf dem Laufenden". Also, das ist eine strukturelle Vorarbeit. So und der ist gut im HMB-Verfahren jetzt wieder reingekommen in die, ja, auch in die Gesetzeslage zu Betreuungsrecht und dann all diese Dinge, die da nötig sind. Und dann ist es vernünftig, da sich auch vorzubereiten. Also, das war unsere Antwort. #00:24:28-1#

I: Ja. Ja, das haben Sie gerade schon im Grunde gesagt, was es also aus Unternehmenssicht braucht, um sich dem stellen zu können. Noch mal kurz zurück, die anstehenden Veränderungen: Welche Chancen sehen Sie in diesen Veränderungen für letzten Endes die Klientel? #00:24:45-3#

B: Also, ich sehe die Chance darin, also, mal auf den Wohnbereich - im Werkstattbereich hoffe ich das eigentlich auch mal, aber erst mal im Wohnbereich -, dass man normalere Wohnformen hat. Also, dass man ganz normal, bis hin sogar, dass man in einer Familie wohnt und die Eltern sagen, "Mensch, ich möchte das/ wir haben hier eine Anliegerwohnung, wie sieht denn das aus, dass man den auch da begleiten kann?". Also, dass man sagen kann, man kann eigentlich individuell auf Wohnbedürfnisse eingehen und je normaler das ist, je kleiner das ist; aber dass man auch sagen kann, es könnte auch eine Gruppe von Menschen von vier Leuten sagen, "wir wollen eine WG machen", ist doch auch toll, "weil wir wollen Gemeinschaft". So und dann kann da ruhig jemand sagen, "oh, ich will das nicht, ich will alleine wohnen", und so. Das Thema Alter kommt ja auch an der Stelle. Wie soll man dann leben, wenn man wirklich da mit sieben anderen wohnt? Mit fünf anderen bin ich alleine und nicht einsam. All diese Dinge mal durchzudenken, dass diese Verhältnisse normaler werden. Das hat, ich glaube, Weizsäcker hat das mal gesagt: Es ist normal, verschieden zu sein. So und dass man das irgendwie mehr abbilden kann. Und ich glaube, diese Differenzierung in der Betrachtung eines einzelnen Menschen ist ganz wichtig. Wir werden in dieser Vorbereitung dieser Fragestellung nächstes Jahr hier im, ja, im April, am 17. April laden wir Herrn Professor Doktor Hinte ein, der sich mit der Sozialraumplanung Gedanken gemacht hat. Im Ruhrpott, aber der wohnt in Hessen und hat ganz viel gemacht und der wird hier einen Vortrag halten, wie man Sozialraumplanung macht. Am Vormittag wird es einen Vortrag geben. Am Nachmittag wollte ich die ganzen Player mit an den Tisch holen. Also, da wird der Landrat kommen, der Bürgermeister kommt, der Ortsamt-, der Bauamtmensch, Sozialfragen, Dienstleister. Was braucht es eigentlich, damit Menschen hier in der Fläche gut mit einer geistigen Behinderung auch versorgt werden können? #00:26:47-1#

I: Spannend, ja. #00:26:48-3#

B: Das heißt, wir müssen/ ich bin halt aus der Kommunalpolitik und war lange hier auch stellvertretender Bürgermeister und ich habe mir einfach/ mir ist es wichtig, was können wir tun? Wir brauchen doch Rahmenbedingungen, die das mehr ermöglichen. Mein Gott noch mal, und wir müssen weg von dieser Überbehütung hin zu dem Bedürfnis. Und mein Gott, ich muss auch einen Mangel verwalten. Kann auch mal sein, dass ein Mensch mit einer Beeinträchtigung einen Mangel, dass nicht alles immer rund um die Uhr geht. #00:27:20-8#

I: Ja. #00:27:21-1#
B: Ich finde das richtig. #00:27:22-4#
I: Ja. #00:27:23-0#
B: Und das sind die Chancen, finde ich. #00:27:24-9#
I: Ja, dann würde ich sagen, ist das auch ein ganz schönes Ende für das Interview. Erst mal herzlichen Dank für Ihre Offenheit und für das wirklich ganz interessante Interview. Dankeschön. #00:27:33-0#

B: Gern geschehen. #00:27:34-9#

Anhang 4.7: Interview mit Herrn J. [266]

I: Ja, erst mal hallo und danke, dass Sie bereit sind, sich von mir zum Thema Organisationsentwicklung in der Behindertenhilfe interviewen zu lassen. Grundsätzlich sichere ich Ihnen schon mal Verschwiegenheit und Anonymität zu. Das aufgezeichnete Interview dient lediglich Forschungszwecken. Ich versuche durch meine Arbeit herauszufinden, was die Erfolgsfaktoren für organisatorischen Wandel sind und hätte bezüglich dieses Themas einige Fragen an Sie. Veränderungen gab es in unserer Branche ja schon immer und es wird natürlich auch weiter welche geben. Aktuell in der Situation, für wie notwendig halten Sie die Bereitschaft, sich zu verändern in Bezug auf das eigene Unternehmen? #00:00:39-9#

B: Die ist exorbitant groß, die Notwendigkeit zur Bereitschaft. Die Notwendigkeit ist groß und die Bereitschaft muss zwangsläufig auch ebenso groß mit sein. Alleine vor dem Hintergrund BTHG, dasjenige Thema in unserer Branche. Ja, außerordentlich groß. #00:01:00-3#

I: Würden Sie sagen, dass die Notwendigkeit für Veränderungen in den letzten Jahren zugenommen hat? Dass die größer geworden ist? Oder ist das eher konstant geblieben? #00:01:09-0#

B: Die grundsätzliche Notwendigkeit zur Veränderung ist konstant geblieben, meine ich. Weil ein Unternehmen sich immer den ändernden Verhältnissen am Markt und der Landschaft in der Politik und sich veränderten Umweltbedingungen im Allgemeinen anpassen muss. Das ist jetzt, wie gesagt, vor dem Hintergrund BTHG noch mal ganz besonders, weil die Trennung von ambulant und stationär fällt weg. Das sind Paradigmenwechsel, ganz klar. Wir werden, wie wir unsere Leistung bisher angeboten haben, das in der Form nicht mehr anbieten können. Sodass die Veränderung nicht nur organisatorisch stattfinden muss, sondern auch in den Köpfen und hinsichtlich der Haltung. Was ich als dickeres Brett zu bohren erachte. #00:02:15-0#

[266] Herr J. ist als Geschäftsführer des Vereins tätig.

I: Ja. Sie haben gerade schon das Bundesteilhabegesetz erwähnt. Gibt es noch andere externe Faktoren oder auch interne Faktoren, die diesen Veränderungsdruck ausüben, die Ihnen aktuell so einfallen? #00:02:25-9#

B: Ja. Ja. Das ist tatsächlich zunehmend schwer, geeignete Fachkräfte am Markt zu gewinnen. Wir haben eine Mitarbeiterschaft, die seit durchschnittlich knapp 13 Jahren bei uns beschäftigt ist. Entsprechend auch vergleichsweise wenig junge Leute. Es ist uns in letzter Zeit gelungen, ein paar junge Leute dazu zu kriegen, aber zu wenig. Es wird sich hinsichtlich der Altersstruktur muss sich was verändern. Wir haben uns dort anzupassen. Und es ist nicht so, dass wir mit Personal überschwemmt werden. Oder mit Anfragen von Leuten, die bei uns arbeiten wollen. Und diejenigen, die sich bei uns bewerben, muss ich ganz klar sagen, dass die Qualität früher höher gewesen ist bei den Leuten, die vorsprechen. Das höre ich aber nicht nur von uns, das höre ich von anderen Trägern sehr ähnlich. #00:03:26-1#

I: Das ist eine allgemeine Tendenz, glaube ich, ne? #00:03:28-6#

B: Ja. #00:03:28-3#

I: Welche aktuellen Tendenzen beziehungsweise mögliche Richtungen sehen Sie gerade für die Branche? Wohin könnte es gehen? #00:03:36-3#

B: Joa. (...) Es könnte als positive Utopie könnte es dahin gehen, dass wir tatsächlich Nutzerrechte, Menschenwürde, Teilhabe, in einer ganz anderen Dimension erleben werden. Und die Möglichkeiten für unsere Nutzerinnen und Nutzer alleine durch Gesetz, es ist ja nicht nur das Bundesteilhabegesetz, auch jetzt das [Name des Bundeslandes) Wohn- und Betreuungsgesetz ist gerade wieder novelliert worden. Auch dort stehen eine ganze Reihe von Passus drinnen, die korrekt angewandt für eine bessere Teilhabemöglichkeit grundsätzlich sorgen können. Zumindest bei denjenigen Menschen, die mehr Regiekompetenzen haben, als diejenigen Leute die bei uns wohnen. Die werden sicherlich die Gewinner sein. Im Moment zeichnet sich so ein bisschen ab, dass unser Teilbereich in der Branche, in der Kernkompetenz liegt bei Menschen sehr hohen Unterstützungsbedarfen, dass diese Personengruppe zu den Verlierern der Veränderungen gehört. #00:04:59-6#

I: In Ihrer eigenen beruflichen Laufbahn, ich habe gesehen, Sie sind ja auch schon einige Jahre dabei, da gab es sicher schon einige Veränderungsprozesse. Gibt es welche, die Ihnen besonders in Erinnerung geblieben sind? #00:05:10-1#

B: Ja, das sind zwei. Das ist einmal eine sehr einschneidende Veränderung auf Leitungsebene, die wir hier durchgeführt haben. Wo sich Positionen und Funktionen doch ganz deutlich verändert haben, und wo die Leitungsebene verkleinert wurde. Mit neuen Zuschnitten von Aufgaben für Leitung, aber dann eben auch für die anderen Mitarbeiterinnen. Das war ein Teil. Der andere Teil, der eine große Veränderung war sind tatsächlich die Neubauten, die wir in 2012 hier vorgenommen haben bei der Tagesförderstätte und Wohnheim, die tatsächlich einiges an Beweglichkeit in Köpfen erfordert haben. Was wir zwar schon gedacht haben, aber in Ihrer Qualität unterschätzt haben. #00:06:07-9#

I: Können Sie sagen, dass Sie bei beiden Prozessen die Möglichkeit hatten diese aktiv und bewusst zu gestalten? #00:06:14-6#

B: Ja. #00:06:15-4#

I: Wie haben Sie das gemacht? Oder was war so die Idee, wie das gestaltet werden kann so ein Wandel? #00:06:23-4#

B: Ich würde mich auf die beiden Neubauten und die Gruppenzusammensetzung und die neuen, zumindest in der Tagesförderstätte das neue Konzept, darauf würde ich mich jetzt beschränken. Und ich meine, dass wir sehr intensiv versucht haben, alle Beteiligten einzubeziehen. Wir haben die Möglichkeiten gegeben, einerseits, dass alle Mitarbeiter sich selber äußern konnten hinsichtlich Zusammensetzung von Gruppen. Hinsichtlich Zusammensetzung von Teams. Hinsichtlich auch Ausgestaltung der Räumlichkeiten. Dann haben wir Gruppen gebildet aus Mitarbeitern, die in einem wirklich umfangreichen und langwierigen Planungsprozess, wir die Möglichkeit hatten, intensiv mitzuwirken und wenn das Ergebnis gepasst hat auch tatsächlich fast schon selbstständig zu entscheiden, wie die neuen Konstellationen aussehen werden. Die Einbeziehung der Mitarbeiter habe ich für sehr umfassend gehalten. Nichts desto trotz gab es doch eine ganze Reihe von Klagen hinsichtlich der nicht ausreichenden Umsetzung. Und witzigerweise dann im Anschluss haben wir einen extrem hohen Krankenstand gehabt nach dem Wechsel der Nutzerinnen in die neue Einrichtungsteile, nach der Bildung der neuen Gruppen. Und trotz aller Mitwirkungsmöglichkeiten von Mitarbeiterinnen hatten wir etwa doppelt so hohen Krankenstand wie im Vorjahr. #00:08:15-0#

I: Doppelt so hoch das ist wirklich viel. #00:08:16-4#

B: Etwa doppelt so hoch, ja. #00:08:17-0#

I: Worin sehen Sie die Ursachen dafür? Sie haben versucht diesen Prozess positiv zu gestalten und die Mitarbeiterinnen und die Mitarbeiter mitzunehmen, dass das trotzdem bei einigen nicht oder nicht in dem Maße ankam, wie es geplant war? #00:08:31-4#

B: Ich bin der Meinung, dass/ oder ich muss anders ausholen. Die vorherigen Gruppen gab es schon sehr lange. Die Konstellationen sowohl von Nutzerinnen als auch von Mitarbeiterinnen, die Konstellationen bestanden schon sehr, sehr lange. Und es hatten die Nutzerinnen, wo wir große Sorgen, dass die Umzüge speziell im Wohnen, speziell Nutzerinnen mit hohem Unterstützungsbedarf im psychisch-emotionalen Bereich, die aufgrund eines Wasserschadens, der auch noch eingetreten ist, dann sogar noch mehrfach das Zimmer wechseln mussten. Wo wir schon eine Einzelbegleitung für den einen Wechsel hatten, die mussten dann zweimal noch mal in dem Haus umziehen. Hatten wir große Sorgen, dass es zu dramatischen Krisen führt: Nein, die Nutzerinnen haben das wunderbar mitgemacht. Da war die Anpassungsleistung ganz hervorragend. Anders bei den Mitarbeitern. Ich habe den/ meine Idee dazu ist, dass eine Vielzahl von Mitarbeiterinnen sich sehr lange in der Nische eingerichtet hat. Und ich sage es hart, von Unzulänglichkeiten, ihre Unzulänglichkeiten wurden abgedeckt durch Kollegen. Und auf einmal waren diese Kollegen nicht mehr da, die diese Unzulänglichkeiten abdecken konnten und sie standen selber im Rampenlicht und sind dieser Veränderung nicht gewachsen gewesen. #00:09:57-8#

I: Ja. Das ist im Grunde schon eine Teilantwort auf die nächste Frage. Ich wollte noch mal fragen, viele Menschen tun sich ja schwer mit Neuerungen und das betrifft natürlich dann die Mitarbeiterinnen und Mitarbeiter hier ebenso. Warum, glaube Sie, ist das so? Warum tun Mitarbeiter sich SO schwer damit, wenn es zu Veränderungen kommt? #00:10:17-9#

B: (...) Ich kann es gar nicht genau sagen. Das Eine ist das Thema Verantwortlichkeit. Hat damit zu tun, im Rampenlicht zu stehen. Also jetzt nicht im Scheinwerfer voll aufgerichtet, aber zumindest das, was ich tue, dafür bin ich selber verantwortlich. Das muss ich auch darstellen. Und dafür muss ich gerade stehen. Das ist in einigen Konstellationen nicht nötig gewesen, das zu tun. Das ist jetzt weggefallen dieser Schutz. Das ist eine Sache. Eine andere Sache, ich glaube, dass ist sogar [Name der Einrichtung], ist die Tatsache, dass es vorher einfach sehr, sehr lange so funktioniert hat, wie es funktioniert hat. Durch diesen Wechsel, und auch schon davor hat das ja angefangen, war es mir wichtig, dass wir Strukturen im [Name der Einrichtung] aufbrechen, nicht nur Inhalt des [Name der Einrichtung] sondern auch hinsichtlich der anderen Beteiligten. Das betrifft beispielsweise die Rolle und das Zusammenspiel von Angehörigen, oder rechtlichen Betreuern und Mitarbeiterinnen. Das waren zum Teil sehr enge Beziehungen, die sind immer noch da grundsätzlich einige. Aber nicht mehr in der Form, meine ich, wie es früher gewesen ist. Was das Duzen von Mitarbeitern und rechtlichen Betreuern angeht. Dass sind einerseits speziell, wenn sie im Verein Mitglied sind, sind sie unsere Vorgesetzten. Die Mitgliederversammlung ist das höchste Gremium. Das heißt, es sind unsere Arbeitgeber. Da ist eine Rollenvermischung. Zum anderen sind sie natürlich auch unsere Kunden. Und das war einfach eine zu enge, viel zu enge Verflechtung von Rollen und Funktionen. Das ist ein Teil. Diese rechtlichen Betreuer hatten auch sehr großen Einfluss auf das, wie wir unsere Dienstleistungen gestalten. Hatten aufgrund dessen, aber es war auch langjährige Politik des [Name der Einrichtung]: wenn rechtliche Betreuer was wollten, außer es war extrem abstrus, aber grundsätzlich wurde diesem Willen sehr, sehr nachgekommen. Das ist etwas, was mir so gänzlich nicht behagt. Natürlich höre ich mir Kundenwünsche an. Natürlich sind mir Kundenwünsche wichtig. Aber wir haben unser Konzept und WIR gestalten. Und so muss es sein. Das ist etwas, was mit wichtig war auch aufzubrechen. Zum Teil ist es, glaube ich, gelungen. Unter Schmerzen. Zum Teil aber sicher auch nicht. #00:13:24-4#

I: Ich glaube, das ist auch ein Prozess, den man auch gar nicht so abschließen kann. Ja. Bei der Befragung fand ich es ganz interessant, dass auch von vielen Mitarbeitern Ängste und Unsicherheiten benannt wurden, wenn es um Veränderungen geht. Und eine ganz wesentliche Angst war, dass es immer weniger Zeit für die Klientinnen und Klienten gibt. Dass sich die Arbeit verdichtet, dass man im Grunde mehr Zeit mit Dokumentationen verbringt und weniger mit den zu betreuenden Menschen. Glauben Sie, das ist eine realistische Angst? #00:13:52-3#

B: Ja. Uneingeschränkt ja. Die Arbeit hat sich in den letzten Jahren schon verdichtet und wird sich auch weiter verdichten. Wir müssen effizienter werden. Wir müssen rationaler vorgehen. Das wäre vorhin noch eine mögliche Antwort auf Tendenzen in unserer Branche gewesen. Ich glaube, dass Rationalisierung ein wichtiges Thema sein wird. Und je mehr Technik voranschreitet werden wir auch zunehmend Dinge, die bisher von Menschen erledigt wurden, der Technik übergeben. Seien es Überwachungsaufgaben, seien es möglicherweise auch tatsächlich Dienstleistungsaufgaben. Ich erinnere an den Roboter, der in Japan schon in Demenzstation eingesetzt wird. Das würde ich auch hier nicht ausschließen, dass sowas in unserer Branche eintritt. Zwangsläufig. Einfach, weil es schlichtweg ergreifend keine Menschen mehr geben wird, oder zu wenig Menschen mehr geben wird, die diese Aufgaben adäquat erledigen können. #00:14:47-5#

I: Ja. Das ist auch eine Frage, der finanziellen Ausstattung natürlich immer. Ich fand es auffallend, dass in der gesamten Branche, aber auch hier eben viele ältere MitarbeiterInnen tätig sind. Haben Sie eben auch schon gesagt. Sehen Sie das als Problem bei Veränderungsprozessen oder kann das auch eine Chance sein? #00:15:04-6#

B: Ich würde nie sagen, dass ältere Mitarbeiter grundsätzlich ein Problem sind. Ich würde auch nicht sagen, dass ältere Mitarbeiter mehr Schwierigkeiten mit Veränderungen haben. Die Verweildauer in einem Betrieb, womöglich in derselben Gruppe, im selben Umfeld, wenn ich da länger mich aufhalte, das führt gewiss nicht dazu, dass meine Bereitschaft zur Veränderung steigt. Sodass ich tatsächlich hier auch schon mehrfach sehr intensiv den Gedanken gedacht habe, an dem die Planung verfolgt habe, eine Gruppenzugehörigkeit nach einer fixen Verweildauer verbindlich zu ändern. Sieben Jahre Maximum, dann muss ich die Gruppe wechseln. Was es bisher verhindert hat, das zu tun, war zum einen, dass wir ohnehin schon sehr viel gewechselt haben. Aufgrund der Neubauten haben wir die Karten komplett neu gemischt. In der [Name eines Einrichtungsteils], in unseren anderen Haus haben wir ohnehin einen größeren Durchsatz von Kollegen. Da ist das in der Form nicht so, wie am Standort [Name des anderen Einrichtungsteils]. Zum anderen gilt es auch immer, und das jetzt noch mal zur Frage der Älteren, Know-how zu halten. Ich kann nicht/ in einer Gruppe kann ich die Mitarbeiter natürlich nicht komplett auswechseln, weil einfach extrem wichtiges Wissen, lebenswichtiges Wissen, existentielles Wissen plötzlich weg ist. Wir können vieles natürlich dokumentieren, aber es lässt sich nicht jede Regung, jede Lebensäußerung von unseren Nutzern lässt sich nicht so dokumentieren, dass ein anderer was anfangen kann. Und zum Beispiel versteht „oh, jetzt wird es wirklich richtig gefährlich. Das ist eine Schmerzäußerung, die uns sagt, da muss jetzt aber sofort der Rettungswagen zum Beispiel kommen. So etwas muss ich natürlich auch halten, so ein Wissen. Von daher, nein, ich glaube nicht, dass vor allem ältere Menschen Schwierigkeiten mit einer Veränderung haben, sondern es die langjährige Gewohnheit ist. #00:17:19-0#

I: Ja, das sind ja extrem lange Beschäftigungsdauern insgesamt gewesen. Ich glaube ein Drittel der Leute über 20 Jahre. #00 17:25-7#

B: Ja, also Durchschnitt 13 Jahre sind es genau. #00:17:27-0#

I: Es ist auch erst mal ein ganz positives Zeichen natürlich, ne? #00:17:30-4#

B: Unbedingt. #00:17:30-6#

I: Interessant fand ich auch, dass die Sinnhaftigkeit der ausgesuchten Tätigkeit als wichtigstes Kriterium genannt wurde, die Tätigkeit auszuführen. Das heißt ja letzten Endes, dass aufgrund von Überzeugungen eines Menschenbildes in dieser Branche gearbeitet wird. Hat das einen Einfluss auf die Bereitschaft zur Veränderung? Es ist ja schon ein Unterschied, ob man jetzt hier am Band was produziert oder, ne? #00:17:51-5#

B: Ich glaube, das sogar unbedingt. Ich habe, als ich hier angefangen habe als Geschäftsführer, das war 2009, da habe ich gesagt, dass es mir ein sehr, sehr wichtiges Ziel ist, aus damals waren es circa 150 Beschäftige aus 150 einzelnen Mitarbeitern ein [Name der Einrichtung] zu machen. Das hieße, dass alle Mitarbeiter ihre eigenen Orientierungen verfügt haben. Das ist sicherlich grundsätzlich immer so und so soll es auch sein. Wir sind hier keine Gleichschaltungsmaschine. Es geht hier nicht darum, einen faschistischen kleinen Mini-Staat aufzubauen. Nichtsdestotrotz muss es sowas wie eine Corporate Identity geben. Wenn man fragt: „Was ist denn für dich das [Name der Einrichtung]?“. Dann werden wir eine Vielzahl unterschiedlicher Antworten bekommen. Einige werden sich überschneiden. Es wird natürlich Schnittmengen geben. Aber es wird vieles auch sehr, sehr unterschiedliche Haltungen und Orientierung transportieren. So und das war mir tatsächlich ein wichtiges Ziel, da ein mehr an Gemeinsamkeit, ein Mehr an gemeinsamen Zielen auch zu haben, worauf wir hinwirken. Ich gehe davon aus, dass die allermeisten Menschen, das hat sich jetzt auch in sehr vielen Gesprächen so bestätigt, die allermeisten Menschen, die hier arbeiten, allesamt davon überzeugt sind, nicht nur wichtige, sondern auch gute Arbeit zu machen und die richtige Arbeit zu machen. Und da gibt es durchaus Dissens. #00:19:28-7#

I: Es ist auch dann schwer letzen Endes zu beurteilen, was ist denn gute Arbeit, was nicht. Es ist ja eben nicht objektivierbar, ne? #00:19:33-7#

B: Ich bilde mir ein, das einiges davon durchaus objektivierbar ist, muss ich auch tun. Anders geht es auch nicht, sonst können wir keinem Mitarbeiter sagen im Jahresgespräch oder wie auch immer, wie zufrieden wir sind. Und wie groß der Grad der Zufriedenheit mit der Arbeit ist. Natürlich müssen wir hier objektivierbare Ziele setzen. Das ist aber auch schon etwas, wo sehr viele Mitarbeiter Schwierigkeiten haben. Denn wenn ich irgendwo hingehe und sage: „ich bin gut, ich mache gute Arbeit und es ist mir scheißegal, was du Chef zu mir sagst", dann haben wir ein Problem. #00:20:07-9#

I: Jaja klar. Das stimmt. #00:20:09-8#

B: Und einige dieser Probleme ließen sich tatsächlich nur durch Trennung lösen. #00:20:16-6#

I: Die Arbeit mit den Überzeugungen oder an den Überzeugungen, kann das auch etwas sein, was für Veränderungsprozesse genutzt wird? Oder was man nutzbar machen kann? Dass man versucht, auf die Überzeugungen einzuwirken. #00:20:41-0#

B: Machen wir. Müssen wir. Das ist ein ganz, ganz wichtiger Teil sogar. Nur wichtig ist, dass es nicht darum geht „ich will deine Überzeugung ändern". Sondern zu vermitteln, dass wir was Gemeinsames haben. Es gilt das herauszustellen „was ist unser gemeinsames Ziel" und dafür eine gemeinsame Haltung herzustellen, die uns alle gemeinsam auf dieses Ziel sich ausrichten lässt. Das finde ich den entscheidenden Teil. Sowas ist in Teilen gelungen, in Teilen ist es noch nicht. #00:21:40-2#

I: Was ich ganz interessant fand, war, dass ein ganz großer Teil der Mitarbeiterinnen und Mitarbeiter auf neue Wohnformen hoffen und dass das eine Chance ist, die in der Zukunft gesehen wird. Ist das ein mögliches großes Thema? #00:22:39-6#

B: Riesengroßes Thema. Es wundert mich, dass sie das als Chance benennen und nicht als Risiko primär. Denn es verändert sich dadurch, einer der Teile, die ich vorhin meinte mit der Art und Weise, wie wir unsere Dienstleistung an den Mann oder die Frau bringen. Denn wenn ich im ambulant betreuten Wohnen arbeite, dann arbeite ich definitiv und ausschließlich in der Wohnung meiner Kunden. Ich gehe zu denen nach Hause. Und wenn der Kunde mir sagt, ich möchte, natürlich im Rahmen des abgesprochenen Vertrags, das in dieser und jener Art und Weise haben, dann bleibt da erst mal relativ wenig dran zu diskutieren. Das ist im stationären Wohnen üblicherweise ein bisschen anders. Da ist die Organisation doch deutlich stärker und gibt mehr, wie das Ganze zu laufen hat. Es wird einer der Paradigmenwechsel, die unsere Mitarbeiter in ihren Köpfen vorziehen müssen. Das ist ein fundamentaler Unterschied, ja. Ich meine übrigens, dass es im stationären Bereich ganz genauso geht. Und das letztlich, ich sehe den Unterschied grundsätzlich erst mal nicht so groß. Das ist ein gewachsener, das ist ein historischer Unterschied. Aber ob dann jemand nur ein Zimmer hat oder ein Appartement, dass macht den Kohl nicht fett. #00:22:57-2#

I: Es gibt die These, dass um die Veränderungsbereitschaft zu erhöhen, man auf die Notwendigkeit oder die Dringlichkeit setzen sollte. Das heißt, dass im Grunde nur dann die Komfortzone verlassen wird, wenn klar ist, es muss passieren. Auch einfach um der Selbstzufriedenheit zu begegnen. Einfach dieser Komfortzone. Glauben Sie, das ist ein guter Weg, Mitarbeiter in Veränderungsprozessen mitzunehmen? Ist das etwas, was funktionieren kann, was diese Dringlichkeit erzeugt? #00:23:28-4#

B: Ja. Definitiv. Haben wir durchaus auch schon gemacht. Das haben wir jetzt kürzlich wieder getan, oder sind aktuell dabei. Vor dem Hintergrund dass wir jetzt neue Tarifverhandlungen oder das wir gerade Tarifverhandlungen führen, neue Tarifentgelte haben, wird sich doch allerhand ändern für die Mitarbeiter. Und ich finde es auch Blödsinn da um den heißen Brei herum zu reden. Da gilt es ganz deutlich zu benennen „Leute, das ist das Risiko, wenn wir uns nicht bewegen. Das sind die Folgen, wenn wir dies und jenes tun oder nicht tun." Das muss man klar sagen, da muss man auch offen mit den Kollegen umgehen, bin ich der Meinung, und wir tun das auch. Ich glaube nicht, dass es das allein seligmachende Mittel ist. Ich finde es geht auch nicht darum, hier ein Drohszenario herauf zu beschwören oder eine Angstkulisse zu schaffen. Um Gottes willen, nein. Angst ist kein guter Ratgeber. Angst essen Seele auf. Das finde ich gar nicht hilfreich. Aber klar zu benennen: das wären die Konsequenzen wenn nicht, finde ich gut und wichtig. Es gibt sicherlich Leute, die sich dann erst bewegen. Es gibt Menschen, die das nicht brauchen, weil sie das ohnehin schon einsehen oder die nicht so einen Druck brauchen, weil sie auch das andere Ziel für sich selber schon haben. Also ganz unterschiedlich. Aber es ist eine Möglichkeit, ja eine kommunikative Möglichkeit. #00:25:00-8#

I: Im Umgang mit Veränderungsprozessen gibt es auch die These, dass das Unfreezing, also im Grunde die Phase vor der eigentlichen Veränderung, dass das im Grunde der zentrale Teil ist dieses Prozesses. Das heißt, dass das im Grunde der Ausgangspunkt ist. Können Sie damit was anfangen? #00:25:15-2#

B: Ja, grundsätzlich schon. Das betrifft ja jede Kommunikation. Völlig unabhängig, ob es jetzt um das Change Management geht oder um die Kommunikation, die Vorstellung zum Beispiel eines neues Kollegen in einem Team. Wenn ich dort die ersten drei Sätze falsch richte, habe ich hinterher zumindest sehr, sehr viel Arbeit, um das wieder auszubügeln. Und das, meine ich, betrifft Veränderungsprozesse in dem gleichen Maße. Das heißt, es gilt verteufelt gut nicht nur den Prozess selber zu planen, sondern, und das ist das entscheidende, den Kommunikationsprozess zu planen. #00:25:49-2#

I: Ja. In unserer Branche existieren ja viele große und alte Träger. Hat das Auswirkungen auf die Branche? Macht sie das bis zu einem gewissen Grad unflexibel? #00:25:58-5#

B: Ich kenne/ Ja also, ich meine schon. Ich meine, ich würde nicht sagen, dass die Branche unflexibel ist. Dafür gibt es doch eine Vielzahl sehr innovativer Angebote und auch sehr innovativer Träger. Aber gerade die Träger, die schon lange am Markt existieren, womöglich schon seit dem 19. Jahrhundert gewachsen sind mit ihren Leitungsstrukturen, mit ihren Baulichkeiten, mit ihren Verbindungen und Nutzern. Natürlich haben die nicht seit 150 dieselben Nutzer, schon klar. Aber mit ihren weiteren Stakeholdern. Sei es nur Kirche oder irgendein Elternverein oder ähnliches mehr. Doch, das ist sicherlich einer der Gründe, warum manche Träger mehr Schwierigkeiten haben, sich zu bewegen und innovativ zu werden als andere. Zumal ja, es ist ja auch alles in Struktur gegossen. Es ist ja auch alles irgendwie manifestiert. Seien es nun Tarifverträge, seien es Arbeitsvertragsrichtlinien, seien es Konzepte und dergleichen mehr. Seien es Strukturen, die aufgestellt sind. Also von daher, ganz sicher hat das etwas damit zu tun, dass unsere Branche Schwierigkeiten hat. Auf der anderen Seite, so wie sagten, dass der Druck eine Möglichkeit sein kann, Mitarbeiter zu einer Veränderung oder zu einer Bereitschaft zu bewegen, sich einem Change Prozess anzupassen oder zumindest mitzugehen. Genauso ist das in unserer Branche doch auch. Ohne Druck bewegen sich die allermeisten nicht. Und alles, was ich gesehen habe, gerade bei großen Trägern an Veränderungen, wenn Riesenträger, die es jetzt gerade in den Flächenstaaten gibt, wenn die sich plötzlich dezentralisieren und in die Umlandgemeinden gehen, dann machen die das nicht, weil die das für eine großartige Idee gehalten haben. Sondern dann machen die das, weil ihre Baulichkeiten marode sind, weil sie keine Leute mehr kriegen, die bei Ihnen arbeiten können, weil sie keine Nutzer mehr kriegen. So. #00:28:11-8#

I: Weil der externe Druck da ist. In den letzten Jahren war es ja so: UN-Behindertenrechtskonvention, Inklusion, demographische Entwicklung, Fachkräftemangel, Diversity, Bundesteilhabegesetz, das verlangt den Trägern ja ein hohes Maß an Veränderungsbereitschaft eigentlich ab. Das sind ja wirklich ganz große Felder. Ist das für ein kleineres Unternehmen leichter darauf zu reagieren? Also einfach mobiler zu sein, was die Strukturen angeht? #00:28:37-4#

B: Ich meine nein, das ist nicht leichter. Es gehört ja beispielsweise auch sehr viel an Hintergrundarbeiten dazu, um Planungen umzusetzen, um Berechnungen durchzuführen, jetzt beispielsweise wie die Tatsache mit dem BTHG ab 20/21 auf uns zu kommt. Ja, dass wir anders als in der Vergangenheit nicht mehr den Investitionsbetrag für unsere Einrichtungsteile bekommen und die guten alten Entgeltbestandteile, Maßnahmengrundpauschale, Ergänzungspauschale und Investitionsbetrag. Sondern dass es dann über Miete geht. Dass es dann die Fachleistungsstunden gibt. Dass es dann noch die existenzsichernden Leistungen für die Nutzer gibt. Dazu gehört einiges an Vorarbeit, an administrativer Arbeit. Das zählt. Oder auch Einschätzung von rechtlichen Situationen. In welcher Form müssen Verträge neu gestaltet werden. Das Vertragsrecht wird mit dem BTHG sehr, sehr geändert. Da haben nach meinem Eindruck die größeren Träger es sogar leichter, weil die einfach entsprechende Stabsstellen haben. Das heißt beim Bundesverband oder beim Landesverband oder sowas. Wir als Parität holen uns das über den paritätischen, ist aber doch noch mal was ganz anderes, als wenn es jemand aus der eigenen Organisation ist. Da ist dann noch mal ein anderer Wumms dahinter. #00:30:07-8#

I: Ja, wenn es eine eigene Rechtsabteilung quasi gibt, die die Verträge durchguckt. #00:30:11-3#

B: Zum Beispiel. Das müssen wir uns alles selber erschaffen. Oder ich meistens. Der Teil ist nicht leichter. Auf der anderen Seite ist bei kleineren, jüngeren Trägern auch noch weniger verkrustete Strukturen da. Und ich meine, es macht viel das Alter des Trägers. Das gewachsene Selbstbild. Das Menschenbild, was bei diesem Träger vorherrscht. Und das ist nach wie vor auch, wenn wir schon mehrere Paradigmenwechsel hatten im Wechsel hatten jetzt im Laufe der letzten Jahrzehnte. Nichtsdestotrotz ist so ein fürsorgliches Menschenbild nach wie vor doch gerade bei Menschen mit hohem Unterstützungsbedarfen durchaus immer noch handlungsleitend. Völlig unabhängig davon, ob es ein kirchlicher oder ein nicht konfessioneller Träger ist. Es gibt neue Träger, die denke ich, denen das leichter fällt, weil da einfach noch nicht diese Strukturen noch nicht so sind. Wo nicht ein Elternverein, der sich seit X Jahrzehnten oder ein Aufsichtsrat oder wie auch immer so ein Gremium heißen mag, sich nicht immer wieder repetiert. Sondern wo vor 20, 30 Jahren womöglich schon mit den Gedanken der 68er etwas Neues angefangen wurde, fern vom Medizinischen. Oder vielleicht auch entstanden aus Psychatrieauflösungssituationen. Das ist immer eine ganz andere Herangehensweise. Da denke ich, ist eine größere, geistige Beweglichkeit und eine größere organisatorische Beweglichkeit anzutreffen. #00:32:01-7#

I: Ja. Kann ein Unternehmen sich darauf vorbereiten, was an Veränderungen kommt? Dass man strukturell schon Strukturen schafft, die beweglicher machen? #00:32:11-9#

B: Hmm. Ja, grundsätzlich schon. Meine ich schon. Vor allem, es ist jetzt sehr plakativ und knapp geantwortet. Wenn ich ein lernendes Unternehmen habe. Wenn ich ein Unternehmen habe, wo die Mitarbeiterschaft bereit ist, oder wo es zum Selbstverständnis der Mitarbeiterschaft gehört, auf Veränderungen zu reagieren und selber zu gestalten. Nicht zu denken, das Geld kommt ja aus der Steckdose und alle Dienstleistungen kommen irgendwie aus der Steckdose. Alles ist es immer gut und richtig. Sondern tatsächlich von vorne rein schon mit dem Gedanken anzutreten, es kommt nicht von alleine. WIR sind maßgebliche Mitgestalter. Natürlich gibt es viele Rahmenbedingungen, die wir nur bedingt gestalten können. Das sind Gesetze, das sind Verträge auf Landesebene. Zum Beispiel Landesrahmenvertrag, da haben wir nur bedingt Einfluss drauf. Auf viele andere Verträge haben wir Einfluss. Wir haben Einfluss auf unser Konzept. Und diese Bereitschaft, uns da permanent zu hinterfragen und zu gucken, ist das, was wir hier machen immer noch gut und richtig? Das kann man strukturell unterfüttern oder muss man auch strukturell unterfüttern, das ist nicht nur etwas, was in den Köpfen der Einzelnen geschieht. Sondern das kann man durch Strukturen, wie beispielsweise durch regelmäßige Überprüfungen, wo stehen wir? Wir haben unsere Ziele gesetzt, wo stehen wir? Wie haben wir sie erreicht? Ist das, was wir tun, immer noch das Richtige? Sind wir effektiv? Sind wir effizient? Sich da tatsächlich nicht in Selbstgefälligkeit und in Abwehrtendenzen gegenüber allen, die sagen ihr seid nicht mehr so effektiv. Sondern sich diese Offenheit zu hinterfragen und auch hinterfragen zu lassen, überprüfen zu lassen. Also ich denke, Überprüfung, Kontrolle. Das ist immer wieder ein Zyklus. Das ist das gute, alte Qualitätsmanagement und wenn man sich dementsprechend aufstellt, ist man zumindest besser gewappnet auf Veränderungen, wie im Moment. #00:34:22-6#

I: Ja. Ich habe noch eine Frage und zwar: Wenn Sie in die Zukunft schauen, welche Chancen sehen Sie in diesen ganzen Veränderungsprozessen? Was ist so eine positive Vision, wo es hingehen könnte? #00:34:36-5#

B: Meine positive Vision hat ganz viel damit zu tun, dass wir den einen Standort jetzt aufgeben werden. Allerhöchstwahrscheinlich aufgeben werden. Und was Neues errichten. Das Ziel ist, dass am neuen Standort tatsächlich eine Wohnform entsteht, wo nicht nur Menschen mit geistigen Beeinträchtigungen, mit schweren geistigen Beeinträchtigungen und hohen Unterstützungsbedarfen alleine wohnen. Unterstützt durch unsere Kollegen natürlich. Sondern, dass wir da eine Wohnform schaffen, wo diese Menschen mit anderen in einem Haus wohnen. Das ist nicht Zimmer an Zimmer. Natürlich müssen dem besonderen Schutzbedarf und der besonderen Verletzlichkeit unserer Nutzer selbstverständlich dort entsprechen. Aber im selben Haus doch noch andere Leute mit wohnen zu haben. Und das tatsächlich dann inklusives Wohnen hinzubekommen. Das ist gerade meine, unsere Utopie. Und das können wir nicht alleine, das kriegen wir nicht alleine, rein aus finanziellen Gründen nicht, hin. Auch aus rechtlichen Gründen kriegen wir das nicht hin. Wir brauchen dafür einen starken Partner. Den scheint es zu geben. Und dann wäre das tatsächlich, zumindest jetzt auf die nahe Zukunft meine Utopie. Und dann hinsichtlich unserer Dienstleistungsangebote: Ich bin zufrieden und ich kann nach Hause gehen und in Rente gehen, wenn ich sagen kann, dass wir unsere Leistungen wirklich als personenbezogene, personenzentrierte, bedürfnisorientierte und bedürfnisgerechte Dienstleitung bei unseren Nutzern anbieten. Klingt erst mal total banal. Ich kenne keine stationäre Wohneinrichtung, in der das geschieht. #00:36:43-4#

I: Ich finde das klingt das klingt erst mal sowohl nach einem ganz spannendem Wohnprojekt, als auch nach einer schönen Utopie. Ich danke ihnen erst einmal für die große Offenheit und das interessante Gespräch. Ja, dankeschön.#00:36:58-9#

B: Gerne.#36:59-6#

7 Das bifop

Es ist nicht genug zu wissen, man muß es auch anwenden.
Es ist nicht genug zu wollen, man muß es auch tun.

Johann Wolfgang von Goethe

Diesen Leitsatz des großen deutschen Denkers greifen wir mit dem **bifop**-Verlag gerne auf.

Im **bifop**-Verlag publizieren wir ausgewählte, geprüfte wissenschaftliche Monologien und Sammelbände zu diversen, aktuellen Themen. Wir nutzen dazu den klassischen Weg der reinen Buchpublikation ebenso wie wir geeignete Titel auch als E-Book veröffentlichen.

Darüber hinaus stellt sich das **bifop** als wissenschaftlich orientiertes Institut den folgenden praktischen Fragen: Woraus besteht jedes Unternehmen? Klar, aus einem Markt und seiner Teilhabe daran. Aber, mal davon abgesehen: Was kennzeichnet jedes Unternehmen, egal, wie groß, klein, wie lokal oder international es ausgerichtet sein mag? Organisation und Prozesse sind das Kennzeichen.

Organisation ohne Prozesse?

Das wird Chaos, denn Prozess ist definiert: Jeder Prozess hat einen Anfang und ein Ende und klaren Inhalt. Wie kann organisiert werden, was inhaltlich diffus ist?

Prozesse ohne Organisation?

Das geht schlecht. Prozesse sind schon Ausdruck von Organisation – und zugleich ist eine Organisation mehr als die Summe ihrer Prozesse. Organisation ist vor diesem Hintergrund Kommunikation, Kollaboration, „Mensch zu Mensch", „Mensch zu Maschine" und zunehmend: „Maschine zu Maschine". Mit diesen drei Kategorien lässt sich das Spektrum des **bifop** sehr anschaulich umschreiben.

Wissenschaftlichkeit und Praxisrelevanz gehören für das **bifop** zusammen. Wissenschaftliche Qualität ist die Basis unserer Arbeit. Deshalb werden auch im **bifop**-Verlag nur solche Beiträge publiziert, die den gewissenhaften Prüfungen durch die **bifop**-Gesellschafter ebenso standhalten wie dem kritischen Blick der uns persönlich bekannten Wissenschaftlerinnen außerhalb des **bifop**.

Publikationen über den **bifop**-Verlag erfolgen stets in Übereinstimmung mit den Werten und ethischen Überzeugungen der Deutschen Forschungsgemeinschaft (DFG). Das **bifop** zögert nicht, diejenigen Verfahrensanwärter bei der DFG anzuzeigen, die über den **bifop**-Verlag gegen Bezahlung Publikationen lanciert wissen wollen. Dies ist und war und wird nie unser Unternehmensinteresse sein und entspricht in keiner Weise unserem Verständnis einer transparenten, ehrlichen und objektiv prüfbaren Wissenschaft. Das **bifop** setzt auf wissenschaftliche Qualität.

Deshalb publiziert der **bifop**-Verlag ausschließlich Beiträge, die vorab durch unsere Gesellschafter und uns bekannte wissenschaftliche Persönlichkeiten geprüft und begutachtet wurden. Hierbei ist es uns wichtig, dass auf der einen Seite die Wissenschaftlichkeit gewahrt wird, wie auch eine Anwendbarkeit für die Praxis besteht.